Ray Staszko · Jerry G. Walls

Das Große Buch der

Kletternattern

© Copyright, bede-Verlag GmbH, Bühlfelderweg 12, 94239 Ruhmannsfelden
© Copyright der englischen Ausgabe, T.f.H. Publications Inc., Neptune City, NJ 07753, USA
Herstellung und Gestaltung: Marcus Degen
Übersetzung: Elké und Thomas Ulber, Herprint International CC, P. O. Box 14117 Bredell 16231, Südafrika
Fachliche Durchsicht: Dr. sc. Dieter Schmidt, Schönow

ISBN: 3-927 997-52-8

Inhalt

ERSTER ABSCHNITT: DIE HALTUNG

ZWEITER ABSCHNITT: TAXONOMIE UND IDENTIFIKATION

Dank

Unser Dank gebührt unseren Freunden und Bekannten, die durch die Zurverfügungstellung von Informationen und Fotografien mitgeholfen haben, dieses Buch so vollständig wie möglich zu machen. Wir sind uns völlig bewußt darüber, daß das nicht das letzte Wort zum Thema Kletternattern ist, daß wir vermutlich einige wichtige Quellen übersehen haben und viele Erkenntnisse erst noch zu veröffentlichen sind. Berichtigungen und Anmerkungen sind uns willkommen; schreiben Sie einfach an den Verlag.

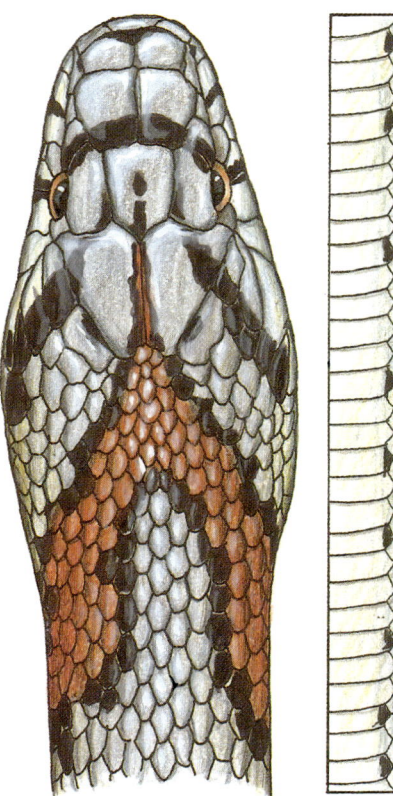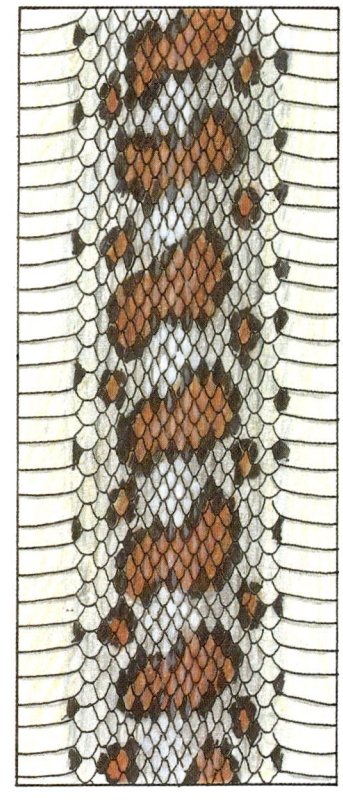

Über die Zeichnungen

Jede als gültig anerkannte Art und die meisten Unterarten in diesem Buch sind von einer oder mehreren Zeichnungen der Kopf- und Körpermusterung begleitet. Sie stammen vom Tierzeichner John R. Quinn und sollen dazu dienen, das typische Aussehen einer Art oder Unterart zu verdeutlichen. Sie sind andererseits kein Versuch, die Beschuppung oder kleinere Details mit wissenschaftlicher Genauigkeit darzustellen. Man sollte diese Zeichnungen daher als das auffassen, wofür sie tatsächlich gedacht sind, nämlich der Versuch, alle Kletternattern in Farbe, in vergleichbarer Form und in einem Buch wiederzugeben.

Erster Abschnitt
Die Haltung

Elaphe obsoleta rossalleni, Foto: B. Kahl

Einleitung

Zur Naturgeschichte

Entweder man mag Schlangen oder man mag sie nicht; eigentlich haben nur sehr wenige Menschen ihnen gegenüber eine neutrale Einstellung. Schlangen tauchen schon in den groben bildlichen Darstellungen des Frühzeitmenschen auf und nehmen eine Schlüsselstellung im Buch der Genesis in der Bibel ein. Vermutlich gibt es mehr Legenden und volkstümliche Überlieferungen über Schlangen als über irgendeine andere Gruppe von Tieren, und selbst Menschen mit relativ guter Bildung haben noch immer viele falsche Vorstellungen über Schlangen. Trotz ihres schlechten Rufes und des Unverstandenseins gehören Schlangen zu den erfolgreichsten Lebewesen auf diesem Planeten.

Etwas Geschichte

Von den heute lebenden Schlangen nimmt man an, daß sie sich aus Echsen entwickelt haben, obwohl es nur relativ wenige Fossiliennachweise gibt, die andeuten wann und wie dieser Übergang stattgefunden hat. Die ersten wirklichen Schlangen tauchten zum Ende der Kreidezeit, vor etwa 65 Millionen Jahren auf. Prähistorische, schlangenähnliche Reptilien lebten allerdings schon vor 250 Millionen Jahren. Die schlangenartige Körperform, d.h. langgestreckt und ohne oder mit stark verkümmerten Beinen, ist uns aber auch durch andere Lebewesen, wie Fische (Aale) und Amphibien (Olme), sowie durch zahlreiche Fossilien vertraut.

Wie viele andere Tiere, durchliefen auch die frühen Schlangen eine Phase des Riesenwuchs, während der einige primitive pythonartige Schlangen Längen von rund 30 Metern erreichten. Im Vergleich dazu, bringen es die größten heutigen Schlangen, Pythons und Anakondas, nur in seltenen Fällen auf 10 Meter - trotzdem sind sie nicht zu Zwergen degeneriert. Heute gibt es ungefähr 2500 bekannte Schlangenarten, wovon die kleinsten (Blindschlangen und deren Verwandte) höchstens wenige Dezimeter messen. Mit Ausnahme von Antarktica besiedeln Schlangen alle Kontinente und gedeihen, wo immer sie auch vorkommen. Wenngleich sie für manchen Betrachter wie ein Evolutionsexperiment aussehen mögen, steht doch fest, daß dieser Versuch ein voller Erfolg war.

Manche Menschen meinen, daß das Fehlen von Beinen für die Schlange eine Behinderung darstellt und sie in ihren physischen Fähigkeiten einschränkt. E ist jedoch interessant, daß die vermutlichen Vorfahren der Schlangen Echsen waren, deren Beine im Laufe der Evolution verlorengegangen sind. Es wurde verschiedentlich angenommen, daß die frühzeitlichen Schlangen hauptsächlich unterirdisch lebten und daß ihnen die Beine bei der Fortbewegung durch enge Spalten und Tunnel im Wege waren. Wie auch immer, selbst nachdem die allermeisten Arten heute wieder oberirdisch leben, verleiht ihnen ihre hochentwickelte Muskulatur eine außerordentliche Beweglichkeit. Viele Arten sind exquisite Kletterer, andere können sich blitzschnell eingraben. Auch ohne Beine sind viele Schlangen Echsen überlegen. Sie können sie fangen und letztlich fressen.

Etwas Taxonomie

Dieses Buch behandelt eine bestimmte Gruppe von Schlangen, die gemeinhin als Kletternattern bezeichnet werden und der Gat-

Carl von Linné oder Carolus Linnaeus (1707 - 1778) war ein schwedischer Physiker und Naturforscher, der im achtzehnten Jahrhundert das System der binären Nomenklatur perfektionierte. Jeder zur jener Zeit bekannten Pflanze und jedem Tier wurden zwei Namen verliehen, einer für die Gattung und einer für die Art, um sie so von allen anderen zu unterscheiden. Das System war zwar keine Erfindung von Linnaeus, jedoch war er der erste Naturforscher, der es konsequent anwandte. Zunächst bearbeitete er im Jahre 1753 die Pflanzen, dann die Tiere (1758). Zu seiner Zeit galt Linnaeus als der hochrangigste Naturforscher und genoß eine sehr hohe Verehrung unter den frühen Herpetologen. Sein Grundsystem wird noch immer verwendet, wenngleich es in den 240 Jahren seines Bestehens etliche Veränderungen erfahren hat.

tung *Elaphe* angehören. Aus Gründen der Annehmlichkeit und weil Terrarianer sie schon immer zu den Kletternattern rechneten, wurden auch einige Arten berücksichtigt, die inzwischen in andere Gattungen überstellt worden sind. Dabei handelt es sich um *Gonyosoma*, *Senticolis* und *Bogertophis*. Das Hauptanliegen dieses Buches ist es, Informationen zur Haltung von Kletternattern im Terrarium zu vermitteln und dem Terrarianer genügend Details sowie Bildmaterial an die Hand zu geben, um alle Arten und die meisten Unterarten, die im Angebot auftauchen könnten, einfach zu bestimmen.

"Kletternattern" ist nicht der einzige gebräuchliche Name für diese Schlangen. Einige werden auch als "Spitzkopfnattern" bezeichnet, und häufig hört man den Begriff "Rattenschlangen", was eine direkte Anlehnung an den in den USA gemeinhin verwendeten Namen "Rat Snakes" ist. Im deutschen Sprachgebrauch bezieht sich letzteres jedoch richtiger auf die Schlangen der Gattung *Ptyas*. Viele Arten haben allerdings auch Eigennamen, in denen "Kletter-" überhaupt nicht vorkommt.

Taxonomie ist die Wissenschaft der Klassifikation von Tieren und Pflanzen aufgrund allgemeiner Merkmale. Sie basiert auf mehreren hierarchisch geordneten Ebenen. So sind die Vertebraten (Wirbeltiere) in absteigender Wertigkeit von Klassen, über Ordnungen, manchmal Unterordnungen, in Familien, Gattungen (Singular: das Genus, Plural: die Genera) Arten (Spezies) und manchmal Unterarten (Subspezies) geordnet. Im Falle der Prärie-Kornnatter stellt sich diese Ordnung so dar:

Klasse: Reptilia
Ordnung: Squamata
Unterordnung: Serpentes
Familie: *Colubridae*
Gattung: *Elaphe*
Art: *guttata*
Unterart: *emoryi*
Name: *Elaphe guttata emoryi*

Eine Art ist dabei eine Gruppe von Tieren, die vom wissenschaftlichen Standpunkt aus betrachtet, wenigstens so ähnlich sind, daß sie sich unter natürlichen Umständen miteinander fortpflanzen können. Unterhalb des Artniveaus tritt meist eine weitere Ebene auf - die der Unterarten. Hier sind die Unterschiede häufig subtil, jedoch grundsätzlich sind die Unterarten einer Art hinsichtlich der Beschuppung, Farbzeichnung, Körperproportionen u.a. nicht so verschieden, als daß man sie als separate Arten auffassen könnte obwohl sie offensichtlich unterschiedlich sind. In den meisten Fällen vermischen sich Unterarten in der Natur nicht, einfach deshalb, weil sie nicht im gleichen Gebiet vorkommen (Unterarten

sind generell von einander getrennt oder allopatrisch verbreitet). Trotzdem wird ihnen nur ein subspezifischer Rang zugesprochen, denn dort wo sie zusammenkommen, können sie sich vermischen. Verwandte Unterarten können durchaus eine sehr unterschiedliche Färbung und/oder Zeichnung haben, diese Merkmale haben allgemein aber wenig mit Klassifikation zu tun.

Es gibt Fälle, bei denen die Variabilität der Färbung innerhalb einer Art größer ist als die Unterschiede zwischen einzelnen Unterarten. Die einzelnen Farbvarietäten können sich untereinander fortpflanzen und Nachkommen produzieren, die wie sie selbst gefärbt sind oder eine Mischung aus beiden Elternteilen darstellen. Farbspielarten können auf bestimmte geographische Gebiete beschränkt sein. Einige Arten durchlaufen zeitliche Phasen, während

Die Prärie-Kornnatter (Elaphe guttata emoryi) ist in der Terraristik aufgrund ihrer unterdrückten Farben weniger beliebt. Ihre genetischen Eigenschaften sind jedoch zur Entwicklung verschiedener farbenprächtiger Varietäten der Kornnatter unverzichtbar.
Foto eines Exemplars aus Nebraska: J. Iverson

derer sie unterschiedlich gefärbt oder gezeichnet sind als andere und verursachen dadurch nicht selten ein gewisses Maß an Verwirrung, oder wenigstens erschwert das ihre Identifikation.

Viele Kletternattern haben als Jungtiere eine dunkle Fleckenzeichnung auf dem Rücken oder eine schmale (Quer-)Bänderzeichnung. Mit zunehmendem Alter lassen diese Flecken in ihrer Deutlichkeit nach und sind schließlich völlig verschwunden. Andererseits können sich die Ränder solcher Flecken miteinander langsam verbinden, so daß letztendlich eine teilweise oder vollständige (Längs-)Streifenzeichnung entsteht. Dieser Wechsel, wenn für eine bestimmte Art typisch, kann sich über mehr als ein Jahr hinziehen, so daß man beispielsweise durchaus ein geflecktes (Jungtier), ein undeutlich geflecktes, teilweise gestreiftes (halbwüchsiges) und ein durchgehend gestreiftes (erwachsenes) Tier in der Natur finden kann, die trotzdem nichts weiter als nur eine Art sind.

Etwas Anatomie

Für den Terrarianer, der zum ersten Mal eine Schlange hält, können einige Einzelheiten über den Körperbau und die Körperfunktionen interessant sein, denn abgesehen von dem Nichtvorhandensein von Beinen unterscheiden sich Schlangen von Echsen und anderen Reptilien noch in einigen weiteren Aspekten. Zum Beispiel haben Schlangen keine beweglichen Augenlider, und auch fehlen ihnen Ohren. Die Augen sind von einer durchsichtigen Hautschicht überzogen, dem Cornealschild oder der Brille, die bei einer Häutung mit abgestoßen wird. Wie alle Reptilien müssen sich Schlangen ihrer äußeren, fast transparenten Oberhaut hin und wieder entledigen, um wachsen zu können. Allerdings ist dieser Prozeß bei Schlangen ziemlich einzigartig, da sie ihre alte Haut meist in einem Stück abstreifen. Zunächst löst sie sich an der Schnauzenspitze, und die Schlange kriecht förmlich aus ihr heraus, wobei die Haut wie eine Socke umgedreht wird.

Das Fehlen von äußerlich sichtbaren Ohren bedeutet nicht, daß Schlangen völlig taub sind. Sie können hauptsächlich durch den Unterkiefer sehr wohl Vibrationen des Bodens wahrnehmen. Die Empfänglichkeit für Luftschwingungen ist hingegen verkümmert oder nicht vorhanden. Die Sehfähigkeit ist nur mäßig entwickelt, und die meisten Schlangen haben Schwierigkeiten, ein sich nicht bewegendes Objekt zu erkennen. All diese Punkte werden jedoch durch einen außergewöhnlich guten Geruchssinn wettgemacht. Schlangen verfügen über ein Rezeptororgan, das Jacobsonsches Organ genannt wird und im Gaumendach liegt. Mit Hilfe ihrer langen, gegabelten Zunge nehmen sie häufig Duftproben, die von diesem Organ analysiert werden und alle nötigen Informationen liefern.

Weil eine Schlange so langgestreckt ist, haben die meisten inneren Organe ebenfalls eine länglich-schmale Gestalt angenommen, obwohl sie ähnlich wie unsere eigenen arbeiten. Der einzige Schwachpunkt bei dieser Konstruktion ist das Atmungssystem. Die meisten Schlangen haben nur einen funktionsfähigen Lungenflügel; der zweite ist für die Atmung praktisch unbrauchbar und deshalb stark verkümmert oder fehlt völlig. Aufgrund dieses Aufbaues haben Schlangen Probleme, feste oder flüssige Stoffe aus der Lunge zu entfernen - sie können nicht husten. Das führt natürlich zu einer erhöhten Anfälligkeit für Atemwegsinfektionen, und diese können unbehandelt oft mit dem Tode enden. Aus diesem Grunde ist die Lektüre des später folgenden Kapitels über Gesundheit zu empfehlen.

Das Verdauungssystem ist andererseits extrem effizient, wenngleich die Art und Weise der Nahrungsaufnahme kaum unseren eigenen Vorstellungen über eine gepflegte Mahlzeit entspricht. Die meisten Schlangenarten haben kleine, einfach gebaute Zähne, sieht man von den verlängerten vorderständigen oder den verlängerten hinterständigen Giftzähnen im Oberkiefer von Giftschlangen oder den langen vorderständigen Zähnen von vogelfressenden Schlangen ab. Schneide- und Mahlzähne fehlen. Was sie auch immer fressen mögen (die meisten hier besprochenen Schlangen fressen Kleinsäuger und Vögel), muß im Ganzen verschlungen werden. Zum Ausgleich sind Schlangen so gebaut, daß

Junge und alte Pilotnattern (E. obsoleta spiloides) sind in der Zeichnung nahezu identisch, obwohl sich der Farbton verändern kann. Die Dorsalzeichnung aus Sattelflecken stellt vermutlich das ursprünglichste Muster der amerikanischen Kletternattern dar. Foto: R.T. Zappalorti

Einige Kletternattern können zu taxonomischer Verwirrung führen, da sie im Laufe des Alterns Farben und Zeichnung erheblich verändern. Das Jungtier der Kükennatter (E. obsoleta quadrivittata) oben hat wenig Ähnlichkeit mit dem unten gezeigten erwachsenen Exemplar. Viele junge Kletternattern haben dunkle Sattelflecken auf dem Rücken, die später, abhängig von Art und Unterart, in der Grundfärbung untergehen oder sich in Streifen verwandeln oder eher noch deutlicher werden. Schuppenwerte und -merkmale sind jedoch vom Jungtier bis zum ausgewachsenen Tier konstant.
Fotos von Exemplaren aus Florida: R.D. Bartlett(oben) und R. Everhart (unten)

Die Amerikanische Kletternatter, hier durch eine hübsch gezeichnete Schwarze Pilotnatter (E. obsoleta obsoleta) vertreten, gehört zu den arborikolsten nordamerikanischen Schlangen. Im Querschnitt haben die meisten Kletternattern einen brotlaibartigen Körper mit abgewinkelten Ventralia, die ihnen beim Klettern helfen.
Foto: R.T. Zappalorti

sie Brocken verschlucken können, die jedem als unmöglich groß erscheinen, der noch nicht gesehen hat, daß sie tatsächlich zu bewältigen sind. Dazu ist das Gewebe von Kopf und Kehle extrem flexibel, und die Spangen des Unterkiefers lassen sich aus dem Schädel aushängen. Desweiteren liegt die Öffnung der Luftröhre weit vorne auf dem Maulboden, so daß die Schlange auch noch atmen kann, wenn Maul und Kehle beim Verschlingen eines Beutetieres so gut wie verschlossen sind.

Durch die Fähigkeit, große Mengen Futter praktisch mit einem Mal aufzunehmen, brauchen sie weniger häufig als die meisten anderen Tiere zu fressen. Große Pythons fressen oft nur einmal im Monat; andere Schlangen nur einmal pro Woche. Wenn ein Beutetier erst einmal heruntergewürgt ist, liegen die Schlangen häufig über mehrere Tage inaktiv herum und verdauen langsam vor sich hin. Die Verdauungsenzyme sind derart wirkungsvoll, daß sie Haut und Knochen auflösen.

Die Kloake dient gleichermaßen zum Ausscheiden von festen und flüssigen Abfallprodukten. Wie Vögel produzieren Schlangen hochkonzentrierten Harn als eine weißliche Paste, die nur minimale Mengen an Flüssigkeit enthält. Die Kloake dient weiter als Geschlechtsöffnung. Sowohl Weibchen wie auch Männchen haben innere Geschlechtsorgane, jedoch kann das Männchen seinen Penis zum Zweck der Paarung ausstülpen. Der Penis besteht aus zwei Taschen der hinteren Kloakenwand, die als Hemipenes bezeichnet werden und im Ruhezustand in die Schwanzwurzel eingezogen sind. Bei der Kopulation wird jeweils nur ein Hemipenes eingesetzt, je nachdem von welcher Seite die Paarung mit einem Weibchen besser möglich ist.

Die Welt der Schlangen ist vielfältig. Da gibt es die Boas und Pythons, die die größten lebenden Arten und gleichzeitig die als am primitivsten eingestuften umfassen. Im Vergleich dazu gelten Kletternattern als "moderne" Schlangen. Wie bereits gesagt, gehören sie zur Familie *Colubridae*, die eine große Gruppierung ziemlich typischer Schlangen mittlerer Größe mit weltweiter Verbreitung darstellt. Keine der Kletternattern ist giftig, und alle überwältigen ihre Beute durch Erwürgen. Dazu wird das Opfer mit dem Maul gepackt, der Körper wird in Schlingen herumgewickelt, und Druck wird so lange ausgeübt, bis Tod durch Ersticken eintritt. Wenn das Beutetier tot ist, wird es losgelassen und langsam, meist mit dem Kopf voran, verschlungen.

Wie viele andere Schlangen auch, können Kletternattern mit Hilfe von nahe der Kloakenöffnung liegenden Drüsen eine übelriechende Substanz erzeugen. Beim Fang kann diese Flüssigkeit zusammen mit etwas Harn und Kot abgegeben werden. Frisch gefangene Kletternattern versuchen häufig zu beißen, gewöhnen sich aber meistens schnell an die künstliche Umgebung eines Terrariums. Auch die Abgabe des Verteidigungsexkretes (manche Pfleger gewöhnen sich so an den Geruch, daß sie ihn letztendlich sogar mögen) unterbleibt im Terrarium meist, so daß ihre Handhabung deutlich angenehmer wird.

*Wenngleich amela-
nistische und albi-
notische (kein Me-
lanin oder dunkles
Pigment und rote
Augen) Kornnat-
tern in der Natur
selten sind, ge-
hören sie in der
Terraristik zu den
am häufigsten ge-
züchteten Varietä-
ten.
Foto: R.T. Zappalorti*

*Kletternattern sind aggressiv und beißen, ohne lange zu
zögern, zumindest wenn man ihnen in freier Wildbahn
begegnet. Terrariennachzuchten haben allerdings - mit
einigen Ausnahmen - ein erheblich gemäßigteres
Temperament und sind ziemlich friedfertig. Dieses Foto einer
erregten Strahlennatter (E. radiata) von W. Wuster zeigt
gleichzeitig die deutlich abgewinkelten Ventralschuppen, die
für so viele Kletternattern typisch sind.*

11

Kletternattern im Terrarium

Die Kletternattern sind in der Regel einfach zu halten. Zugegebenermaßen ist der Autor vielleicht voreingenommen, jedoch sollte man sich einmal die enorme Anzahl von Kornnattern vor Augen halten, die Jahr für Jahr nachgezogen werden, und man wird zur gleichen Meinung kommen. Da sie aus einer gemäßigten Klimazone kommen, ist ihre Haltung in Europa und Nordamerika unproblematisch. Verglichen mit Boas und Pythons sind sie weniger für Atemwegserkrankungen anfällig und werden etwas weniger häufig von Parasiten befallen. Nichtsdestotrotz sollte man sich mit diesen Fragen befassen, bevor es dazu kommt. Es sind bestimmt nicht die friedfertigsten aller Schlangen, jedoch sind sie auch nicht boshaft; sie scheinen im Gegenteil gerade das richtige Temperament zu haben. Allzu friedliche Schlangen sind im Terrarium häufig schlechte Fresser. Einmal eingewöhnt, fressen sie im allgemeinen regelmäßig, nehmen die Terrarienhaltung hin und tolerieren ihren Pfleger oder werden sogar zutraulich.

Schließlich gehören Kletternattern auch noch zu den am einfachsten nachzuziehenden Schlangen, etwas was nicht nur ein Erfolgserlebnis darstellt, sondern auch dazu beiträgt, die in der Natur lebenden Tiere zu schützen. Viele Kletternattern mögen in ihren Verbreitungsgebieten häufig sein, und im Zusammenhang mit den häufigen Nachzuchten bedeutet das, daß man eine solche Schlange mit wirklich gutem Gewissen erwerben kann. Mit dem nötigen Wissen kann man ein Exemplar durchaus für 12 bis 25 Jahre gesund erhalten, und gefährdet dadurch in keinster Weise den Fortbestand einer Art. Das trifft beispielsweise nicht auf viele Boas und Pythons zu, die in solchen Mengen hauptsächlich für den Handel wegen ihren Häuten gefangen wurden, daß sie heute vom Aussterben bedroht sind. Strenge Schutzbestimmungen und erfolgreiche Vermehrung in Terrarien sind heute mehr denn je nötig.

Die richtige Kletternatter für´s Terrarium

Hat man bereits einige Schlangen, werden vielleicht einige der folgenden Ausführungen weniger interessieren. Der Erwerb der ersten Schlange ist jedoch eine grundsätzliche Entscheidung, und der Erfolg oder Mißerfolg kann Auswirkungen auf die zukünftige Einstellung zu Reptilien haben.

Es ist schwierig zu definieren, was einen bewegt, Reptilien im Allgemeinen und Schlangen im Besonderen in einem Terrarium halten zu wollen. Kein Zweifel besteht daran, daß es Leute gibt, die sich eine Schlange aus zweifelhaften Gründen oder mit völlig falschen Erwartungen kaufen. Schlangen sind beispielsweise keine Haustiere im herkömmlichen Sinne. Im Vergleich bringen einige Schildkröten oder Echsen ihrem Pfleger deutlich mehr Interesse

entgegen. Man kann - und sollte - seine Schlange durchaus handhaben und dadurch eine gewisse Vertrautheit schaffen. Hierdurch wird die Schlange ihre Handhabung tolerieren lernen, jedoch wird man nie ein Anzeichen dafür entdecken, daß ihr das auch wirklich gefällt. Grundsätzlich wird eine Schlange zum Beobachten gehalten und nicht, um als Spielzeug zu fungieren. Schließlich spielt auch niemand mit seinen Aquarienfischen obwohl sie extrem beliebte "Haustiere" sind! Schlangen sind interessant, eine Herausforderung und können eine äußerst befriedigende Beschäftigung sein, solange man sich darüber bewußt ist, auf was man sich da eingelassen hat.

Aggressivität

Kletternattern werden nicht so groß wie viele Riesenschlangen. Das ist für viele Pfleger bereits ein großer Vorteil. Eine halbzentnerschwere Schlange ist potentiell gefährlich, jedoch wird eine Kletternatter weder groß noch kräftig genug, um tatsächlich eine lauernde Gefahr darzustellen, es sei denn unter sehr unwahrscheinlichen und außergewöhnlichen Umständen. Allerdings sollte man auch nicht unbedingt ein Kleinkind mit einer ausgewachsenen Kletternatter alleine lassen - auch nicht mit irgendwelchen anderen Tieren. Das schlimmste, was unter normalen Umständen passieren kann, sind oberflächliche Wunden, wenn man sich beißen läßt. Selbst wenn eine Kletternatter aus ihrem Terrarium entkommen kann, wird sie wohl kaum jeden x-beliebigen Menschen angreifen; sie wird sich verstecken und versuchen, das Haus zu verlassen.

Einige Pfleger gestatten ihren Riesenschlangen, sich frei in der Wohnung oder im Haus zu bewegen. Meistens werden solche Exemplare mit der Zeit träge und friedlich und haben wenig Ambitionen, sich zu verstecken oder auszureißen. Bei Kletternattern ist das ganz anders - sie versuchen stets auszubrechen und sich zu verstecken, gibt man ihnen dazu Gelegenheit. Nimmt man sie also zu irgend einem Zweck aus ihrem Terrarium, bedürfen sie ununterbrochener Aufmerksamkeit.

Es wurde bereits gesagt, daß Kletternattern weder die friedfertigsten noch die aggressivsten Schlangen sind. Man sollte daher erwarten, daß eine gerade gefangene Kletternatter zu beißen versucht, wobei einige Arten und manche Exemplare beißfreudiger als andere sind. Kornnattern sind oftmals sehr friedlich, während die Graue Erdnatter häufig nur minimal vom Prädikat "bösartig" entfernt ist. Für den Anfang sollte man sich also mit einer weniger aggressiven Schlange wie der Kornnatter befassen. Auch sie benötigt allerdings Zeit, um sich einzugewöhnen.

Junge Tiere sind mitunter weniger aggressiv als ältere. Baby-

Dieser Schlüpfling einer Streifenkletternatter (E. taeniura ridleyi) und seine Geschwister werden vermutlich nicht vor Ablauf von vier bis acht Tagen und der ersten Häutung fressen. Der Erwerb eines Jungtieres, welches noch kein Futter angenommen hat, ist ziemlich riskant. Foto: P. Freed

Kornnattern beißen selten oder nie, Jungtiere könnten beißen, und adulte Wildfänge beißen mit an Sicherheit grenzender Wahrscheinlichkeit. Erwirbt man jedoch eine schon größere Schlange von einem Vorbesitzer, kann diese bereits ziemlich friedfertig sein, da sie an die Bedingungen in menschlicher Obhut gewöhnt ist. Natürlich hängt das auch davon ab, wie der Vorbesitzer mit ihr umgegangen ist. Eine Schlange, die seit einiger Zeit im Terrarium gehalten worden ist und mit welcher nie oder selten umgegangen wurde, ist vielleicht schwierig zu "zähmen", insbesondere wenn es sich um eine von Natur aus aggressivere Art handelt. Übernimmt man eine größere Schlange von einem Vorbesitzer, so sollte man den Verkäufer bitten, sie zu handhaben, um ihr Temperament festzustellen.

Jungtiere

Wer sich bei dem Gedanken, eine aggressive Schlange erst zähmen zu müssen, unwohl fühlt, sollte sich vielleicht eher für ein Jungtier aus einer Zoohandlung oder noch besser von einem Züchter entscheiden. Der absolute Neuling in der Schlangenpflege ist andererseits damit nicht gut beraten, denn insbesondere Jungschlangen neigen dazu, anfänglich das Futter zu verweigern und sind anfälliger für Erkrankungen. Entschließt man sich dennoch für eine Babyschlange, ist die Kornnatter eine erste Wahl. Es ist natürlich vorteilhaft, wenn man ein Tier von einem oder zwei Monaten erhalten kann, welches bereits mehrfach Futter angenommen

hat. In diesem Fall werden dann kaum noch Fütterungsprobleme auftreten, solange man einen Vorrat an lebenden oder eingefrorenen, nackten Futtermäusen hat.

Gesundheit

Unabhängig welche Größe oder Art man auch wählen mag, es ist von ausschlaggebender Bedeutung, daß man gesunde Tiere erwirbt. Es gibt eine Reihe von Anhaltspunkten, die über den Gesundheitszustand einer Schlange Auskunft geben. Das Beobachten einer freiwilligen Futteraufnahme wird von manchen Autoren empfohlen. Allerdings darf man nicht immer erwarten, daß ein Tier unter den Augen des Betrachters frißt. Zum einen könnte sie satt sein. Selbst wenn der Verkäufer dies vorführen kann, ist es wenig ratsam, diese Schlange zu wählen, denn ein Tier, welches gerade gefressen hat, sollte nicht gehandhabt oder gar transportiert und in eine neue Umgebung verbracht werden.

Anzeichen für die Freßbereitschaft können auch frische Kothaufen im Terrarium sein. Nichtfressende Kletternattern zeigen rasch Abmagerungserscheinungen. Eine gut genährte Schlange sollte wie ein völlig aufgepumpter Fahrradreifen aussehen. Sieht sie dagegen eher so aus, als ob etwas Luft fehlt, d.h. sind Falten in der Haut entlang der Wirbelsäule oder der unteren Flanken sichtbar, ist die Schlange entweder krank oder unterernährt.

Eine frische Kotprobe gibt einem Tierarzt erschöpfende Auskunft über den Gesundheitszustand eines Tieres, manchmal sogar

Die abgestreifte Haut einer Schwarzen Pilotnatter (E. obsoleta obsoleta) zeigt, sofern vollständig, alle Beschuppungsmerkmale und selbst Andeutungen der Zeichnung.
Foto: J. Dommers

detaillierter als eine direkte Untersuchung des Tieres. Allerdings ist es nur selten machbar, eine Kotprobe zu einer Laboruntersuchung zu bringen, bevor man sich zum Kauf einer Schlange entschließt. Ergibt sich jedoch die Gelegenheit dazu, sollte man sie nutzen. Die Probe kann auf schädliche Bakterien, Parasiten und Protozoen untersucht werden. Es empfiehlt sich, diese Analyse jeweils mit der ersten verfügbaren Kotprobe jeder neu erworbenen Schlange durchführen zu lassen. Selbst wenn es dann zu spät zum Umtausch ist, können entsprechende Probleme immer noch erfolgreich behandelt werden.

Man sollte auf äußerliche Verletzungen untersuchen, wie Rattenbisse, die zu Infektionen führen könnten. Auch gehört die Suche

nach Zecken und besonders Milben dazu. Wie diese beseitigt werden können, wird an anderer Stelle in diesem Buch behandelt.

Weitere, leicht zu erkennende Symptome sind Probleme mit der Atmung. Schaumige Speichelabsonderungen in den Mundwinkeln, Atmen mit geöffnetem Maul oder rasselnde, kratzende Atemgeräusche oder Vibrationen in der Kehlgegend kündigen ernsthafte Schwierigkeiten an.

Letztendlich sollte man auch keine kurz vor einer Häutung stehende Schlange erwerben, wenn es nicht unbedingt sein muß. Man sollte natürlich keine wählen, die offensichtliche Probleme mit einem Hautwechsel hat, d.h. wenn Hautreste auf den Schuppen oder gar den Augen erkennbar sind. Vor einer Häutung sind die Farben in der Regel eingedunkelt und matt, die Augen sind trübe. Grundsätzlich ist eine bevorstehende Häutung allerdings kein Grund, eine seltene oder langgesuchte Schlange nicht zu erwerben und sie jemand anderem zu überlassen, während man darauf wartet, daß sie ihren Hautwechsel beendet. Hat man jedoch die Wahl, sollte man lieber ein Tier wählen, dem nicht gerade diese Prozedur bevorsteht, denn eine sich häutende Schlange ist oftmals leicht reizbar und frißt häufig nicht.

Die Handhabung von Kletternattern

Erwirbt man seine erste Schlange oder hat man eine, die sich als schwer zu "zähmen" erwiesen hat, können sich die folgenden Hinweise als nützlich erweisen und einige der üblichen negativen Erfahrungen vermeiden helfen.

Zunächst sollten Schlangen für wenigstens 48 Stunden nach einer Futteraufnahme nicht gehandhabt werden. Das gilt ebenfalls bei einer bevorstehenden Häutung oder wenn es sich um ein trächtiges (gravides) Weibchen handelt. Auch kranke Tiere sollten soweit wie möglich in Ruhe gelassen werden.

Ständiges Herausnehmen aus dem Terrarium und Zurücksetzen

Im Gegensatz zu wildlebenden Schlangen wird diese leucistische (im Prinzip albino ähnlich, aber mit schwarzen Augen) Terrariennachzucht vermutlich keine Probleme mit Parasiten haben. Viele Wildfangexemplare von Kletternattern sind mit Würmern verseucht und müssen tierärztlich behandelt werden, bevor sie sich an ihr Leben im Terrarium gewöhnen können. Foto: W.P. Mara

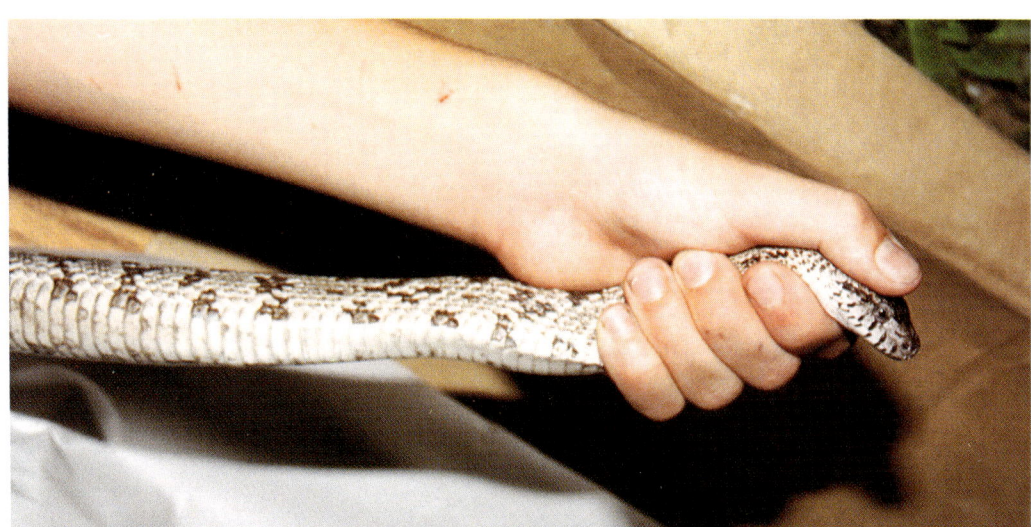

Bei der Handhabung einer erwachsenen Kletter-natter, egal welcher Art, muß der Kopf immer unter Kontrolle gehalten werden. Selbst das fried-fertigste Tier kann sich erregen oder verwirrt sein und im wahrsten Sinne des Wortes die Hand, die es füttert, nicht erkennen. Bisse von Kletternattern können stark bluten und sehr schmerzhaft sein.
Foto: W.P. Mara

ist ebenso verfehlt, wie den gesamten Freundeskreis einzuladen und die Schlange die Runde machen zu lassen. Fremden sollte man seine Tiere nicht anvertrauen; sie könnten sich falsch verhalten und gebissen werden. Man kann auch niemals eine Garantie dafür übernehmen, daß ein bestimmtes Tier nicht beißt, ganz egal wie friedfertig es sich normalerweise verhält. Es gibt immer ein erstes Mal, besonders wenn Enge oder Furcht ins Spiel kommen. Der sicherste Weg, kleine bis mittelgroße, aggressive Schlangen zu bändigen, ist der Griff hinter den Kopf. Der Körper wird mit der anderen Hand gestützt. Niemals sollte man eine Schlange nur hinter dem Kopf gepackt aufheben, ohne auch den Körper zu stützen, und keinesfalls sollte man sie am Schwanz hochheben. Grundsätzlich mag sie es jedoch nicht, am Kopf oder in dessen Nähe angefaßt zu werden.

Eine bei mäßig aggressiven Tieren empfehlenswerte Vorgehensweise ist es, die Schlange eine zeitlang mit Lederhandschuhen und einem dicken, langärmeligen Pullover an sich zu gewöhnen. Hierdurch kann man sie auch weiter von ihrem Genick entfernt halten, und wenn sie sich umdreht und doch beißt, ist man geschützt. Da Kletternattern relativ kurze Zähne haben, ist es unwahrscheinlich, daß sie schweren Stoff durchdringen. So vorbereitet, kann man es zulassen, daß sich die Schlange über die abwechselnd hingehaltenen Hände schlängelt. Sie wird sich irgendwann um einen Arm oder den Körper winden und ruhiger werden. Dabei sollte man es belassen, um die positive Erfahrung zu festigen. Nach mehreren solchen "Behandlungen" kann man schließlich auf die Handschuhe verzichten.

Die Schlange sollte nicht in die Nähe des Gesichts kommen dürfen. Gesichtsbisse sind zwar selten, aber das Risiko besteht. Gelegentlich sucht sich eine Schlange aufgrund der Wärme den Hals

des Pflegers als besonders zum Herumwickeln geeignete Stelle aus, jedoch kann auch das nicht empfohlen werden. Selbst eine nur mittelgroße Kletternatter ist kräftig genug, um die Angelegenheit unangenehm werden zu lassen. In Panik und beim Versuch, sie schnellstmöglich vom Hals abzuwickeln, kann es schnell zu Gegenreaktionen oder Verletzungen kommen. Kletternattern entleeren häufig den Darm, wenn sie angefaßt werden, insbesondere wenn man sie überrascht oder sie noch nicht an das Anfassen gewöhnt sind. In der Regel passiert das recht schnell nach dem ersten Kontakt, so daß man das Tier weit von sich weg halten sollte. Diese unerfreuliche Eigenschaft legt sich jedoch mit zunehmender Gewöhnung an den Pfleger.

Wird man von einer Kletternatter gebissen, besteht kein Grund zur Panik. Früher oder später werden alle Terrarianer einmal gebissen. Der Biß einer ungiftigen Schlange ist mit einem Schreck und vielleicht ein wenig Schmerz verbunden, erfordert jedoch nur selten einen Arztbesuch. Wenngleich beim Biß einer Kletternatter wahrscheinlich Blut fließt, so ist die Wunde doch im allgemeinen oberflächlich und besteht aus Einstichen und kleinen Rissen. Im Gegensatz zu einigen Echsen, die sich festbeißen und an der Haut zerren können, haben Kletternattern keine besonders kräftigen Kiefer. Die hinterlassenen Bißmarken verschwinden meistens innerhalb weniger Tage. Gesundheitliche Probleme nach Bissen von ungiftigen Schlangen resultieren nämlich meistens aus Infektionen, die durch die in der Mundschleimhaut der Schlange lebenden Bakterien verursacht werden. Das Auftragen von antibiotischer Salbe kann kaum schaden, jedoch gibt es keinen Grund, sich vom eiligst herbeigerufenen Notarzt gleich eine Penicillininjektion verabreichen zu lassen. Das Beobachten der Wunde auf eine mögliche Infektion hin während der folgenden Tage ist hin-

gegen sinnvoll. Selbstverständlich sollte man in freier Wildbahn keine Schlange anfassen, wenn man nicht hundertprozentig sicher ist, um welche Art es sich handelt. Mit dem Biß einer Giftschlange hat man ganz andere Probleme als bei dem einer Kletternatter!

Der Schlange die Schuld an einem Biß zuzuschieben, ist völlig verfehlt - die Schuld liegt immer beim Halter. Ein Biß bedeutet, man war nicht vorsichtig genug, oder man war bei der Eingewöhnung noch nicht erfolgreich genug, und die Schlange fühlt sich noch immer unbehaglich.

Das Terrarium und seine Einrichtung

Kletternattern brauchen wie alle zu pflegenden Schlangen ein Terrarium. Eine durchschnittliche Wohnung hat einfach zu viele Versteckmöglichkeiten und bietet Zugang zu hohlen Mauern oder ins Rohrleitungssystem, um eine mäßig große, kletternde Natter frei im Zimmer zu halten. Mancher mag mit seinen Reptilien neue Wege beschreiten wollen, jedoch sollte er diesen Versuch vergessen. Im Gegenteil, hat die Schlange Gelegenheit, aus ihrem Terrarium zu entweichen, stehen die Chancen, sie wiederzusehen, nur allenfalls 50 : 50. Vermutlich wird mancher langjährige Schlangenpfleger

schamhaft errötend zugeben, daß er noch diese oder jene Schlange in dieser oder einer früheren Wohnung vermißt.

Terrariensicherheit

Es gibt eine ganze Reihe von Konstruktionsdesigns bei käuflichen oder selbst zu bauenden Terrarien, unter denen man seine Wahl treffen kann. Grundsätzlich sollte man versuchen, bereits aus den Fehlern anderer zu lernen und deren schlechte Erfahrungen nicht unbedingt nachvollziehen zu wollen. Schlangen sind wahre Ausbruchskünstler. Kürzlich beobachtete ich mit einiger Faszination, wie sich eine junge Kornnatter - keine von mir - durch einen Gazedeckel mit 5 mm Maschenweite einen Weg in die Freiheit bahnte. Das Erstaunliche daran war, daß die breiteste Stelle des Kopfes dieses Tieres knapp 12 mm maß. Vor einiger Zeit ging auch mir eine Babyschlange verloren, die aus einem Glasterrarium entwich, welches höher als die Schlange lang war. Da keinerlei Kletteräste oder ähnliches vorhanden waren, ist mir bis heute unklar, wie sie das geschafft hat. Andererseits sind junge Schlangen so leicht, daß sie an Glasflächen förmlich zu kleben scheinen, besonders wenn es sich um Ecken handelt.

In der Tat kann sich die Unterbringung von Babyschlangen als echtes Problem darstellen. Am geeignetsten haben sich Plastikterrarien mit Schnappdeckeln und Gazeeinsätzen erwiesen, bei denen die Maschenweite so eng ist, daß kaum die Zunge hindurchpaßt. Aber auch ansonsten verklebe ich Schiebescheiben und besonders Kabeldurchlässe noch mit Klebeband.

Kabelkanäle sind besonders kritische Stellen. Die Schlange kann auf Kabeln entlangkriechen und ihnen einfach nach draußen folgen. Insbesondere bei Aufzuchtterrarien empfiehlt es sich daher, erst gar keine Kabel in den Innenraum zu verlegen. Die Beleuchtung kann darüber und die Heizung darunter installiert werden.

Bei adulten Schlangen ist die Ausbruchsgefahr deutlich geringer, vorausgesetzt man entscheidet sich für eine dicht schließende Deckel- oder Türkonstruktion, sowie angemessen enge Gazemaschen oder andere Lüftungsöffnungen. Kletternattern sind erstaunlich kräftig, so daß ein nur aufliegender Deckel kaum ein Hindernis darstellt, es sei denn, er ist wirklich sehr schwer. Ist dies nicht der Fall, muß er beschwert oder mit Klebeband oder Draht gesichert werden. Kritische Stellen sind natürlich auch hierbei die Durchlässe für Heizkabel und ähnliches.

Das gesunde Terrarium

Ein weiterer Gesichtspunkt für ein Terrarium ist, daß es einen Raum bieten muß, in dem die Schlange leben und gedeihen kann. Die zahlreichen Einzelaspekte führen jedoch unter dem Strich zu nur zwei Grundsätzen. Erstens, man schaffe einen Lebensraum, der dem natürlichen so ähnlich wie möglich ist, so daß sich die Schlange so sicher wie in freier Wildbahn fühlt, oder zweitens, man gestalte das Terrarium so funktionell, sicher und hygienisch wie möglich, um das Risiko von Erkrankungen oder Verletzungen soweit wie möglich einzuschränken.

Leider geraten diese beiden Grundsätze in der Praxis manchmal in Konflikt miteinander. Wenn dieser Fall eintritt, bin ich der Meinung, daß man dem zweiten den Vorzug geben sollte. Es gibt jedoch Möglichkeiten, das Beste aus beiden zu vereinen.

Zweifellos muß ein Design gewählt werden, welches der Gesundheit der Schlange zuträglich ist. Das bedeutet nicht nur, daß das Terrarium ausbruchssicher sein muß, sondern auch, daß es das Tier gar nicht erst dazu veranlaßt, einen Ausbruch zu versuchen. Metallgaze und scharfkantiger Draht sollte nur an Stellen verwendet werden, wo die Schlange nicht hinkommen kann.

Ungezählte Terrarientiere haben sich schon ihre Schnauzen - zum Teil ernsthaft - verletzt, wenn sie sie beim Versuch, vielleicht doch hindurchzukommen, ununterbrochen an Gazeflächen gerieben haben. Vorsicht ist auch bei kleinen Öffnungen am Platze. Selbst wenn eine solche tatsächlich zu eng ist, um die Flucht zu ermöglichen, ist sie vielleicht doch groß genug, daß sich die Schlange beim Versuch sich hindurch zu zwängen, verletzen kann. Innerhalb des Terrariums haben scharfkantige oder heiße Gegenstände wie unabgeschirmte Glühlampen nichts zu suchen. Verbrennungen und Schnittverletzungen führen häufig zu Infektionen. Sicherzustellen ist auch, daß Kletteräste und Wärmeplätze so konstruiert sind, daß sie die Schlange tragen und nicht unter der Last zusammenbrechen oder umfallen.

Luftfeuchtigkeit

Die Luftfeuchtigkeit ist ein weiterer bedeutungsvoller Faktor, und einige Terrarientypen verursachen ein unerwünscht hohes Feuchtigkeitsniveau. Abgesehen von Seeschlangen und Meeresschildkröten gibt es wohl wenige Reptilien, die auf eine permanent feuchte Haut nicht mit bakteriellen Infektionen oder Pilzerkrankungen reagieren. Selbst Süßwasserschildkröten verlassen das Wasser hin und wieder, um sich von der Sonne trocknen zu lassen. Man kann durchaus einen Teich oder einen Wasserfall im Terrarium haben, jedoch müssen gleichzeitig stets trockene Stellen zur Verfügung stehen. Die Luft muß so zirkulieren, daß sie nicht mit Feuchtigkeit übersättigt ist. Die folgende Gleichung hat sich nach meinen Erfahrungen leider nur zu oft als zutreffend erwiesen:

Schlange + Aquarium + geschlossener Deckel + Heizung + Sprühwasser =

hohe Luftfeuchtigkeit + Kondenswasser =

Haut- und Atemwegserkrankungen

Das hölzerne Terrarium mit Glas- oder Plexiglas-Schiebescheiben ist das klassische Behelfsterrarium für die Schlangenhaltung.
Foto: Susan und Hugh Miller

Verwendet man einen Glasbehälter, müssen Seitenteile und Deckel aus Gaze bestehen, um eine ausreichende Be- und Entlüftung zu gewährleisten; die Mengen an Sprüh- und Gießwasser im Terrarium müssen insbesondere in der Nähe von Heizungen genau kontrolliert werden. Im Idealfall hat ein Schlangenterrarium eine Durchluftventilation, d.h. Lüftungsflächen befinden sich an wenigstens zwei Seiten des Behälters. Dies ist beim Bau eines Terrariums von vornherein zu berücksichtigen. Kunststoffgaze oder Metallgaze mit Silikonüberzug sind für diesen Zweck gut geeignet. Nylongaze sind ebenfalls glatter als solche aus Metall, jedoch nicht reißfest genug. Lebende Futtermäuse können sich beispielsweise mühelos hindurchknabbern.

Ein Vorteil bei der Verwendung von Gazeflächen ist die Durchlässigkeit für UV-Strahlung, obwohl deren Notwendigkeit bei ausreichender Vitaminversorgung umstritten ist. Unter normalen Umständen wird dieser Spektralbereich von Glas herausgefiltert. Terrarien werden am besten mit Leuchtstoffröhren mit Tageslichtspektrum beleuchtet. Sie sind Pflanzenleuchten ähnlich, jedoch ist der Spektralbereich ein anderer. Für Pflanzen konzipierte Lampen sind aus dem gleichen Grunde unzureichend; der Zoohändler sollte über geeignete Marken Auskunft geben können. Um effektiv wirken zu können, muß der Leuchtkörper durch eine Gazeabdeckung oder Seitenfläche für Licht sorgen - nicht durch eine Glasfläche. Einige klare Kunststoffe filtern ebenfalls UV-Strahlung aus, sind aber dennoch häufig besser als Glas.

Wasser

Während eine permanent hohe Luftfeuchte im allgemeinen schlecht ist, ist Wasser hingegen wichtig. Tatsächlich sollten die meisten Schlangen einen Wasserbehälter zur Verfügung haben, der ein Untertauchen des ganzen Körpers zuläßt. Das Wasser muß stets sauber gehalten werden, was sich bei einigen Terrarienkonstruktionen als Problem erweisen kann, wenn diese nicht von vornherein diesbezüglich durchdacht sind. Handelt es sich um einen fest eingebauten, von trockenen Teilen getrennten Wasserteil, sind Reinigungsarbeiten naturgemäß schwierig. Eine größere Schale oder Wanne läßt sich dagegen aus dem Behälter herausnehmen, ersetzen oder mit Spülmittel und Wasser leicht gründlich reinigen. Man sollte jedoch niemals giftige Substanzen hierzu verwenden. Ausspülen, Auffüllen und Zurückstellen werden zum Kinderspiel.

An dieser Stelle muß angemerkt werden, daß es selbst bei sehr sauberem Wasser nicht zugelassen werden sollte, daß die Schlange ständig darin liegt. Die ständig feuchte Haut wird für eine bakterielle Dermatitis anfällig, die als Bläschenkrankheit bekannt ist. Manche Tiere sind so erpicht auf Baden, daß man ihnen die Wasserschale für einen oder zwei Tage wegnehmen muß, damit sie gezwungenermaßen wieder trocknen.

Einige Terrarianer unterstellen einen Milbenbefall, wenn sich die Schlange dauernd im Wasser aufhält. Das kann zugegebenermaßen der Fall sein, jedoch gibt es viele Tiere in einem erstklassigen Gesundheitszustand, die einfach nur gerne baden. Vielleicht ist aber auch die Luftfeuchtigkeit zu gering.

Ein weiterer Grund kann das Fehlen eines geeigneten trockenen Versteckplatzes sein. Schlangen fühlen sich in der Nähe von oder im Wasser sicher, denn in der Natur dient es ihnen als schneller Fluchtweg. Alle Schlangen können schwimmen, und die meisten sind im oder sogar auf dem Wasser ebenso schnell wie auf festem Boden.

Einrichtung

Damit kommen wir zu dem wichtigen Punkt geeigneter Versteckmöglichkeiten. Eine Schlange muß die Gelegenheit haben, sich vor grellem Licht und auch vor dem Pfleger zurückziehen zu können. Ob man dazu sehr natürlich aussehende Steinaufbauten oder einen Stapel Holz verwendet oder eine sehr unnatürliche Plastikschachtel mit einem Eingangsloch, ist völlig unwesentlich. Die Steine sehen sicherlich hübscher aus und können dem Sicherheitsgefühl mancher Schlange mehr entgegenkommen. Andererseits hat ein Plastikbehälter keine scharfen Kanten, kann nicht zusammenbrechen und ist einfach auszutauschen, zu reinigen und nötigenfalls sogar zu desinfizieren.

Es ergibt sich die Frage, sieht ein natürlich eingerichtetes Terrarium besser für die Schlange oder für den Pfleger aus? Eine alte Streitfrage, die auch hier nicht geklärt werden kann.

Entscheidet man sich für natürliche Einrichtungsgegenstände, so ist darauf zu achten, daß sie sich einfach und gründlich sauberhalten lassen. Glatte Steine sind besser abzuwaschen als poröse; Steine sind besser zu desinfizieren als Holz. Moorkien- oder Steinholz sind einfacher zu reinigen als Äste mit Rinde. Sand ist trockener und staubfreier als Erde - noch besser sind Kiesel, wenn sie nicht scharfkantig sind. Bei der Verwendung von Kieseln ist natürlich darauf zu achten, daß sie so groß sind, daß sie nicht etwa aus Versehen mit einem Futtertier mitgefressen werden können. Vertrocknete Blätter zerbröseln und lassen sich unmöglich sauber halten; man benötigt also einen unerschöpflichen Vorrat. Wechselt man sie wöchentlich gegen neue aus, stellen sie ein hervorragendes Substrat dar.

Ich muß eingestehen, daß viele meiner eigenen Schlangen auf Pappe als Bodengrund leben. Als Versteckplätze stehen ihnen Papprollen von Toiletten- und Haushaltsrollen oder Kunststofftabletts von Mikrowellengerichten zur Verfügung. Einer meiner Pythons verbringt die größte Zeit des Tages unter dem Chassis eines großen Spielzeug-VW-Käfers aus Weichplastik, welches eines Tages am Strand angespült worden war. Meinen Schlangen geht es gut, und es erscheint mir äußerst einfach, sie sauber und gesund zu erhalten. Andererseits kenne ich auch Anlagen, die sehr dekorativ natürlich eingerichtet sind; die Pfleger haben natürlich etwas mehr Arbeit mit dem Sauberhalten. Bei der Haltung von nur einer Schlange ist dieser Faktor zu vernachlässigen und kann sogar mehr Freude bereiten. Hat man jedoch vor, etliche Terrarien zu unterhalten, empfehle ich ein einfach zu unterhaltendes Design. Anderenfalls kommt es dazu, daß aufgrund des permanent erforderlichen Aufwands, der Hygiene immer weniger Aufmerksamkeit geschenkt wird und die Tiere schließlich darunter leiden.

Terrarienbaustoffe

Manche Autoren sprechen sich gegen die Verwendung von Holz beim Terrarienbau aus. Die beiden Hauptgründe dafür sind mögliche Splitter sowie Spalten, die Milben und anderen Parasiten als Zufluchtsstätten dienen können. Ich pflichte dem Splitter-Argument bei - man sollte kein rauhes Holz verwenden - jedoch gibt es Mittel und Wege, Milben und ähnliches zu kontrollieren. Allgemein widerspreche ich der Verwendung von glattem Holz für Terrarienbau und -gestaltung (Kletteräste usw.) nicht. Im Gegenteil, bei großen Schlangen ist es die praktikabelste Möglichkeit, will man nicht zoomäßig Stahl und Beton verwenden. Kunststoff und Glas sind sicherlich einfacher sauberzuhalten, und Kunststoff ist leichter und oftmals billiger als Holz. Welches Material auch immer Verwendung findet, man sollte bedenken, was über Lüftungsflächen gesagt wurde.

Heizung

Die Temperatur ist für Schlangen ebenso wichtig wie Licht. Die für die meisten Kletternattern empfohlenen Lufttemperaturen bewegen sich zwischen 27 und 30° während des Tages und 21 und 24°C nachts. Darüberhinaus ist ein beheizter Stein - in vielen Zoohandlungen und über den Zooversand erhältlich - in einer Ecke des Terrariums eine gute Wahl; die Schlange kann sich darauf wärmen, wann immer sie dies wünscht. Vorsicht ist bei Eigenbauten geboten, denn solche können leicht zu heiß werden oder sogar einen Brand verursachen.

Man sollte nie vergessen, daß viele Kletternattern exzellente Kletterer und in der Lage sind, sich auch in den Terrarienecken nach oben zu bewegen. Foto einer E. obsoleta quadrivittata von S. Kochetov

Ernährung

Ein gewisser Nachteil von Schlangen gegenüber Echsen oder Schildkröten im Terrarium ist, daß sie bisweilen problematische Fresser sein können. Zum Glück sind dabei die Kletternattern im allgemeinen vermutlich am einfachsten zum Fressen zu bewegen. Während manche andere Schlangen jegliches Futter für mehrere Monate verweigern können, bringt man Kletternattern gewöhnlich innerhalb von ein paar Wochen ans Futter, wenn einige einfache Richtlinien beachtet werden.

Nagetiere

Der alternative Name "Rattenschlange" kommt nicht von ungefähr; Kletternattern sind gierige Nagetiervertilger. Mit nur wenigen Ausnahmen gedeihen diese Schlangen selbst bei einer ausschließlichen Fütterung mit Nagern. Einige Arten fressen darüberhinaus auch kleine Vögel, Echsen und Frösche. Hinsichtlich letzterer sollte man allerdings bedenken, daß die meisten dieser Tiere geschützt sind. Da diese Futtertiere oft schwierig zu erhalten oder als Futter zu züchten sind, ist man mit Nagern als ausschließliches Futter sowieso besser beraten.

Geeignete Nagetiere sind zahme Mäuse, Zuchtratten, Gerbile und Goldhamster; all diese sind in Menschenhand in großen Mengen gezüchtete Haustiere. Es ist nicht zu empfehlen, wildlebende Nager zu fangen, da diese erheblich schwieriger zu handhaben sind. Sie beißen und können Träger von Krankheiten sein. Die Größe des Futtertieres ist natürlich auf die Größe der Schlange abzustimmen. Ausgewachsene Ratten sind nur für sehr große Schlangen geeignet. Mäuse sind hingegen das bevorzugte Futter für Tiere von 60 cm und darüber. Angaben zur Ernährung von Jungschlangen sind im Kapitel über die Vermehrung nachzuschlagen.

Terrarianer streiten darüber, ob man besser tote - auch eingefrorene und wieder aufgetaute - oder lebende Beutetiere verfüttern sollte, und beide Seiten haben gute Argumente. Jene, die für tote Beutetiere sind, weisen darauf hin, daß lebende die Schlange im Verlauf des Erwürgtwerdens häufig beißen. Während leichte Bißverletzungen nur zu leichten Wunden führen und manchmal eine Narbe hinterlassen, kann ein kräftiger Biß durchaus dazu führen, daß die Schlange für mehrere Wochen nicht mehr frißt.

Auf der anderen Seite gibt es das Argument, daß Schlangen seit Millionen Jahren überleben, ohne daß jemand ihr Futter für sie tötet. Tatsächlich bedeutet das Verfüttern toter Beute, daß ein natürlicher Räuber zu einem Aasfresser degradiert wird. Eine gesunde Schlange kann ein Beutetier angemessener Größe durchaus sehr effizient überwältigen, ohne dabei verletzt zu werden. Da in Gefangenschaft gehaltene Reptilien sowieso vergleichs-

Mäuse - das bevorzugte Futter fast aller Kletternattern.
Foto: M. Gilroy

weise wenig Bewegung haben, bedeutet der Entzug des Beuteschlagens eine weitere Kürzung der ihnen zur Verfügung stehenden Aktivitätsmöglichkeiten.

Ein weiteres Problem bei der Fütterung mit totem Futter liegt darin, daß die Schlange umgehend fressen muß. Innerhalb weniger Stunden tritt anderenfalls die Totenstarre ein, und das Futtertier beginnt, sich zu zersetzen. Die Schlange ist dann nicht mehr daran interessiert - gerechtfertigterweise. Nicht alle Tiere fressen auf Bestellung, und das Ende kann sein, daß Futtermäuse umsonst getötet wurden. Wird eine lebende Maus nicht beachtet, kann man sie wieder aus dem Terrarium herausnehmen und es zu einem späteren Zeitpunkt erneut probieren.

Persönlich sehe ich Sinn in beiden Argumenten. Ich unterhalte eine große Anlage mit mäusefressenden Schlangen und Echsen und bin im Laufe der Jahre zu folgender Lösung gekommen: Ist mir aus vorangegangenen Fütterungen bekannt, daß ein Tier angebotenes Futter sofort annimmt, wird die Maus vorher getötet. Das kann durch einen kräftigen Schlag ins Genick geschehen. Ich bevorzuge den Genickschlag, denn damit ist alles in Sekundenbruchteilen vorüber.

Leider kann man sich nicht immer darauf verlassen, daß eine

Schlange sofort dann frißt, wenn Futter angeboten wird. Aus diesem Grunde bevorzuge ich lebende Beute bei einigen meiner Tiere. Um dabei das Risiko von Bißverletzungen so weit wie möglich auszuschließen, werden die Nager sorgfältig dahingehend ausgesucht, ob sie es der Schlange vielleicht "heimzahlen" könnten. Das von mir für meine Schlangen bevorzugte Lebendfutter sind Babyratten bis zu einer Größe, in der sie beginnen, die Augen zu öffnen, jedoch bevor sie entwöhnt sind. Zu diesem Zweck züchte ich meine Ratten selbst.

Der Vorteil einer Jungratte oder jedem anderen Nagetierbaby ist, daß es gleichzeitig lebendig und wehrlos ist. Es besteht keinerlei Bißgefahr für die Schlange, trotzdem ist die Beute warm, sie bewegt sich und bleibt auch ohne die Mutter erstaunlich lange am Leben. Wenn Babyratten die Augen zu öffnen beginnen, haben sie ungefähr die Größe und Masse von jungen Mäusen. Sie sind jedoch erheblich langsamer und kaum in der Lage, zu beißen. Ich habe schon viele Schlangen und Echsen gesehen, die von Mäusen gebissen wurden, weil sie sie nicht beim ersten Versuch sicher gepackt hatten.

Hat man also eine Schlange, die nicht sofort frißt, und das Futter bleibt somit für mehrere Stunden oder sogar über Nacht im Terrarium, ist eine Babyratte in jeder Hinsicht eine ideale Wahl. Der andere Vorteil von Zuchtratten ist der, daß sie nahezu geruchlos sind, während ein oder zwei Mäusekäfige schon einen deutlichen "Duft" produzieren, der vielen Leuten zuwider ist. Hat man mehrere Schlangen unterschiedlicher Größe, ist die Zucht von Mäusen und Ratten angebracht. Noch nicht entwöhnte Mäusebabys sind genauso wehrlos wie Jungratten, nur entsprechend kleiner und damit häufig ein ideales Futter für kleine Schlangen.

Hinsichtlich Gerbilen und Hamstern trifft das Gleiche auf deren Säuglinge zu. Andererseits sind erwachsene Gerbile und ganz besonders Hamster äußerst aggressiv, wenn es darum geht, sich gegen ein Reptil zu verteidigen. Ich verfüttere niemals lebende erwachsene Hamster an ein Reptil, ungeachtet wie kräftig oder wie groß es sein mag. Das Risiko von Bißverletzungen ist erheblich!

Etwas Menschlichkeit

Ein Wort aus der Sicht der Nagetiere ist sicherlich angebracht. Der Schlangenpfleger sollte niemals vergessen, daß Mäuse und Ratten Lebewesen sind, die genauso Angst und Schmerz empfinden können wie andere auch. Einige Staaten haben Gesetze, die das Verfüttern von lebenden Wirbeltieren an Schlangen regeln. Fütterungen vor der Öffentlichkeit sind beispielsweise untersagt, und die Futtertiere dürfen nicht durch Entzug von Futter und Was-

Wenngleich es sicherlich preiswerter ist, eine eigene Mäusezucht zu unterhalten, ist es gleichzeitig bestimmt weniger geruchsintensiv und zeitaufwendig, sie im Zooladen zu kaufen. Bevor man lebendes Futter anbietet, sollte man tiefgefrorene, aufgetaute Nestlinge versuchen. Foto: C. Watkins

ser vernachlässigt oder unnötigen Qualen ausgesetzt werden. Es dürfte nur eine Frage der Zeit sein, bis solche Gesetze überall in Kraft treten. Einige Organisationen fordern, daß entweder nur eingefrorene und wieder aufgetaute Nagetiere oder nur Babymäuse und -ratten mit noch geschlossenen Augen verfüttert werden dürfen. Zu ersterem Punkt ist anzumerken, daß nicht alle Schlangen diese Art Futter auf Dauer akzeptieren. Bei zweiterem wird argumentiert, daß diese Jungtiere nahezu bewegungslos sind und noch keine Angst und keinen Schmerz empfinden könnten. Der Appell an den Terrarianer ist, uns allen einen Gefallen zu tun und nie zu vergessen, daß auch Nagetiere empfinden - egal ob Gesetz oder nicht.

Nagetierzuchten

Einige oder alle der vorgenannten Futtertiere können vielleicht im Zoogeschäft an der Ecke gekauft werden. Hat man nur eine Schlange und benötigt nur hin und wieder eine kleine Maus, ist das möglicherweise der einfachste Weg. Irgendwann wird man jedoch mit einer eigenen Zucht beginnen, sei es um Geld zu sparen oder um die Versorgung auf Dauer sicherzustellen. Die Zucht von Mäusen und Ratten ist simpel. Man bringe ein Männchen und ein oder zwei Weibchen so lange zusammen unter bis das Weibchen offensichtlich tragend ist. Die folgenden Angaben geben einige Anhaltspunkte zum Erreichen der Geschlechtsreife, Tragzeiten und die Entwicklung während der Säugephase. Wie bereits gesagt, ist der günstigste Zeitpunkt zum Verfüttern kurz vor der Entwöhnung, unmittelbar bevor oder nachdem die Augen

Kletternattern sind Würgeschlangen, die auch relativ große Beute überwältigen können. Trotzdem sollte die Größe des Futtertieres immer sorgfältig gemäß der Größe der Schlange ausgewählt werden. Foto einer Kornnatter von K.H. Switak

geöffnet werden. Das Futtertier ist dann immer noch relativ hilflos, jedoch bereits fast so gehaltvoll wie bei der Geschlechtsreife.

Maus: Früheste Fortpflanzungsfähigkeit: 5 bis 6 Wochen; Trächtigkeitsdauer: 20 Tage; Augen nach 13 Tagen offen; entwöhnt nach 25 Tagen.

Ratte: Früheste Fortpflanzungsfähigkeit: 12 Wochen; Trächtigkeitsdauer: 21 Tage; Augen nach 11 Tagen offen; entwöhnt nach 18 Tagen.

Gerbil: Früheste Fortpflanzungsfähigkeit: 10 bis 12 Wochen; Trächtigkeitsdauer: 25 Tage; Augen nach 20 Tagen offen; entwöhnt nach 25 Tagen.

Hamster: Früheste Fortpflanzungsfähigkeit: 5 Wochen; Trächtigkeitsdauer: 16 Tage; Augen nach 15 Tagen offen; entwöhnt nach 22 Tagen.

Futterzusätze

Der hier folgende kontroverse Punkt befaßt sich mit der Frage, ob zusätzliche Vitamingaben notwendig sind oder nicht. Manche Autoren meinen, daß eine adulte Schlange, die komplette Beutetiere frißt, keiner zusätzlichen Vitamingaben bedarf. Solche jedoch, die mit Stücken von Rindfleisch oder Hähnchen ernährt werden, sollten damit versorgt werden. Meine eigene Meinung ist eher unerschütterlich. Zunächst bin ich davon überzeugt, daß

eine Schlange mit nichts anderem als ganzen Futtertieren gefüttert werden sollte. Manche Pfleger schaffen es mit viel Aufwand, ihre Schlangen an die Annahme von Fleischstücken zu gewöhnen. Sie meinen, daß sie dadurch Geld sparen können und die mit dem Umgang mit lebenden Futtertieren verbundenen Unannehmlichkeiten vermeiden. Aber das ist ein großer Irrtum. Der Reptilienorganismus ist darauf eingestellt, ganze Beutetiere mit Knochen, Haaren und allem anderen zu verdauen. Erhalten sie nurmehr Muskelfleisch, gerät das ganze System durcheinander. Weiterhin ist das von uns verzehrte Fleisch für Reptilien viel zu fett. Nach ein paar Monaten wird eine solchermaßen ernährte Schlange eine ganze Reihe von Gesundheitsproblemen aufweisen, die bis zu einem tödlich endenden Leberschaden reichen.

Immerhin, das Argument, daß ganze Beutetiere eine vollständige Ernährung gewährleisten, zieht auch nicht. Sicherlich pudert niemand die Mäuse in der Natur mit Vitaminpulver ein. Freilebende Reptilien erhalten jedoch den größten Teil an Vitamin D durch Einwirkung von Sonnenlicht - ungefiltertes Sonnenlicht mit dem vollen Anteil an UVb- Strahlung, die nicht durch Glas ausgefiltert wird. Vitamin D, insbesondere Vitamin D_3 - das einzige vom Schlangenorganismus effizient verwertete - ermöglicht das Erschließen von Calcium. Ohne eine ausreichende Zufuhr von Vitamin D_3 kommt es unweigerlich zu Kalkmangelerscheinungen, selbst dann, wenn große Mengen an Calcium im Futter enthalten sind. Aus diesem Grunde und ungeachtet des erhöhten Streßniveaus für im Terrarium gehaltene Schlangen denke ich, daß alle Reptilien zusätzliche Vitamingaben erhalten sollten. In kleinen Mengen verabreicht, kann ein Vitamin keinen Schaden anrichten - warum sollte man also nicht sichergehen?

Man sollte andererseits einer Schlange auch nicht zu viel Vitamine geben und denken, daraus wird jetzt eine Superschlange. Zu viel an Vitaminen kann genauso schädlich sein wie zu wenig. Vermutlich ist es unnötig zu erwähnen, daß mehr Terrarientiere an Vitaminmangel als an Vitaminüberdosierung sterben. Trotzdem sollte man Vitaminsupplemente kaufen, die auf Reptilien abgestimmt sind und die angegebenen Dosierungsvorschriften beachten.

Die Frage, wie man die Vitamine in die Schlange bekommt, ist ein anderes Problem. Einige Hersteller empfehlen, die Futtermaus oder was auch immer, naß zu machen und dann das Pulver darauf zu verstreuen. Das kann man natürlich versuchen, jedoch gibt es bessere Verfahren. Es ist zu beachten, daß Schlangen hauptsächlich auf ihren Geruchssinn vertrauen, und speziell bei wählerischen Fressern wird man alles vermeiden wollen, was den natürlichen Geruch des Futter verfälschen könnte. Eine einfache Methode ist es, eine dicke Vitaminpaste mit Honig oder Sirup herzustellen. Unter Verwendung eines Handschuhs gegen mögliche Bisse wird dann ein wenig davon auf den Bauch der erwachsenen Maus oder Ratte oder eines Babys geschmiert. Der Nager wird sich daraufhin hinsetzen und sich sauberlecken, so daß jegliche äußerliche Spur der Substanz verschwindet.

Es gibt natürlich auch injizierbare Vitaminlösungen, die man mit etwas Aufwand erhalten kann. Sie sollten direkt vor der Fütterung in ein totes Futtertier injiziert werden, nicht unbedingt in eine gesunde Schlange. Bei einem heruntergekommenen Exemplar oder einem, das schon lange nichts mehr gefressen hat, ist eine direkte Injektion durch einen Tierarzt kein schlechter Einfall. Zur gleichen Zeit kann auch Calciumgluconat verabreicht werden, wenn der Verdacht besteht, daß der schlechte Allgemeinzustand auf einer chronisch unausgewogenen Diät beruht.

Fütterungszeiträume

Der letzte Aspekt des Fütterns ist: Wann, Wieviel und Wie oft. Es gibt hierbei keine festen Regeln. Schlangen können viel größere Mengen auf einmal fressen als für eine Normalernährung nötig wäre. Sie neigen dazu, einmal in Futter zu schwelgen und dann eine Phase ohne großen Appetit durchzumachen oder völlig zu fasten. Einer gesunden Kletternatter machen somit zwei Monate oder mehr ohne Futter nichts aus. Solche Fastenzeiten werden hin und wieder von selbst eingelegt, insbesondere auch dann, wenn eine Eiablage bevorsteht. Unter normalen Umständen sollte eine Schlange einmal pro Woche etwas fressen. Jungschlangen sollten hingegen nicht weniger als einmal pro Woche, aber nicht öfter als alle vier Tage gefüttert werden. Erwachsene Tiere brauchen vier bis fünf Tage zum Verdauen einer Mahlzeit, so daß es sich nicht empfiehlt, in diesem Zeitraum Futter anzubieten. Tägliches Füttern steht außerhalb jeder Diskussion- Schlangen "funktionieren" nun mal so.

Die richtige Futtermenge kann man sich von der betreffenden Schlange zeigen lassen. Eine Maus oder Babyratte sind eine ausreichende Mahlzeit für eine erwachsene Kletternatter. Will die Schlange stattdessen zwei oder drei, sollte man dem nicht unbedingt widersprechen. Meistens, jedoch nicht immer, kennt ein Tier seine Kapazität. Ob nun eine oder zwei oder drei Mäuse, nach der Mahlzeit muß die Schlange in Ruhe gelassen werden, damit sie verdauen kann. Jegliches Handhaben sollte während der ersten 48 Stunden nach einer Fütterung vermieden werden. Nichtbeachtung kann zu Verletzungen der Verdauungsorgane führen oder dazu, daß das Futter wieder ausgewürgt wird.

Zwangsfütterung

Unter normalen Umständen sind im Terrarium gehaltene Kletternattern nach einer kurzen Eingewöhnungsphase willige Fresser. Ihre Eigenschaft, allgemein bereitwillig ans Futter zu gehen, macht sie zu geeigneten Terrarientieren. Wie auch immer, man kann eine Schlange erhalten, die aus einer ganzen Reihe von möglichen Gründen nicht freiwillig frißt. Futterverweigerung während der ersten Woche oder etwas länger ist dabei nicht das Problem. Hält der Zustand jedoch an, besteht Grund zur Besorgnis. Schlangen können zwar eine überraschend lange Zeit ohne Nahrung auskommen, jedoch macht sich beim Pfleger im Falle einer nichtfressenden Schlange zunehmend Unbehaglichkeit breit.

Zwangsfütterung - wann?

Eine kranke Schlange kann das Futter verweigern, also ist das die erste Richtung, in die die Untersuchungen gehen sollten. Es muß auf Atemwegserkrankungen, Maulfäule und Innenparasiten untersucht werden. Ist das Ergebnis positiv, muß die entsprechende Erkrankung zunächst behandelt werden, bevor man zur Zwangsfütterung schreitet. Generell sollte eine medikamentös behandelte Schlange nicht gefüttert und erst recht nicht zwangsgefüttert werden, bevor die Behandlung abgeschlossen ist. Die Ausnahme von der Regel ist, wenn die Schlange so heruntergekommen ist, daß nur eine sofortige Futteraufnahme ein Verhungern verhindern kann.

Man darf allerdings aus einer Futterverweigerung auch nicht sofort auf eine Erkrankung schließen. Auch gesunde Tiere können das Futter verweigern, speziell wenn sie frisch erworben wurden. Das Problem erledigt sich meist nach ein paar Tagen von selbst, sobald sich die Schlange an ihre neue Umgebung gewöhnt hat. Hält der Zustand jedoch ohne ersichtlichen Grund an, und die Schlange wird zunehmend träge, dann hat man tatsächlich ein Problem.

Der erste Schritt besteht in der Beseitigung von offensichtlichen Möglichkeiten. Das Terrarium könnte zu klein sein oder die Temperatur zu niedrig. Zuviel Unruhe in der Umgebung oder andere Streßquellen könnten vorhanden sein. Ständiges Beobachten durch zuviele Personen oder Haustiere wie Hunde und Katzen, die zu gerne der Schlange habhaft werden möchten, oder ein nicht vorhandener, Sicherheit vermittelnder Versteckplatz können ebenfalls Gründe für das Problem sein. Es ist dabei zu bedenken, daß eine unter Streß stehende Schlange instinktiv eher auszubrechen versuchen wird, als sich um Futter zu kümmern.

Wenn alles versucht worden ist, und nichts hat geholfen, das Tier verfällt zunehmend unter den Augen des Pflegers, kann Zwangsfütterung und/oder Appetitstimulation in Betracht gezogen werden, um es wieder ans Futter zu bringen. In den meisten Fällen wird die Schlange nach einer Futterannahme wieder von allein fressen, vorausgesetzt sie ist gesund und hat keinen tatsächlichen Grund, nicht zu fressen.

Die Zwangsfütterung einer Schlange ist einfach. Da es keine Schlange gibt, die sich nicht zwangsfüttern ließe, gibt es auch keine Entschuldigung für Halter und Pfleger, wenn eine im Terrarium verhungert. Zumindest ist das meine felsenfeste Überzeugung; andere Terrarianer oder Autoren mögen anders darüber denken. Sie können die Frage stellen 'Welchen Wert hat es, eine Schlange am Leben zu halten, die sich offenbar nicht an eine Terrarienhaltung anpassen kann?'. Kann man es wirklich verantworten, ein Tier sein ganzes Leben lang zwangszufüttern, oftmals bis zu einem Punkt, wo es nicht einmal mehr auf sein natürliches Futter reagiert? Die Entscheidung darüber liegt bei jedem Terrarianer selbst; ich für meinen Teil halte es jedoch für eine Maßnahme, deren Zweck den Aufwand wert ist. In vielen Fällen besteht die Chance, daß das Tier eines Tages doch wieder von alleine frißt.

Nachteile

Meiner Erfahrung nach sind Schlangen von allen Reptilien am einfachsten zwangszufüttern. Die Zwangsfütterung muß als letz-

Babyschlangen wie diese albinotisch/leucistische Texasküchennatter sollten wenigstens einmal pro Woche gefüttert werden, zweimal, wenn sie Futter annehmen. Foto: J. Merli

te Möglichkeit betrachtet werden, wenn es darum geht, ein bei Erhalt bereits stark verfallenes Tier wieder aufzubauen. Es gibt dabei jedoch drei große Nachteile. Wenngleich sie im allgemeinen sicher und effektiv ist, bedeutet sie doch Streß für die Schlange. Sie entspricht nicht der normalen Ernährung und Ernährungsweise und kann, läßt man es an der nötigen Aufmerksamkeit mangeln, zu einer Abhängigkeit führen, die letztendlich unakzeptabel ist. Im Gegensatz vielleicht zu einem sehr spezialisierten Herpetologen, ist es für den Normalterrarianer äußerst schwierig, eine Schlange ihr ganzes Leben lang durch Zwangsfütterungen am Leben zu erhalten. Fängt sie nicht irgendwann mit der selbständigen Nahrungsaufnahme an, stehen die Chancen für eine langfristige Haltung schlecht. Um diese Situation zu vermeiden, sollte man nur im Notfall zur Zwangsfütterung schreiten und der Schlange ausreichend Gelegenheit zum selbständigen Fressen geben, bevor man die Prozedur ein zweites oder gar drittes Mal wiederholt. Anhaltende Zwangsfütterungen sind nur in Fällen angebracht, wo es um ein ernsthaft abgemagertes Exemplar geht.

Ausrüstung

Eine Zwangsfütterung ist überraschend einfach, vorausgesetzt man hat das richtige Werkzeug und jemanden zum Helfen. Man benötigt eine Einwegspritze aus Plastik ohne Nadel und 30 cm oder mehr Kunstoffschlauch, der dicht schließend auf diese Spritze paßt. Ich verwende 3-ml-Spritzen; 5- oder 10-ml Spritzen sind aber ebenfalls geeignet. Diese Spritzen sind für den einmaligen Gebrauch gedacht, so daß sie nach einer Injektion an einem Patienten weggeworfen werden. Wird die Nadel jedoch fachgerecht entfernt und entsorgt, kann die Spritze selbst sorgfältig ausgewaschen und als Zwangsfütterungswerkzeug verwendet werden. Handelt es sich um ein Modell mit Gummidichtung am Kolben, trocknet diese nach einiger Zeit aus und verklebt mit dem Zylinder, so daß dann eine neue Spritze benötigt wird.

Futterspritzen werden ebenfalls von einigen guten Zoohandlungen oder Versandhandlungen angeboten. Häufig sind sie für die Fütterung von Vögeln gedacht. Sie sind jedoch eher für Echsen als für Schlangen geeignet, da sich die Spitze konisch verjüngt und darauf ausgelegt ist, daß man sie an der gewünschten Stelle abschneidet. Es ist daher schwieriger als bei Injektionsspritzen, einen Schlauch wirklich gut sitzend anzupassen.

Luftschläuche für Aquarien sind durchaus geeignet, jedoch bei weitem nicht so vorteilhaft wie ein medizinischer Katheter. Ein solcher Schlauch ist an der Spitze stumpf und abgerundet und besitzt keine Öffnung an der Spitze, sondern zwei kleine Schlitze an den Seiten nahe der Spitze. Dadurch wird es erheblich einfacher, den Schlauch durch den Hals der Schlange einzuführen, ohne daß er irgendwo steckenbleibt oder die Öffnung verstopft. Es gibt Katheter in den verschiedensten Größen für Hunde, Katzen und Menschen, man sollte einen geeigneten durch einen Tierarzt oder Humanmediziner bekommen können. Der Durchmesser ist dabei im Fall einer Schlange weniger bedeutsam, nur sollte er gut auf die Spitze der Spritze passen. Der Katheter sollte wenigstens 30 cm lang sein. Der Weg bis in den Magen kann zwar bei einem größeren Tier erheblich weiter sein, jedoch erscheint es mir unnötig, ihn tatsächlich bis dort einzuführen. Grundsätzlich reicht es, wenn der

Tubus bis hinter die Kehlmuskulatur reicht, damit die Möglichkeit, daß das Futter wieder zurück in den Maulinnenraum und dort möglicherweise in die Luftröhre gelangt, ausgeschlossen ist. Bei den meisten mittelgroßen bis großen Kletternattern hat sich ein Einführen von 30 cm Schlauch als völlig ausreichend erwiesen.

Das Futter

Die einzige Einschränkung bei der Zwangsfütterung mittels Spritze und Katheter ist, daß man nur fein gemahlenes, halbflüssiges Futter verwenden kann, welches sich problemlos durch den Schlauch drücken läßt. Allgemein wird deshalb Babynahrung verwendet, wie Mus aus Rindfleisch oder besser Geflügel. Man sollte sich aber darüber im Klaren sein, daß, auf Dauer gesehen, diese Art der Ernährung für ein Reptil zu fett ist und langfristig Organschäden verursacht.

Stopfen

Obwohl man mit der Spritzenmethode nur eine eingeschränkte Futterauswahl hat, liegt der offensichtliche Vorteil von Spritze und Schlauch darin, daß die Prozedur für die Schlange weniger mit Streß verbunden ist als wenn ganze Futterbrocken durch den Hals geschoben werden müssen. Obwohl letztere Methode einfacher erscheinen mag, ist sie weniger empfehlenswert. Die Gefahr, Verletzungen zu verursachen, ist erheblich größer. Eine Schlange kann zwar ihr Maul und die Kehle ziemlich weit dehnen, um größere Objekte in den Magen gelangen zu lassen, jedoch ist die Voraussetzung dafür eine freiwillige Mitarbeit seitens der Schlange. Versucht man, die Gewebe gegen den Willen der Schlange zu dehnen, besteht ein hohes Risiko, daß es zu Rissen, Quetschungen oder anderen Verletzungen kommt. Das Hineinzwängen von toten Futtertieren oder Fleischbrocken in eine Schlange sollte daher nur im Notfall angewandt werden. Muß es dennoch sein, sollte man sehr kleine, schlanke Futterbrocken verwenden, so daß eine stärkere Dehnung der Kehle nicht nötig ist. Zum behutsamen Nachschieben sollte das Radiergummiende eines Bleistiftes oder ein ähnlicher Gegenstand Verwendung finden. Scharfe Kanten oder spitze Objekte sind gänzlich ungeeignet.

Die einzige Gelegenheit, bei der die "Stopf-Methode" wirklich einwandfrei zu funktionieren scheint, ist wenn es darum geht, nicht freiwillig fressende Jungschlangen mit Mäuseschwänzen zu stopfen. Dazu trennt man den Schwanz einer frisch getöteten Maus oder einer aufgetauten ab und läßt ihn gerade so lange liegen, bis er anfängt, steif zu werden. Das vorangehende Ende wird dann mit etwas Salatöl eingeschmiert und mit vorsichtig schiebenden, seitlich schwenkenden Bewegungen in den Schlund eingeführt.

Anwendung

Zurück zu der von mir bevorzugten Methode. Der erste Schritt ist, die Nahrung in die Spritze zu laden. Ein Vorteil von flüssigem Futter ist, daß andere Bestandteile wie Vitaminpräparate oder Proteinpulver einfach hinzuzufügen sind. Wenn man die Schlange schon der Prozedur einer Zwangsfütterung unterzieht, sollte man auch sicherstellen, daß die verabreichte Nahrung so gehaltvoll wie möglich ist. Man denke nur einmal daran, daß Vitamine auch den Appetit anregen. Sie beizufügen kann also bedeuten, daß man das nächste Mal auf eine Zwangsfütterung verzichten kann.

Ist die Schlange krank, können auch Medikamente wie flüssige Antibiotika oder ein Wurmmittel mit der Nahrung verabreicht werden. Es empfiehlt sich, das Futter eher flüssig zu halten, insbesondere wenn Medikamente mit verabreicht werden. Damit werden der Wasserhaushalt unterstützt und die Gefahr von Nebenwirkungen der Medikamente auf die Nieren vermindert. Wasser ist zur Wiederherstellung der normalen Körperfunktionen unerläßlich.

Ist die Mixtur sehr dünnflüssig, etwa wie die Konsistenz von Babynahrung bei Raumtemperatur, kann man die Spitze der Spritze in den Brei stecken und das Futter langsam mit dem Kolben einsaugen. Der durch Ziehen des Kolbens entstehende Sog ist kräftig genug, um die weiche, feuchte Masse ohne Probleme in den Spritzenzylinder zu befördern. Man muß versuchen, die Spitze stets im Brei zu halten, damit keine Luftblasen mit eingesaugt werden.

Obwohl sie keinen Schaden anrichten, sind sie andererseits einfach nutzlos.

Ist die Mixtur etwas dicker oder körniger, wird die Spritze nach Herausziehen des Kolbens von hinten gefüllt. Ist die Spritze gefüllt, wird der Kolben wieder eingesteckt. Wenn nötig, kann man ein wenig Brei herausdrücken, damit er wieder hineinpaßt.

Der nächste Schritt ist, den Katheter an die Spritze anzuschließen und anschließend mit Brei zu füllen. Unterläßt man dies an dieser Stelle, befördert man beim späteren Pumpen nur Luft aus dem Schlauch in den Magen der Schlange. Ist der Brei im Schlauch, ist die Spritze teilweise leer. Man kann sie daher wieder vom Schlauch trennen und auffüllen, bevor man sich der Schlange widmet.

Den Schlauch in die Schlange einzuführen, ist erheblich einfacher als es den Anschein haben mag, und nach einigen Versuchen wird man ein gutes Gespür dafür entwickeln. An dieser Stelle ist ein Helfer von Vorteil, der die Schlange derweil festhält. Er sollte sie einmal direkt hinter dem Kopf halten und weiter hinten den Körper stützen, so daß die Schlange sich nicht winden und ihren Kopf nicht unter Körperschlingen verstecken kann, wenn man versucht, ihr das Maul zu öffnen. Der Assistent sollte dabei den Hals so gerade wie möglich halten.

Bevor man mit dem Einführen beginnt, sollte man die Spitze des Katheters mit Salatöl oder einer öligen Vitaminlösung einschmieren. Geringe Mengen Schmiermittel sind dabei ausreichend.

Schon gut befellte Hamsterbabys. Hamster sind sehr aggressive Nagetiere..Foto: H. Mayer

Der nächste Trick besteht darin, das Maul der Schlange zu öffnen. Das erweist sich als überraschend einfach, da Schlangen im Gegensatz zu vielen Echsen über keine besonders kräftigen Kiefermuskeln verfügen und daher wenig Widerstand leisten. Man nimmt dazu einen festen, aber keinesfalls scharfkantigen Gegenstand wie poliertes Holz oder steifes Plastik und schiebt es vorsichtig in den Mundwinkel. Darauf geht das Maul recht bereitwillig auf, so daß der Spatel nunmehr quer ins Maul geschoben werden kann. Mein bevorzugtes Werkzeug ist dabei die Spitze eines billigen Kugelschreibers für kleinere Schlangen oder ein ähnliches Werkzeug bei größeren. Keinesfalls darf der Gegenstand scharfkantig oder aus Metall sein. Geduld ist der Schlüssel zum Erfolg. Widersetzt sich die Schlange und windet sich, sollte man ein wenig warten, bis sie sich wieder beruhigt. Auf Mitarbeit sollte man nicht rechnen, sondern man muß während der gesamten Prozedur stets die Kontrolle behalten. Sowie die Maulsperre plaziert ist, hält man sie mit einer Hand fest oder überläßt dies dem Assistenten und greift zu Spritze und Katheter. Die Schlauchspitze wird dann oberhalb der Maulsperre am Gaumendach entlang eingeführt. Diese Verfahrensweise ist wichtig, denn im Gegensatz zu unserer eigenen Anatomie, liegt bei der Schlange der Luftröhreneingang sehr weit vorne im Maul nahe der Spitze der Unterkiefer auf dem Maulboden. Während das Maul offen gehalten wird, kann man sehen, wie sich die Atemöffnung mit den Atemzügen öffnet und schließt. So lange man sieht, wie der Schlauch oberhalb der Atemöffnung entlangläuft, kann man sicher sein, daß er durch die Kehle Richtung Magen in der Schlange verschwindet. Es besteht keine Gefahr, im hinteren Maulraum oder in der Kehle versehentlich in die Lunge zu geraten.

Der Schlauch wird behutsam bis auf eine Länge von ungefähr 30 cm in die Schlange hineingeschoben, natürlich in Abhängigkeit von der Größe des Tieres. Jetzt kann der Futterbrei durch Niederdrücken des Kolbens der Spritze eingespritzt werden. Es ist dabei ratsam, den Schlauch dort festzuhalten, wo er an die Spritze angeschlossen ist.

Abhängig von der Größe der Schlange und dem Volumen der verwendeten Spritze kann es nötig sein, mehr als eine Spritzenfüllung zu verabreichen. In diesem Fall kann man die Spritze vom Katheter trennen, wobei letzterer im Tier verbleibt. Es erweist sich dabei als sehr praktisch, eine zweite oder dritte Spritze zum sofortigen Gebrauch zur Hand zu haben, um die Dauer der ganzen Angelegenheit so kurz wie möglich zu halten.

Sowie die letzte Spritzenfüllung verabreicht worden ist, zieht man den Katheter langsam heraus, entfernt die Maulsperre, sofern sie nicht bereits herausgefallen ist, und läßt die Schlange wieder das Maul schließen.

Wieviel?

Es gibt keine festen Regeln, wieviel Futter bei dieser Methode zu verabreichen ist. Ebenso wie eine Schlange eine oder vier Mäuse

Erwachsene Gerbils verteidigen sich vehement gegen Schlangen. Vornehmlich aus diesem Grunde sollte man totes Futter vorziehen - wenn die Schlange dieses akzeptiert. Foto: M. Gilroy

bei einer Mahlzeit verschlingen kann, variiert auch hier die Futtermenge. Generell muß man ein Überfüttern vermeiden, insbesondere dann, wenn das Tier kränkelt oder geschwächt ist. Es läßt sich nicht über Nacht dadurch wieder aufbauen, daß man seinen Magen vollstopft. Es dauert seine Zeit, bis die Nährstoffe verdaut und absorbiert sind, durch das Blut verteilt und in Muskel- oder anderes Gewebe umgewandelt wurden. Es bringt keinen Vorteil, sondern nur das Risiko von Verletzungen, wenn Schlund und Magen übermäßig gedehnt werden, insbesondere dann wenn die Schlange geschwächt ist oder schon längere Zeit nicht mehr gefressen hat.

Eine 60 cm lange Schlange kann ohne Probleme 3 bis 5 ml Futterbrei pro Fütterung verkraften; für ein größeres Exemplar sind bis zu 10 ml angebracht, wenn es kräftig und gesund ist, weniger, wenn es heruntergekommen aussieht. Beim ersten Mal sollte man eher zurückhaltend sein. Ist die Methode erfolgreich, kann man sie einige Tage später wiederholen.

Zu bedenken ist, daß einiges an Futterbrei im Katheter verbleibt. Dieser Umstand gewinnt insbesondere dann an Bedeutung, wenn mit dem Futter eine bestimmte Dosis Medikamente verabreicht werden soll. Falls nötig kann daher der Tubus mit einer Spritzenladung Wasser durchgespült werden, bevor er wieder aus der Schlange entfernt wird.

Speziell wenn man eine größere Futtermenge verabreicht, muß darauf geachtet werden, daß der Katheter tief genug eingeführt worden ist und dort auch verbleibt. Anderenfalls kann das Futter bis ins Maul zurückgepreßt werden. Wenn das passiert, könnte etwas davon durch die Atemöffnung eingesogen werden und zu Atemwegsinfektionen führen.

Medikamente

Eine Zwangsfütterung ist gleichzeitig eine gute Gelegenheit, um oral zu verabreichende Medikamente in die Schlange zu bekommen. Flüssige Medikamente können gleichermaßen direkt, auch ohne gleichzeitige Fütterung, verabreicht werden. Im Gegenteil ist es die reinste Verschwendung, der Schlange flüssige Medikamente einfach ins Maul zu träufeln, denn diese wird selbige einfach an den Mundwinkeln wieder heraustropfen lassen. Hierbei ist es natürlich besonders wichtig, den Schlauch mit Wasser auszuspülen, damit auch wirklich die erforderliche Menge im Magen des Tieres ankommt.

Eine Art von Medikament, dessen Anwendung man in Betracht ziehen sollte, ist ein Appetitanreger. Gelegentlich ist es der einzige Weg, eine besonders hartnäckig futterverweigernde Schlange wieder zum Fressen zu bewegen. Gute Zoohandlungen bieten ein Appetitstimulanzprodukt an, das eigentlich nur aus Vitamin B in einer schmackhaften Lösung besteht. Dieses Produkt führt bisweilen zum gewünschten Erfolg, hat jedoch den Nachteil, daß es zweimal täglich an mehreren, aufeinanderfolgenden Tagen verabreicht werden muß. Der damit verbundene Streß kann selbst wiederum zur Futterverweigerung führen.

Ein weitaus besserer Appetitanreger, der häufig bereits nach einmaliger Anwendung erfolgreich ist, ist eine Substanz, die Metronidazol heißt. Sie wird eigentlich zur Bekämpfung von Parasitosen bei verschiedenen Haustieren und beim Menschen eingesetzt. In einigen Ländern unterliegt sie der Verschreibungspflicht und ist nur durch den Tierarzt oder einen Humanmediziner erhältlich. Bei Beschaffungsproblemen wird der Tierarzt helfen können.

Das Anregen des Appetits ist mehr oder weniger eine Nebenwirkung von Metronidazol, hat sich jedoch als sehr effektiv erwiesen. Metronidazol kann pur als Appetitstimulanz angewandt werden, auch wenn die Schlange keine Probleme mit Parasiten hat. Für diesen Zweck beträgt die Dosis 125 mg pro Kilogramm Körpermasse. Die Lebendmasse der Schlange ist dabei mit einer geeigneten Waage exakt zu ermitteln.

Ich empfehle die Anwendung von Metronidazol nur dann, wenn ein Tier über mehrere Wochen hinweg nicht gefressen hat und erst nachdem eine Zwangsfütterung mit einer Vitaminlösung erfolglos geblieben ist. Korrekt dosiert, stellt dieses Präparat keine Gefahr für die Schlange dar, es sei denn, sie steht bereits auf der Schwelle des Todes. Die Substanz kann mit Futterbrei vermischt werden. Man sollte dann etwa eine Woche warten, bis man lebendes Futter anbietet. Frißt die Schlange nicht binnen einiger Stunden, muß die Beute wieder aus dem Terrarium entfernt werden. Bei nachtaktiven Arten lasse ich gelegentlich eine Futtermaus über Nacht im Behältnis, jedoch nicht länger. Läßt man die Maus mit der Schlange zusammenleben, sinkt die Wahrscheinlichkeit, daß sich letztere plötzlich entscheidet, das Futtertier doch fressen zu wollen. Man sollte jedoch nie eine lebende Maus mit einer kranken Schlange vergesellschaften, ansonsten könnte die Schlange der Maus als Futter dienen.

Im allgemeinen wird die Schlange mit der freiwilligen Futteraufnahme fortfahren, wenn sie erst einmal gefressen hat. Anfangs wird man eventuell noch den Raum verlassen müssen, um die notwendige Ruhe zum Fressen zu garantieren. Schon bald läßt sich das Tier durch die Anwesenheit des Pflegers kaum noch irritieren und nimmt ihm vielleicht schon kurz darauf die Futtermaus aus der Hand. Frißt die Schlange sichtlich bereitwillig, kann man schließlich auf frisch abgetötete Mäuse oder gefrorene und wieder aufgetaute und angewärmte umsteigen.

Arboreale Schlangen wie diese Kükennatter fressen häufig Küken lieber als Nagetiere.. Foto: R.T. Zappalorti

Geschlechtsdiagnose

Sofern man an Nachzucht bei seinen Kletternattern interessiert ist, muß man natürlich wissen, wie man die Geschlechter unterscheidet. Insbesondere als Anfänger wird man allerdings feststellen, daß das bisweilen keine allzu einfache Angelegenheit ist.

Die männlichen Exemplare verfügen über paarige Fortpflanzungsorgane, die Hemipenes genannt werden. Diese liegen zurückgezogen in der Schwanzbasis beiderseits der Kloakalöffnung, jener einzelnen schlitzförmigen Öffnung, die sowohl als Ausgang für Verdauungsprodukte als auch für die Fortpflanzungsorgane dient. Im Grunde genommen handelt es sich dabei nur um ein Sexualorgan, einen Penis, der bis fast an seine Basis zweigeteilt ist, so daß zwei halbe Penes entstehen.

Die Hemipenes sind der erste Anhaltspunkt bei der Bestimmung der Geschlechter. Da sie direkt hinter dem Kloakalspalt liegen, ist die Schwanzbasis beim Männchen meistens ein wenig breiter und fester als bei einem Weibchen. Im Gegensatz zu manchen Echsen verursachen die Hemipenes jedoch keine deutlichen Wölbungen unter der Haut, sondern sorgen eher dafür, daß der Übergang zwischen Körper und Schwanz gleichmäßig verläuft. Den Weibchen fehlen Hemipenes, so daß es zu einer eher abrupten Verjüngung an der Schwanzbasis kommt. Der Unterschied kann dabei sehr geringfügig ausfallen, speziell wenn es sich um noch junge, noch nicht geschlechtsreife Tiere handelt.

Ein besserer Hinweis kann die Länge des Schwanzes selbst sein. Männchen haben meistens längere Schwänze als Weibchen gleichen Alters und gleicher Größe. Zählt man die Subcaudalschilder (Unterschwanzschilder)-jedes Paar zählt als ein Schild, nicht als zwei-, wird man bei Männchen höhere Werte als bei Weibchen erhalten - sofern es sich bei den Vergleichstieren um Angehörige derselben Unterart handelt. Dementsprechend kann die Anzahl der Ventralschilder (Bauchschilder) beim Männchen kleiner sein, jedoch ist dieses Merkmal weniger verläßlich.

Der Wert von Subcaudaliazahlen bei der Geschlechtsdiagnose von Kletternattern ist umstritten. Einige Autoren verweisen darauf, daß die Werte von Männchen immer am oberen Ende der Variationsbreite liegen, jene der Weibchen immer am unteren. Hat somit eine Art, sagen wir, 68 bis 89 Subcaudalia, könnte man erwarten, daß Werte von 68 bis 78 Weibchen anzeigen und 78 bis 89 Männchen. Im Jahre 1935 veröffentlichte POPE eine Übersichtstafel von Sexualmerkmalen von 75 Arten chinesischer Schlangen, wovon die Kletternattern nur einen kleinen Teil ausmachten. Er bemerkte, daß bei 100% der untersuchten Tiere die Männchen höhere Subcaudaliawerte aufwiesen als die Weibchen. Allerdings waren nur bei 83% der Weibchen dieser Arten die Ventralschuppenwerte höher.

Ein näheres Studium der Literatur kommt jedoch nicht immer zum gleichen Ergebnis wie einige der folgenden Beispiele zeigen.

BOULENGER zeichnete Daten von etlichen Exemplaren von *Elaphe situla* (zu jener Zeit als *E. leopardinus* bezeichnet) auf. Die Subcaudaliawerte für geschlechtsbestimmte Tiere waren:
Männchen: 85, 79*, 84, 85, 83, 81
Weibchen: 75, 68, 77

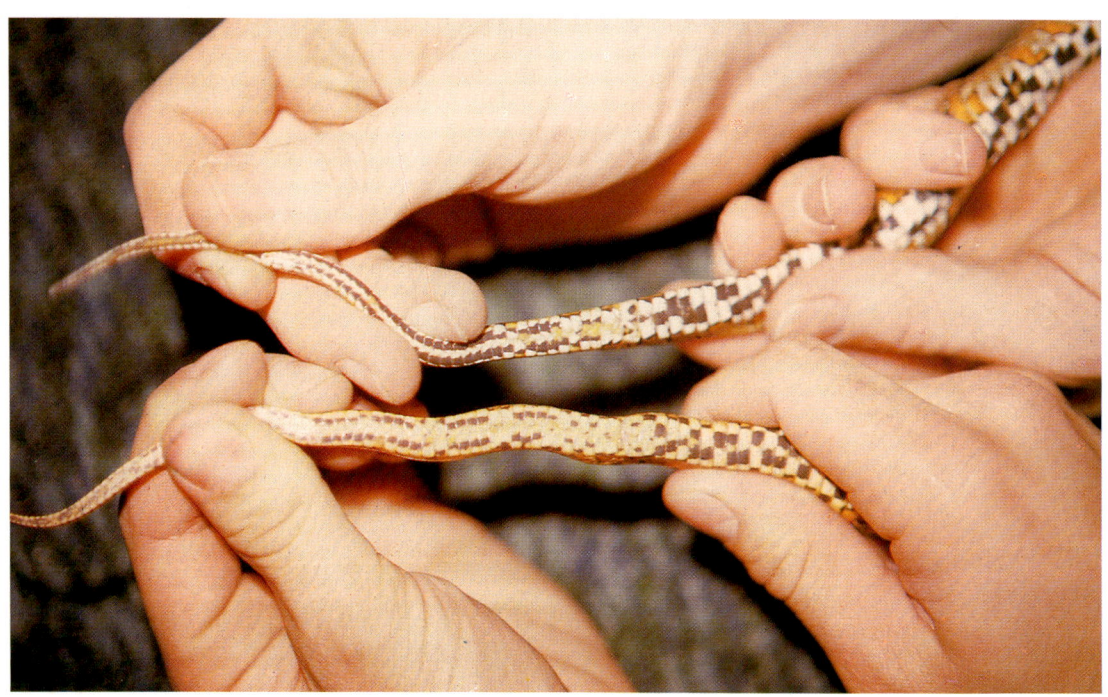

Dieses Foto von Jeff Gee zeigt die Geschlechtsdiagnose bei Kornnattern anhand der Schwanzorm. Das Weibchen (oben) hat den sich mehr abrupt verjüngenden Schwanz. Dieser Unterschied sollte bei allen erwachsenen Kletternattern festzustellen sein.

George Albert Boulenger (1858 - 1937) verfaßte Hunderte von wissenschaftlichen Aufsätzen über Amphibien, Reptilien und Fische in der Sammlung des Britischen Museum für Naturgeschichte und auch ausführliche Kataloge über diese Sammlungen selbst. Seine drei Bände über die Schlangen (1893, 1894, 1896) sind heute seltene und teure Sammlerstücke, die nach wie vor für Forschungsarbeiten benötigt werden.

Zu dem mit einem Stern markierten Wert ist anzumerken, daß es sich dabei um ein Jungtier handelte, was zu dem Schluß führen könnte, daß Männchen erst dann längere Schwänze entwickeln, wenn sie geschlechtsreif werden. Andererseits gibt es jedoch auch Belege dafür, daß die Anzahl von Schuppen bereits beim Schlupf feststeht. Wie man sieht, scheinen diese Daten die Annahme zu bestätigen, daß Männchen über mehr Subcaudalschilder verfügen und die Werte ziemlich verläßlich gebraucht werden können. Auf der anderen Seite sollte man allerdings die folgenden Daten betrachten, die ebenfalls von BOULENGER für *Elaphe dione* festgestellt wurden:

Männchen: 75, 60, 69, 71, 79, 68

Weibchen: 50, 60, 58, 61, 60, 64, 68

Unsere Theorie scheint hier gefestigt zu werden, leider jedoch mit dem Kümmernis einiger Ausnahmen. Man muß dabei allerdings beachten, daß POPE zufolge einige von BOULENGERs Exemplaren der Art *E. bimaculata* angehörten, nicht *E. dione*.

Das dritte Beispiel wirft nun alles über den Haufen; BOULENGERs Daten für *Gonyosoma oxycephala*:

Männchen: 133, 136, 143, 139
Weibchen: 123, 136, 139, 122

Hier scheint es keinerlei Bestätigung für das Zuvorgesagte zu geben, außer, daß die Tiere mit den außergewöhnlich niedrigen Subcaudaliawerten als Weibchen, die mit sehr hohen als Männchen aufgeführt sind.

Diese ausführlichere Abhandlung des Themas an dieser Stelle hat den Grund, daß das Zählen der Subcaudalschilder die für den Terrarianer einfachste Methode darstellt.

Die wissenschaftlichere Vorgehensweise des Sondierens kann dem Amateur nicht empfohlen werden, insbesondere dann nicht, wenn er keine Unterstützung durch einen Fachmann mit der nötigen Erfahrung hat. Hierbei wird eine Sonde in die Hemipenesschläuche eingeführt. Die Genitaltasche beim Männchen erheblich tiefer, d.h. sieben, acht oder manchmal mehr Subcaudalschilder tief. Beim Weibchen stößt die Sonde andererseits bereits nach zwei oder drei Schildern auf eine Hautwand. Das Problem dabei ist, daß man der Schlange sehr schnell schwere Verletzungen zufügen kann. Da Sondieren eine sichere Methode zur Geschlechterermittlung darstellt, kann man in Versuchung kommen, sie doch auszuprobieren. In diesem Fall sollte man jemanden mit diesbezüglicher Erfahrung um Hilfe bitten. Ein Terrarienverein ist dafür eine gute Anlaufstelle.

Eine weitere, wenig empfehlenswerte Methode ist das Herauspressen der Hemipenes. Dies wird durch vorsichtiges Massieren von beiden Seiten des Schwanzes über ungefähr zwanzig Subcaudalia in Richtung Kloakalspalt erreicht, wodurch die Hemipenes unter Umständen aus ihren Taschen herausgedrückt werden. Verschiedentlich wurde probiert, durch eine Injektion einer sterilen Flüssigkeit etwa auf Höhe des zehnten Subcaudalschildes das gleiche Ergebnis zu erzielen. Das Problem hierbei ist ebenfalls die mögliche Gefahr, den Hemipenis oder seinen Muskel ernsthaft zu verletzen sowie der mit der Prozedur verbundene Streß. Darüber hinaus können verschiedene männliche Exemplare den ausgeübten Druck kompensieren und stülpen den Hemipenis nicht aus. Beide Methoden sind somit nicht nur gefährlich, sondern auch nicht unbedingt zuverlässig.

Kann man den Schlupf eines Geleges beobachten, sollte man

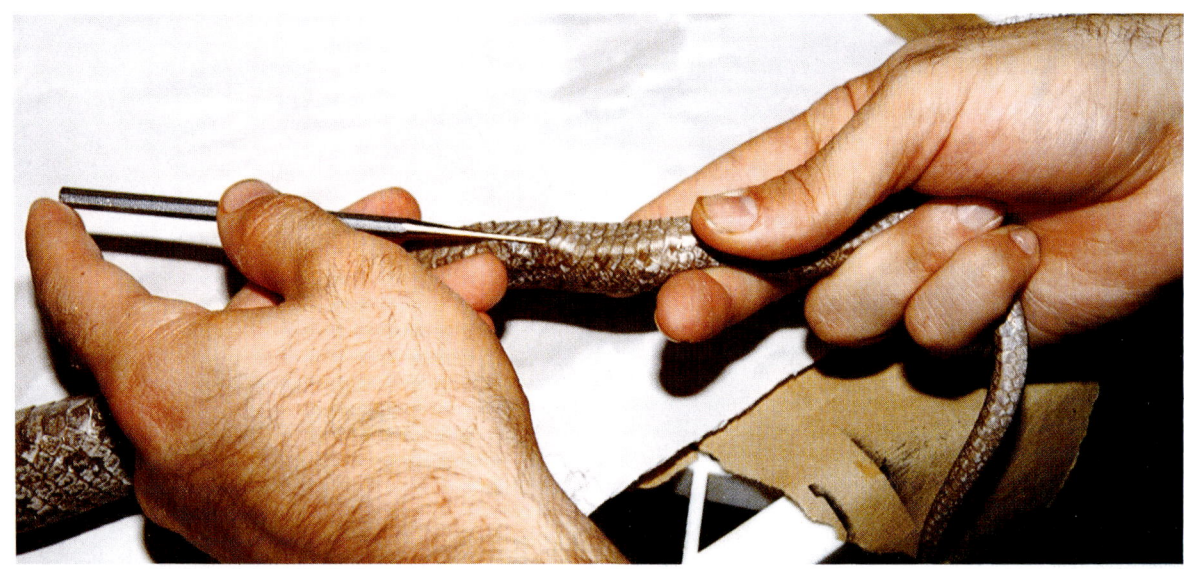

Das Sondieren bedarf eines erfahrenen Lehrers, bevor man sich daran versucht. Bei unsachgemäßer Durchführung können schwere Verletzungen bei der Schlange verursacht werden. Foto:W.P. Mara

den Kloakalspalt jedes Jungtieres sofort auf Anzeichen eines ausgestülpten Hemipenis untersuchen. Mitunter ist das Kopulationsorgan bei Schlüpflingen - natürlich nur bei den Männchen - innerhalb der ersten paar Stunden ausgestülpt und wird erst später eingezogen. Auf diese Weise festgestellte Männchen sollten dann in entsprechend markierten Behältern aufgezogen werden.

Ein Vergleich der verfügbaren Daten zeigt, daß Subcaudaliawerte zur Geschlechtsdiagnose durchaus brauchbar und relativ verläßlich sind. Es besteht auch die Möglichkeit, daß die Unstimmigkeiten in der Literatur auf Zählfehler und/oder Falschbestimmungen zurückzuführen sind. Auch kann ein Fehlen der Angabe, daß es sich um einen verstümmelten Schwanz handelte, ein unbrauchbares Ergebnis produziert haben.

Mein Rat zu diesem Thema ist es, ein Kombinationsverfahren anzuwenden. Hat man Zugang zu mehr als einem Exemplar einer bestimmten Art, wird die Sache natürlich erheblich vereinfacht. Nach meiner Erfahrung ist der Schwanz des Männchens im direkten Vergleich mit einem Weibchen der gleichen Art und ungefähr der gleichen Länge so deutlich länger, daß man sich mit dem Zählen der Subcaudalschilder gar nicht mehr belasten braucht. Steht einem nur ein erwachsenes Tier zur Verfügung, zählt man die Schilder der Schwanzunterseite und prüft, in welchen Bereich der festgestellte Wert für diese Art fällt. Vergleichsdaten hierzu finden sich in diesem Buch und in anderer Literatur. Gleichzeitig achtet man auf einen sich gleichmäßig verjüngenden (Männchen) oder einen flaschenhalsförmigen (Weibchen) Schwanzansatz. Durch die Kombination beider Merkmale - Schuppenwert und Schwanzform - sollte man häufiger in die Lage versetzt werden, eine relativ verläßliche Diagnose zu stellen als zu keinem Ergebnis zu kommen. Diese Untersuchung stellt weiterhin keine Gefahr für das Tier dar. Im Vergleich mit einigen anderen Arten sind die Unterschiede in Schwanzlänge und -form bei Kletternattern relativ deutlich ausgeprägt. Bei adulten Exemplaren kann ich in aller Regel das Geschlecht bereits auf den ersten Blick feststellen. Mit wachsender Erfahrung wird man bei der Erkennung der Unterschiede sicherer werden.

Befaßt man sich mit der Vermehrung, wird man schnell so viele Exemplare zu Gesicht bekommen haben, daß man bald zum Bestimmungsexperten wird. Es macht Sinn, die selbst ermittelten Daten, wie die Subcaudaliawerte, aller eigenen Schlangen, jung und alt, aufzuzeichnen.

Bei der Aufzucht eigener Jungtiere ist das Beobachten der Veränderungen von Schwanzlänge und -form äußerst interessant.

Die Geschlechtsdiagnose bei Schlangenbabys ist selbst für den Experten ein schwieriges Unterfangen, es sei denn, man konnte wie oben beschrieben, einen Hemipenis beim Schlupf sehen. Will man ein Pärchen Jungschlangen erwerben, mit dem man nach erfolgreicher Aufzucht später zu züchten hofft und kann sich nicht mehr als zwei Tiere leisten, sollte man die Subcaudalia sämtlicher Tiere des betreffenden Geleges sorgfältig ermitteln. Jene mit den fraglichen mittleren Werten gibt man zurück und wählt ein Exemplar mit einem besonders hohen und eines mit einem niedrigen Wert aus. Dabei sollte man jedoch beachten, daß übermäßige Inzucht zwischen Geschwistern oder Eltern mit ihrem eigenen Nachwuchs bei der Zucht nicht unbedingt gefördert werden sollte.

Vermehrung

Paarung

Hat man erst einmal festgestellt, daß man sowohl über ein Männchen als auch ein Weibchen verfügt, besteht die Aufgaben darin, diese beiden zur Paarung zu bewegen und die Eier auszubrüten, wenn sie dann tatsächlich gelegt worden sind. Im Gegensatz beispielsweise zu Boas und Strumpfbandnattern legen fast alle Kletternattern Eier.

Generell passen sich Kletternattern in jeder Hinsicht gut an eine Terrarienhaltung an; das schließt auch die Willigkeit zur Paarung ein. Oftmals gestaltet sich das so einfach, daß man Männchen und Weibchen zusammensetzt und sie sich selbst überläßt. Andererseits können die Tiere sich auch so lange unwillig zeigen, bis bestimmte Verhältnisse hergestellt worden sind.

So sind Schlangen nicht das ganze Jahr hindurch sexuell aktiv; sie paaren sich nur zu gewissen Jahreszeiten. Tropische Arten paaren sich beispielsweise nur im kühleren Winter oder zur Regenzeit. Da die meisten Kletternattern aus gemäßigten Klimaten stammen, liegt die Fortpflanzungssaison im Frühjahr. Kornnattern paaren sich üblicherweise zwischen März und Mai, legen Eier zwischen Juni und Juli, und die Jungtiere schlüpfen im August oder September. Diese Allgemeinregel trifft auf die meisten Kletternatterarten zu, für welche Fortpflanzungszyklen dokumentiert worden sind.

Nach der Kopulation dauert es etwa 40 Tage oder etwas länger, bis es zur Ablage der befruchteten Eier kommt. Diese benötigen dann ungefähr weitere 60 Tage bis zum Schlupf. Ich besitze eine kleine Kornnatter, die beispielsweise das Produkt einer Paarung am 5. April und eines Geleges von 21 Eiern ist - ein außergewöhnlich großes Gelege - welches am 16. Mai abgesetzt wurde. Zusammen mit den meisten Geschwistern, schlüpfte daraus dieses Tier am 19. Juli.

Unter den Verhältnissen im Terrarium verlieren Schlangen häufig das Gefühl für die Jahreszeiten. Das kann schließlich zu einem ruhenden Hormonzyklus führen, der als Auslöser für die Fortpflanzungsbereitschaft fungiert. Einer der am häufigsten beschrittenen Wege, dieses Problem zu vermeiden, ist das Simulieren von jahreszeitlichen Wechseln. Das geschieht durch ein allmähliches Senken der Tagestemperaturen und Verkürzen der Tageslichtdauer vor der geplanten Paarungssaison. Von einem gewissen Wendepunkt an, werden diese beiden Variablen langsam wieder angehoben und schließlich die beiden Partner zusammengesetzt. Auch in der Natur ist jeder Frühlingstag um einige Minuten länger als der vorangegangene, und eine im Laufe von einigen Wochen verlängerte Beleuchtungsperiode kann die Schlange glauben machen, es sei nun Frühling. Es empfiehlt sich, diesen Zyklus an den tatsächlichen Jahresverlauf anzupassen, obwohl manche Züchter in der

Ein Wildfang der Blumennatter (E. moellendorffi), aufgenommen in einem russischen Zoo. Man beachte die verblaßte Färbung im Vergleich zu den später abgebildeten Terrariennachzuchten. Vor 50 Jahren war diese Schlange in der westlichen Welt noch so gut wie unbekannt - heute gehört sie zu den relativ häufig zu sehenden Terrarientieren. Foto: S. Kochetov

Ein Muttertier der Kornnatter mit ihrem Gelege. Die meisten Pfleger werden wohl die Eier entfernen, um sie unter kontrollierteren Bedingungen zu erbrüten. Foto: R.T. Zappalorti

Lage sind, durch manipulierte Licht- und Wärmezyklen ein "falsches Frühjahr" zu einer anderen Jahreszeit zu schaffen.

Es ist vorteilhaft, Männchen und Weibchen vor der Fortpflanzungszeit getrennt zu halten. Auf diese Weise wird das Interesse am Partner gesteigert, wenn sie wieder zusammenkommen. Es kann allerdings zwei bis sechs Wochen dauern, bis die beiden Exemplare sich gegenseitig so erregt haben, daß es tatsächlich zur Kopulation kommt. Während der Paarung ist das Pärchen teilweise umeinandergeschlungen, wobei die Kloakalöffnungen aufeinander gepreßt sind. Das Männchen hat dabei einen der Hemipenes ausgestülpt - jener welcher gerade günstiger liegt - und in den Kloakenspalt des Weibchens eingeführt. Zahlreiche kleine Stacheln verankern ihn recht fest im Weibchen, während Sperma übertragen wird. Eine Kopulation dauert ungefähr eine Stunde, kann sich aber auch nur über wenige Minuten oder bis zu etlichen Stunden hinziehen. Erfahrene Züchter haben ihre Tricks, um selbst paarungsunwillige Exemplare zur Paarung zu bewegen. Manchmal hilft es, zwei oder mehr Männchen mit einem Weibchen zusammenzusetzen und eine Wettbewerbssituation zu schaffen. Andere Tiere werden durch eine warme Dusche, die einen Regenguß simuliert, angeregt.

Während aller Phasen der Paarung muß jegliche Störung vermieden werden. Das ist zugegebenermaßen schwierig, da man verständlicherweise wissen will, was vorgeht. Man sollte ruhig aus einiger Entfernung beobachten und die Tiere allein lassen, wenn sie mit der Kopulation begonnen haben.

Ein trächtiges (gravides) Weibchen wird häufig unruhig oder sogar aggressiv und kann anfangen, das Futter solange zu verweigern, bis die Eier gelegt sind. Eine Schwellung entlang des Unterbauches wird erkennbar. Naht der Ablagezeitpunkt, sucht es nach einer geeigneten Ablagestelle. Dann empfiehlt es sich, eine überdachte Schale mit leicht feuchtem Sand oder Torfmoos anzubieten. Auf den nackten Terrarienboden oder auf Kies abgelegte Eier können anderenfalls schon vertrocknet sein, wenn man sie entdeckt.

Eizeitigung

Das Erbrüten von Reptilieneiern ist ein tückenreiches Unterfangen. Da auch in der Natur die Mißerfolgsquote hoch ist, sollte man nicht erwarten, daß aus jedem Ei auch eine Schlange wird. Schlüsselfaktoren sind die richtige Temperatur und Luftfeuchte bei gleichzeitiger Verhinderung von Bakterien- und vor allem Pilzbefall. Ein Schlangenei hat eine weiche, lederartige Schale. Weil es weich ist, kann es auf einer Seite eine Delle haben, wie ein eingedrückter Tischtennisball, was jedoch nicht notwendigerweise bedeutet, daß das Ei verdorben ist. In einer luftfeuchten Umgebung wird das Ei Wasser absorbieren und wieder prall werden.

Für im Terrarium belassene Eier stehen die Schlupfchancen schlecht. Im allgemeinen wird das Weibchen nichts zum Schutz der Eier oder zu ihrer Inkubation unternehmen. Sofern man sie nicht umgehend nach dem Entdecken in einen Brutkasten überführt, werden sie kaum überleben.

Es gibt etliche Konzepte für einen Reptilieneier-Inkubator. Allen gemeinsam ist jedoch, daß sie die Eier vor Beschädigung schützen und in einer feuchten Umgebung bei kontrollierten Temperaturen lagern. Während der Entwicklung des Eies findet ein ständiger Austausch von Feuchtigkeit und Gasen durch die winzigen Poren der Eischale statt. Wird das Ei nicht in einer sehr luftfeuchten Umgebung von nahe 100% relativer Luftfeuchtigkeit aufbewahrt, ist es schnell vertrocknet. Wird es andererseits tief in feuchtem Substrat vergraben oder gar in Wasser getaucht, ertrinkt der Keimling.

Die Frage, ob man Eier eingraben soll oder nicht, ist strittig. Manche Züchter sind erfolgreich, indem sie die Eier einfach auf feuchten Papiertüchern lagern. Andere empfehlen, sie locker in Torfmoos, Styroporchips, Vermiculit oder feuchten Sand einzubetten. Entschließt man sich zum Eingraben, sollte nur eine dünne Schicht Substrat auf den Eiern liegen, um Luft durchzulassen.

Der Temperaturkontrolle kommt besondere Bedeutung zu. Man kann dazu eine Heizmatte, Heizkabel oder einen Aquarienheizer zur Temperatursteuerung verwenden, wobei jedoch in jedem Fall das Messen der Wärme im Substrat unter den Eiern wichtig ist. Inkubationstemperaturen von 26 bis 30°C sind am günstigsten. Dabei sind Werte etwas unterhalb dieses Bereichs immer noch besser als solche darüber, jedoch sollte man für ein bestmögliches Ergebnis versuchen, innerhalb der genannten Grenzen zu bleiben. Man kann die Temperaturen konstant halten oder gemäß den natürlichen Bedingungen nachts absinken lassen.

Die Aufrechterhaltung einer nahezu hundertprozentigen Luftfeuchte erfordert einen fast luftdicht schließenden Behälter, wie eine Frühstücksbox mit ein paar Luftlöchern im Deckel. Trocknet der Sand oder das Papier, muß Wasser nachgegossen werden, bevor die Eier ebenfalls austrocknen. Ein maßvolles Vorgehen ist hierbei wichtig.

Der Hauptfeind eines sich entwickelnden Eies sind Schimmel- und andere Pilze. Geringfügiger Pilzbefall zerstört nicht zwingendermaßen ein Ei; breitet sich jedoch Schimmel über weite Teile der Schale aus, wird er gefährlich.

Der beste Weg zur Kontrolle, und Vermeidung von Pilzen ist, das verwendete Substrat vor Gebrauch zu sterilisieren. Sand kann beispielsweise im Backofen erhitzt und wieder abgekühlt werden, bevor man die Eier darin einbettet. Frische Papiertaschentücher sollten weitgehend frei von Pilzsporen sein; entwickelt sich später Schimmel, tauscht man sie umgehend aus. Allerdings sollten die Eier während des Entwicklungsprozesses so wenig wie möglich gestört werden. Müssen sie zum Austauschen des Zeitigungssubstrates bewegt werden, muß das vorsichtig und ohne sie dabei zu drehen, erfolgen. Danach werden sie wieder an ihren alten Platz zurückgelegt. Es empfiehlt sich, die einzelnen Eier etwas von-

Erprobte Inkubationsverfahren. Glasgefäße mit Papiertüchern und Plastikbehälter mit Vermiculit. Beide Methoden führen zum gewünschten Ergebnis, jedoch bevorzugen moderne Pfleger heute Vermiculit, da sich auf Papier rasch Pilze entwickeln. Darüber hinaus lassen sich Kunststoffbehälter sauber und ordentlich in Regalen anordnen
Fotos: W.B. Allen

einander getrennt oder sogar in separaten Behältern unterzu-
bringen. Letzteres hat den Vorteil, daß Pilzbefall in einem Behälter keine Auswirkungen auf die anderen haben muß. Findet man
jedoch zwei oder mehr zusammenklebende Eier nach der Ablage, darf man nicht versuchen, sie zu trennen. Zeigen einzelne Eier
während der Zeitigung Verrottungserscheinungen, isoliert man sie
oder wirft sie weg. Ist man sich im Zweifel über den Zustand im
Inneren eines Eies, hebt man es besser getrennt von den ein-
wandfreien Eiern in einem anderen Behälter auf. Wenn Eier auch
unter den günstigsten Bedingungen Verfallserscheinungen zeigen,
kann es daran liegen, daß sie einfach nicht entwicklungsfähig
waren.

Rückt der erwartete Schlupfzeitpunkt näher, überprüft man die
Eier häufiger. Sicherzustellen ist, daß den Schlüpflingen auch genügend Raum und vor allem Luft zur Verfügung steht. Trotzdem sollten sie umgehend nach Entdeckung aus dem Brutkasten ent-
nommen werden. In der Regel schlüpfen alle Eier innerhalb weniger Tage, so daß solche, die etliche Tage später immer noch liegen, wahrscheinlich nicht mehr schlüpfen. Professionelle Züchter
berichten von Erfolgsquoten zwischen 33 und 100%. Wenn
jedoch beim ersten Zuchtversuch überhaupt etwas schlüpft, kann
man sich schon auf die Schulter klopfen. Vermutlich ist das bereits

ein besseres Ergebnis als wenn die Eier den Gefahren der Natur
ausgesetzt gewesen wären.

Haltung und Ernährung von Kletternatterbabys

Im Grunde sind die Haltungs- und Fütterungsbedingungen für
Jungtiere die gleichen wie für die Alttiere. Sie haben das gleiche
Wärme-, Schutz- und Wasserbedürfnis und brauchen ebenfalls
ein trockenes Substrat. Es ist hierbei jedoch besonders wichtig,
daß das Terrarium wirklich ausbruchsicher ist. Die Zuführung von
Vitaminen ist äußerst empfehlenswert. Der einzige wirkliche Unterschied besteht in der Größe des angebotenen Futters. Kletternatterbabys werden mit nestjungen Mäusen gefüttert, die vorzugsweise so klein wie nur möglich sein sollten. Auch neugeborene Hamsterjunge sind geeignet, Ratten sind andererseits anfangs
zu groß. Eingefrorene und wieder aufgetaute Nestjunge werden
allgemein ohne Zögern akzeptiert, so daß sich geeignete Vorräte
bereits im Vorfeld anlegen lassen.

Das Angenehme mit Kletternatterjungtieren ist, daß sie sehr oft
freiwillig ans Futter gehen, was man leider nicht von vielen anderen Schlangenbabies behaupten kann. Nachstehend will ich anhand
von Beispielen das Futterverhalten von zwei Kornnattern während
der ersten Lebenswochen verdeutlichen:

*Ein nicht alltäglicher Anblick -
ein Haufen schlüpfender Amurnattern (E. schrencki). Erd-
rückstände beeinträchtigen die
Schlupfrate nicht, sofern sie
nicht die Entwicklung von
schädlichen Faktoren fördern.
Foto: S. Kochetov*

Kornnatter Nr. 1
Geschlüpft: 21. Juli
Erste Futteraufnahme: 28. Juli
Nächste Futteraufnahme: 2. August
Nächste Futteraufnahme: 10. August
Nächste Futteraufnahme: 14. August
Kornnatter Nr. 2
Geschlüpft: 19. Juli
Erste Futteraufnahme: 28. Juli

Nächste Futteraufnahme: 2. August
Nächste Futteraufnahme: 11. August
Nächste Futteraufnahme: 17. August

Danach fraßen beide Tiere regelmäßig einmal pro Woche. Alle Fütterungen bestanden dabei aus nackten Mäusen. Die ersten paar nestjungen Mäuse wurden lebend angeboten, obwohl die erste gefrorene und wieder aufgetaute Maus ohne Zögern angenommen worden war. Eines der Tiere lehnte eine lebende nackte Maus ab, nachdem es sich an aufgetautes Futter gewöhnt hatte.

Schlüpfende Kornnattern. Der Albino unten steht in krassem Gegensatz zu der eher normalen Schlupfzeichnung oben. Die sehr dunkle Schlupffarbe geht in der Regel bei der ersten Häutung verloren.
Fotos: M. Gilroy (oben) und J. Merli (unten)

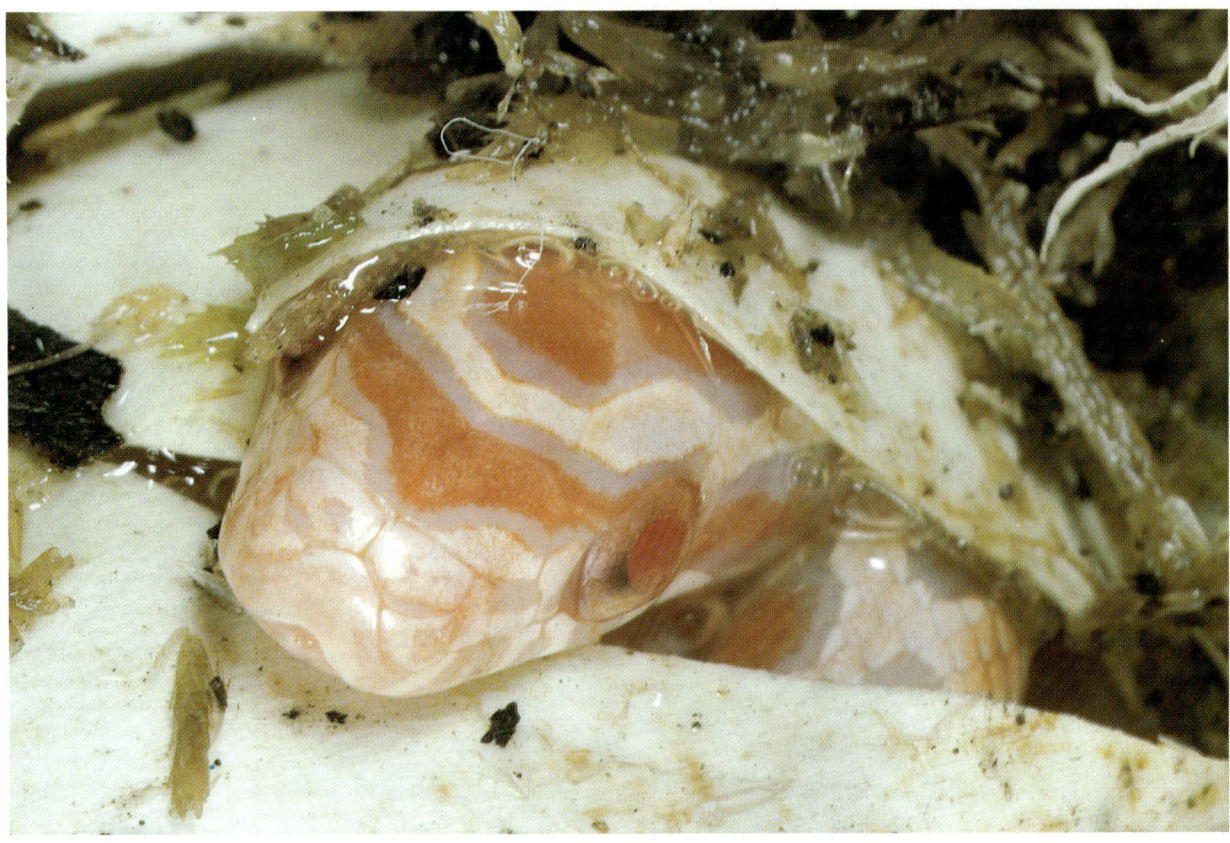

Andererseits nahm es später nicht jedes Mal die angebotene Maus sofort an.

Es ist mir nicht möglich, einen Zeitpunkt zu definieren, ab dem lebende erwachsene Mäuse verfüttert werden können, da ich es persönlich vorziehe, für junge wie erwachsene Schlangen solange wie irgend möglich junge Nager anzubieten. Manche Pfleger sind einfach neugierig herauszufinden, welche Größe eine Mahlzeit für ein Tier haben kann, um noch bewältigt werden zu können. Ich gehöre nicht dazu und gehe hinsichtlich Verletzungen kein Risiko ein.

Eine Anmerkung zum Nährwert muß noch gemacht werden. Neugeborene Mäuse stellen eine weniger vollständige Ernährung dar als erwachsene Nager. Damit gewinnen Vitaminzusätze an Bedeutung.

Manchmal können auch Kletternatterbabys eine freiwillige Futteraufnahme verweigern. Oder es kann zu Engpässen in der Futterbeschaffung kommen, und beide Fälle können zu Zwangsfüt-terungsmaßnahmen führen. Die Vorgehensweise ist dabei die gleiche wie im Kapitel "Zwangsfütterung" beschrieben, jedoch muß man den dünnsten verfügbaren Katheter verwenden und darf ihn nicht übermäßig weit in den Schlund der kleinen Schlange einführen. Im gleichen Kapitel wird auch erwähnt, wie Mäuseschwänze an Jungschlangen verfüttert werden. Es ist zu bedenken, daß junge Schlangen häufiger fressen müssen als erwachsene. Man sollte also nicht zu lange mit der Zwangsfütterung warten, wenn sich das als die einzige Möglichkeit erweist, um eine Mahlzeit in die Schlange zu bekommen. Das Prozedere ist nicht schwierig, wenn man es erst einige Male durchgeführt hat oder dabei zusehen konnte.

In diesem Zusammenhang sei darauf hingewiesen, daß sich eine ausgezeichnete Übersicht über die Zuchtergebnisse bei 16 Arten von Kletternattern in dem Buch „Vermehrung von Terrarientieren - Schlangen" von D. SCHMIDT findet (erschienen im Urania Verlag, 1994).

Eine Terrariennachzucht der "Blonden Phase" von Bogertophis subocularis. Foto: G. Merker

Gesundheit und Medikamente

Umwelt- und ernährungsbedingte Erkrankungen

Die meisten Gesundheitsprobleme bei Reptilien lassen sich direkt auf vom Halter bei der Ernährung oder Unterbringung begangene Fehler zurückführen. Mit einem fundierten Wissen sollte jeder verhindern können, daß seine Schlangen jemals krank werden oder zumindest in der Lage sein, eine Erkrankung frühzeitig zu erkennen und erfolgreich zu behandeln. Ohne dieses Wissen sind hingegen die Chancen, eine Kletternatter für mehr als nur ein paar Monate zu halten, allenfalls mäßig gut.

Wie bereits geäußert, trifft auch hier zu, daß Vorsorgen besser als Heilen ist. Obwohl nahezu alle Reptilienkrankheiten erfolgreich behandelt werden können, erholen sich Schlangen nur langsam von irgendwelchen Schäden. Hat eine Erkrankung erst einmal ein kritisches Stadium erreicht, ist eine Heilung mit positivem Ausgang ein schwieriges Unterfangen. Der erste Schritt zur Gesunderhaltung einer Kletternatter besteht darin, den gegebenen Empfehlungen zu folgen. Macht man zuviele Kompromisse hinsichtlich Unterbringung, Temperaturen, Ernährung oder Hygiene, wird man früher oder später den Preis dafür zu zahlen haben.

Andererseits ist es möglich, daß man eine Schlange erhält, die vernachlässigt worden ist und bereits an diesem oder jenem leidet. Auch gibt es eine Reihe von Erkrankungen, die nicht durch Haltungsfehler verursacht werden.

Eine unzureichende Ernährung kann zu diversen Gesundheitsproblemen führen. Die beiden dabei häufigsten Phänomene sind eine Unterversorgung mit Vitaminen und/oder zuviel Fett. Junge Schlangen sollten mit Vitaminen angereicherte Nagetierbabys als Futter erhalten, und meiner Meinung nach sollten auch adulte Tiere in Maßen damit versorgt werden. Dabei ist zu beachten, daß ein Überdosieren verschiedener Vitamine, wie Vitamin A, zu einer Reihe von negativen Effekten führt.

Ein Fehlen von Vitamin D - Reptilien brauchen speziell Vitamin D3 - beeinträchtigt den Calciumstoffwechsel und führt auf längere Sicht zu Knochendeformationen. Die Wirbelsäule kann buckelig oder gewellt werden, und der Schluß der Kiefer kann sich verschieben. Das Fehlen anderer Vitamine kann das Immunsystem schwächen, so daß die Schlange anfällig für Infektionen wird.

Die übermäßige Zufuhr von Fett kann zu Fettablagerungen in der Leber führen und letztlich tödlich enden. Die Hauptursache dafür ist das Verfüttern von Hähnchenfleisch, Steak oder anderem Muskelfleisch anstelle ganzer Beutetiere. Man mag meinen, daß man dadurch Geld sparen kann und sich nicht mit einer Nagerzucht abgeben muß; letztlich betrügt man aber Mutter Natur, und keiner gewinnt in dieser Art Spiel. Ein Überfüttern im Allgemeinen und durch Zwangsfütterung im Besonderen führt zu Fettleibigkeit und in der Folge zu Leber- und anderen Organschäden. Die Schlange weiß selbst, wann sie genug hat, und man sollte das akzeptieren. Fettleibigkeit ist ein häufiger zu beobachtendes Problem bei Riesenschlangen als bei kleineren Schlangen, es sei denn, der Halter ist übereifrig und meint, seine Tiere müßten in einem Rekordtempo wachsen.

Man muß sich bewußt darüber sein, daß Schlangen für sämtliche Körperfunktionen Wärme benötigen; auch für die Verdauung. Zu kühl gehaltene Tiere können ganz einfach die Nahrung verweigern oder, wenn sie fressen, nicht in der Lage sein, das Futter korrekt zu verdauen. Zu niedrige Temperaturen beeinflussen ebenfalls das Immunsystem und schaffen ein ideales Umfeld für Atemwegs- und dermatologische (Haut-) Erkrankungen. Andererseits führen übermäßig hohe Temperaturen in sehr kurzer Zeit zum Tode. Ein häufig vorkommender Unfall mit allen Arten von Reptilien sind in der Sonne stehengelassene, unzureichend belüftete Glasbehälter, in denen die Temperaturen noch rasanter ansteigen als in einem in der Sonne geparkten Auto. Tod durch Überhitzen ist sehr häufig die Todesursache.

Eine nasse Umgebung oder ein allgemeines Vernachlässigen der Terrarien ist ein häufiger Grund für äußere und innere Infektionen. Eine angemessene Belüftung sowie das umgehende Entfernen von Ausscheidungsprodukten sind unumgänglich.

Mit Sicherheit erregt eine zweiköpfige Schlange stets besondere Aufmerksamkeit. Mißgeburten wie bei dieser Texaskükennatter (E. obsoleta lindheimeri) entstehen durch Fehlentwicklungen während der Inkubation, können aber - im Terrarium - ein fast normales Leben leben. In der Natur gibt es allerdings nur wenige altgewordene, derartige Mißbildungen. Foto: W.P. Mara

Äußere Infektionen und Parasitosen

Wie die meisten Reptilien sind Schlangen für eine Reihe von Hautinfektionen anfällig. Sie entstehen häufig durch Nässe oder mangelnde Sauberkeit in den Terrarien. Einige werden jedoch auch von Bakterien verursacht und sind ansteckend, d.h. sie werden schnell von einem Tier auf das nächste übertragen, selbst wenn die Haltungsbedingungen gar nicht so schlecht sind. Wunden und Abszesse in oder unter der Haut haben zum Teil Bakterien- und/oder Pilzbefall als Ursache, in selteneren Fällen auch andere Parasiten. Hautkrankheiten werden meistens durch Bakterien ausgelöst, während sich Pilze überwiegend von Wundstellen ausbreiten.

Die Bläschenkrankheit ist eine Infektion, die sich durch mit Flüssigkeit gefüllte, pickelähnliche Abszesse dicht unter der Hautoberfläche bemerkbar macht. Manchmal, insbesondere im Frühstadium, ist die Flüssigkeit klar und geruchlos. Im weiteren Verlauf wird sie dann jedoch milchig und riecht faulig. Eine Form dieser Erkrankung zeigt sich durch Bläschen auf dem Rücken, eine andere befällt meistens die Bauchseite. In schweren Fällen kann die gesamte Bauchseite von nässenden Wunden von leicht orange bis bräunlicher Farbe überzogen sein. Ein erstes Warnzeichen für dieses Gesundheitsproblem ist oftmals ein Verlust der Färbung an den Schuppenrändern. Grundsätzlich ist jede plötzlich einsetzende Veränderung der normalen Färbung Grund zur Besorgnis, es sei denn, es handelt sich um ein allgemeines Eindunkeln kurz vor einer Häutung.

Die Behandlung dieser häufigen Hautprobleme erfolgt in der Regel mit äußerlich und systemisch (innerlich) anzuwendenden Antibiotika. Der Besuch bei einem mit Reptilien vertrauten Tierarzt ist empfehlenswert, da der Zustand gewöhnlich eskaliert, wird er nicht behandelt. Im Endstadium wird das darunter liegende Muskelgewebe befallen und aufgelöst. Läßt man es erst dazu kommen, bestehen keinerlei Heilungschancen mehr.

Geeignete Salben und Cremes sind sowohl gegen Bakterien (bakterizid) als auch gegen Pilze (fungizid) wirksam. Als sehr effizientes, innerlich anwendbares Antibiotikum gegen fast jede Art bakterieller Infektion hat sich Gentamycinsulfat (Gentocin) erwiesen, welches allerdings ausschließlich als Injektion zu verabreichen ist. Die korrekte Dosierung für eine Schlange ist dabei 2,5 mg pro Kilogramm Körpermasse alle 72 Stunden über einen Zeitraum von 10 Tagen oder bis die Infektion unter Kontrolle ist. Die sehr geringe Dosierung ist dabei zu beachten; eine Überdosierung kann gefährlich bis tödlich sein, und daher sollte man den erfahrenen Tierarzt einschalten. Wird Gentocin verwendet, sind Injektionen mit sterilisiertem Wasser ratsam, um Nierenschäden entgegenzuwirken. In der Praxis scheint dies jedoch optional zu sein, es sei denn, die Schlange ist dehydriert oder deutlich unterernährt.

Manche Veterinärmediziner bevorzugen oral zu verabreichende Antibiotika, jedoch sind diese meiner Erfahrung nach nur dann gleichermaßen wirksam, wenn es sich um Infektionen im Verdauungstrakt handelt. Darüberhinaus sind oral anzuwendende Antibiotika mit Schmiererei verbunden, arbeitsaufwendig zu verabfolgen und dadurch unsicher in der Dosierung. Sie sind zweimal täglich anzuwenden, was zwei Mal am Tag bedeutet, daß man der Schlange das Maul aufzwängen muß, um eine nadelfreie Spritze so tief einzuführen, daß das Medikament auch tatsächlich geschluckt wird. Warum sollte man das Tier dieser Prozedur aussetzen, seine Freßwilligkeit unterbrechen und einen nicht geringen Streß verursachen, wenn eine Injektion alle drei Tage nicht nur einfacher, sondern auch effektiver ist?

Ich denke, ich weiß warum Tierärzte lieber zu oral anzuwendenden Antibiotika greifen - sie zögern, einem Klienten eine Injektionsnadel auszuhändigen und haben auch allen Grund dazu. Nicht nur daß die Gefahr des Mißbrauchs besteht, auch kann man der Schlange ernsthaft schaden, wird die Injektion unfachmännisch durchgeführt. Auf der anderen Seite zögern die Terrarianer, alle drei Tage zum Tierarzt zu gehen und jedesmal aufs neue zu bezah-

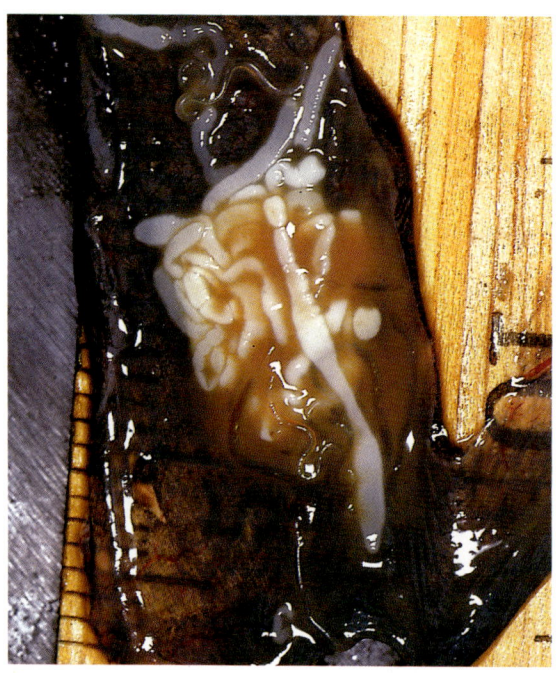

Viele Schlangen sind mit Bandwürmern infiziert, die sie als Larven mit ihrer Beute aufnehmen. Der Tierarzt wird ein mildes Wurmmittel empfehlen, wird ihm die Schlange bei ihrer jährlichen Untersuchung vorgestellt. Foto: P. Freed

Obwohl im Terrarium vermehrte Schlangen weniger unter Parasiten leiden als Wildfänge, so sind sie doch niemals wirklich wurmfrei, da Mäuse immer Träger von Wurmlarven sind, und Eier und Larven werden von Tier zu Tier übertragen. Wurmeier werden gewöhnlich in Kotproben entdeckt und können vom Tierarzt bestimmt werden, so daß dem Befall begegnet werden kann bevor er zum Problem wird.
Foto eines Nadelwurm-Eies von P. Freed

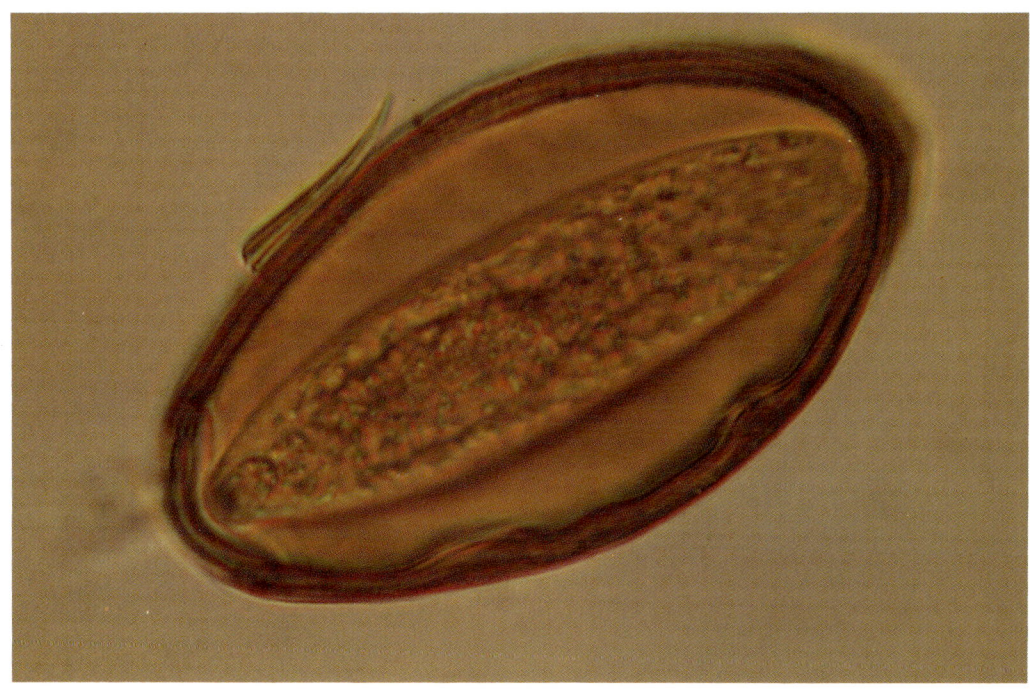

len. Mein Rat dazu ist, zu bezahlen und dafür die bestmögliche Behandlung zu bekommen. Man sollte dem Veterinär deutlich sagen, daß man gewillt ist, alle drei Tage mit der Schlange für Folgeinjektionen wiederzukommen und ihm damit auch die Chance geben, den Behandlungserfolg zu kontrollieren. Mancher Leser mag dem nicht zustimmen, jedoch ist es meine Erfahrung aus zahlreichen Fällen mit meinen Tieren sowie denen von Freunden und Vereinskollegen.

Egal ob ein Antibiotikum oral oder durch Injektion verabreicht wird, man muß ein Überdosieren vermeiden. Es hilft der Schlange nicht, schneller wieder gesund zu werden, sondern verursacht lediglich Schäden an Leber, Nieren und anderen Organen. Der Heilungsprozeß braucht seine Zeit, und Geduld ist nötig. Selbst nachdem die Infektion ausgeheilt ist, dauert es noch eine ganze Zeit, bis die Haut völlig verheilt ist und ihre normale Farbe wieder erlangt hat - wenn überhaupt.

Weitere Hautprobleme bei Schlangen haben mit dem Häutungsvorgang zu tun. Im Normalfall häutet sich die Schlange in einem Stück vom Kopf zum Schwanz einschließlich der Schuppen auf den Augen. Manchmal jedoch, aufgrund einer ganzen Reihe von möglichen Ursachen, geht etwas schief. Fetzen der alten Haut verbleiben auf der neuen, und die Schlange kann sich nicht mit den ihr zur Verfügung stehenden Mitteln davon befreien. Das ist normalerweise ein geringfügiges Problem, es sei denn es betrifft die Cornealschilder auf den Augen, die Brille. Die abgestorbene Haut kann zu einem Nährboden für Bakterien werden, und damit besteht die Gefahr einer ernstzunehmenden Augeninfektion, die zum Verlust der Sehfähigkeit führen kann.

Der einfachste Weg, mit einer unvollständigen oder schwierigen Häutung fertig zu werden, ist die Schlange für einige Stunden in lauwarmem (30°C) Wasser einzuweichen. Das Hauptproblem dabei ist jedoch, daß häufig der Kopf den Problembereich darstellt, den die Schlange nicht lange genug untergetaucht halten kann, um ein ausreichendes Aufweichen zu ermöglichen. Man wird also gezwungen sein, die Schlange mehrfach zwangsweise unterzutauchen - natürlich muß man dazwischen ausreichend Gelegenheit zum Luftschnappen geben. Ist die Haut richtig aufgeweicht, kann man sie meistens vorsichtig abrubbeln oder abziehen. Besondere Aufmerksamkeit ist erforderlich, wenn es zu den Augen kommt. Bei den geringsten Schwierigkeiten sollte man sich lieber sofort an einen Tierarzt wenden. Es muß auch deutlich gemacht werden, daß diese Methode nur dann geeignet ist, wenn sich die Schlange bereits teilweise gehäutet hat und den Prozeß nicht allein abschließen kann. Bei einer normal verlaufenden Häutung sollte man sich nicht einmischen oder diesen zu beschleunigen versuchen.

Die nächste Kategorie von Hautproblemen betrifft Ektoparasiten - also in der Regel Milben und Zecken. Zecken sind häufig recht große Arthropoden, eigentlich riesige Milben, die sich in die Haut zwischen oder unter den Schuppen bohren. Sie sind einfach

41

zu erkennen. Milben auf der anderen Seite sind erheblich kleiner und sehen oftmals wie verstreuter Pfeffer aus. Im Gegensatz zu Zecken laufen sie auf den Schuppen herum und verbergen sich zwischen den Schuppenrändern und besonders im Augenbereich, wo sie zu einem wirklichen Problem werden können. Abgesehen davon, daß sie die Schlange beißen und ihr Blut saugen, sind sie auch Träger etlicher Krankheiten, die für Schlangen und gelegentlich auch für den Menschen gefährlich sein können. Aus diesem Grunde sollte man sich umgehend mit ihrer Beseitigung befassen.

Der einfachste Weg, Zecken loszuwerden ist, sie mit einer Pinzette herauszudrehen. Es ist allerdings darauf zu achten, daß die gesamte Zecke entfernt wird und nicht etwa der Kopf und die Mundwerkzeuge steckenbleiben und durch späteres Zersetzen eine Infektion verursachen. Das Einschmieren der Zecke mit Alkohol, Öl oder Vaseline ist verschiedentlich empfohlen worden, um sie einfacher zu lösen. In der Praxis hilft es jedoch nicht viel. Ein gleichmäßiges Zieh-Drehen funktioniert am besten. Einmal vollständig entfernt, sollten Zecken nie wieder in Erscheinung treten. Ein wenig antibiotische Salbe auf die Bißstelle beugt Folgeproblemen vor.

Alle Schlangen sind anfällig für einen Befall durch Milben. Diese verbreiten sich von einer Schlange zur nächsten und legen in den Terrarien Eier, die gerade dann für erneute Ausbrüche sorgen, wenn man meint, das Problem unter Kontrolle zu haben. Es gibt eine ganze Reihe von Mitteln zur Milbenbekämpfung. Die bei weitem einfachste Methode ist jedoch die Verwendung eines Insektenvernichtungs-Strips. Dabei handelt es sich um einen flachen Plastikstreifen, der sich zerschneiden läßt. Für ein Terrarium von 50 Litern Inhalt schneidet man einen etwa 2,5 cm breiten Streifen ab, für größere oder kleine Terrarien entsprechend mehr oder weniger. Das Stück wird in einem Tee-Ei oder einem ähnlichen, durchlässigen Behälter eingeschlossen und außerhalb der Reichweite der Schlange am Deckel aufgehängt. Über die Frage, wie lange man den Strip wirken lassen sollte, gibt es verschiedene Meinungen, und die Empfehlungen reichen von wenigen Stunden bis zu einer Woche. Das Problem dabei ist, daß eine Überdosierung Nieren- oder Leberschäden verursachen kann, die dann zum unerklärlichen Ableben der Schlange einen oder zwei Monate nach der Behandlung führen. Der Grundsatz ist also ein vorsichtiges Vorgehen. Ich halte eine Wirkdauer von 48 Stunden für sicher. Bei längeren Zeiten sind geschwächte Schlangen bereits gefährdet. In jedem Fall muß die Wasserschale aus dem Terrarium entfernt werden wenn der Strip hineingehängt wird. Anderenfalls vergiften die freigesetzten Dämpfe das Trinkwasser. Eine gut funktionierende Belüftung durch einen Gazedeckel oder seitliche Gaze-

einsätze ist unbedingt sicherzustellen. Der verbliebene Rest des Strips muß luftdicht verpackt werden, ansonsten verliert er seine Wirksamkeit bis zum nächsten Gebrauch. Die manchmal abgesonderte, bräunliche, ölige Flüssigkeit sollte man nicht berühren. Verbrauchte Stücke sollten wie jedes andere kräftige Insektizid behandelt und fachgerecht entsorgt werden.

Es empfiehlt sich, die Schlange vor dem Hineinhängen des Strips zu baden und das Terrarium gründlich zu reinigen. Man darf allerdings nicht glauben, daß man dadurch sämtliche Milben und deren Eier vollständig entfernen kann. Andererseits erscheint mir der Gebrauch dieser Strips so effizient, daß eine Generalreinigung gar nicht nötig ist, es sei denn, man fühlt sich dadurch sicherer und das Terrarium könnte sowieso ein gründliches Putzen vertragen. Ebenfalls ratsam ist es, Einrichtungsgegenstände aus weichem oder rissigem Holz wegzuwerfen. Diese könnten Milben und Milbeneiern als Versteckplätze dienen. Nachdem der Strip entfernt worden ist, muß man auf einen zweiten Ausbruch achten. Tritt dieser ein, wird die Prozedur sofort wiederholt, noch bevor die neuen Milben geschlechtsreif werden und erneut Eier legen können.

Die letzte Kategorie von äußerlichen Gesundheitsproblemen betrifft Verletzungen des Körpers, um das Maul herum und im Maulinnenraum. Körperwunden können durch Unfälle oder Nagerbisse entstehen. Ein wenig einer antibiotischen Salbe unterstützt bereits den Heilungsprozeß und wirkt Infektionen entgegen. Im Falle tieferer Verletzungen oder bei starkem Blutverlust hilft nur der Weg zum Tierarzt. Ich bevorzuge eine antibiotische Creme, die zu einem braunen Pulver abtrocknet. Bei Cremes auf Vaseline- oder Zinkoxydbasis konnte ich hingegen gelegentlich Folgeprobleme mit der Haut feststellen.

Verletzungen im Maulinnenraum können weit schwerwiegender sein. Gelegentlich werden sie bei Ausbruchsversuchen durch Scheuern des Maules an Lüftungsflächen verursacht. Auch gibt es eine ansteckende bakterielle Infektion bei Reptilien, die als infektiöse Stomatitis oder gemeinhin als Maulfäule bekannt ist. Sie zeigt sich zunächst in Form von Bläschen und einer blassen Farbe im Maul. Bleibt sie unbehandelt, breitet sie sich aus und wird zu einer ernsthaften Erkrankung. Im Endstadium greift Maulfäule auf die Lunge über und führt zu einer potentiell tödlichen Atemwegserkrankung mit Symptomen ähnlich einer Lungenentzündung. Seltsamerweise entwickelt sich Maulfäule häufig als Sekundärproblem nachdem sich eine Schlange die Nase aufgescheuert hat. Mit Anschwellen der Nase schließen sich die winzigen Nasenlöcher, und die Schlange beginnt, durch das geöffnete Maul zu atmen. Dadurch wird die empfindliche Mundschleimhaut ausgetrocknet und für Infektionen anfällig.

Ist das wunde Maul nur durch Reiben an einer rauhen Fläche hervorgerufen worden, genügt meistens schon das Auftragen einer antibiotischen Creme oder Salbe. Ist jedoch bereits Maulfäule entstanden, sind wirksamere Medikamente erforderlich. In spezialisierten Zoohandlungen kann man Präparate erhalten, die auf die wunden Stellen aufgetupft werden. Sie sind nicht ungeeignet, andererseits aber auch nicht unbedingt ausreichend. Man benötigt des weiteren ein Antibiotikum, das oral verabreicht oder besser injiziert wird. Erste Anzeichen für Maulfäule sind zunächst rote Flecken auf dem Zahnfleisch, die sich dann als allgemeine Farblosigkeit ausbreiten. Die Zähne werden schwarz, und schließlich lösen sich Zahnfleisch und Gewebe vom Gaumendach auf. Der Verlauf kann von übermäßiger Speichelbildung begleitet sein, was allerdings auch ein Zeichen einer Atemwegserkrankung darstellen kann. Da Maulfäule häufig mit Atemwegserkrankungen einher geht, sollte man bei Vorliegen einer Krankheit verstärkt auch auf deren Anzeichen achten.

Da die meisten der hier angesprochenen Probleme durch Bakterien verursacht werden, erweisen sich Antibiotika als sehr effektiv. Es bestehen ausgezeichnete Heilungschancen, wird ein Gesundheitsproblem frühzeitig erkannt und umgehend richtig behandelt. Gelegentlich erweist sich ein bestimmtes Bakterium als resistent gegen ein bestimmtes Antibiotikum, selbst gegen Gentocin, und die Behandlung versagt. In einem solchen Fall funktioniert dann aber gewöhnlich ein anderes. Aus diesem Grunde ist es wichtig, den Tierarzt erneut aufzusuchen, wenn das ursprünglich angewendete Mittel keinen Erfolg zu haben scheint.

Verdauungs- und Atemwegserkrankungen

Verdauungsprobleme können durch Bakterien, Protozoen oder Parasiten verursacht werden; Atemwegserkrankungen werden fast immer durch Bakterien und nur manchmal durch Parasiten ausgelöst. Im Gegensatz zum Menschen werden Schlangen nur selten von Viren heimgesucht, gegen die bis heute kein wirklich effektives Vernichtungsmittel existiert. Das bedeutet, daß nahezu alle internen Infektionen wirksam behandelt werden können.

Probleme mit Bakterien im Magen sind selten, es sei denn, die Schlange hat verdorbenes Futter gefressen oder wurde nach einer Fütterung zu kühl gehalten. Gelegentlich erfordert eine Infektion mit gefährlichen Bakterien, wie Salmonellen, den Einsatz von Antibiotika. Zum Glück kann ein Tierarzt einen derartigen Befall durch die Untersuchung einer frischen Kotprobe oder durch eine aus der Kloake entnommenen Darmschleimprobe einfach diagnostizieren.

Reptilien sind generell für Darmparasitosen anfällig und können langsam immer mehr verfallen, obwohl sie dabei offenbar normal fressen. Sie können träge sein, mitunter den Appetit verlieren, meist an Durchfall oder unter Dehydration leiden und inne-

Die Hohlräume unter den Schuppen sind bevorzugte Plätze für Milben, und davon haben Schlangen nun wirklich genügend.
Foto von E. obsoleta rossalleni: I. Francais

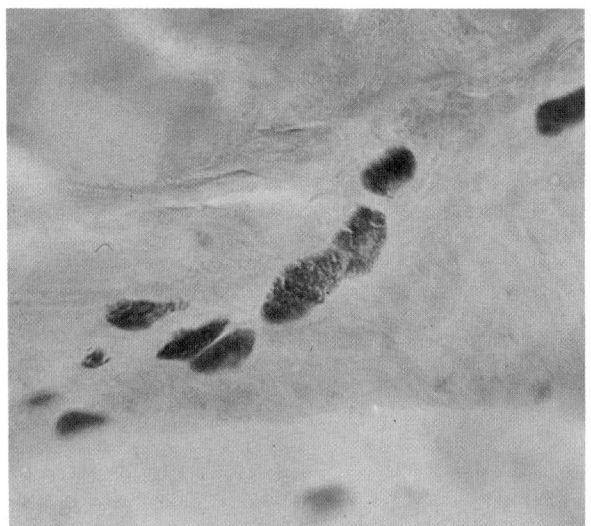

Parasitische Amöben der verschiedensten Arten können schwere oder sogar tödlich verlaufende gastritische Infektionen verursachen. Leider führen die wirklich üblen Infektionen häufig schneller zum Tode als sie diagnostiziert werden können. Foto: Elkan

re Blutungen haben. Der Tierarzt hat wirksame Medikamente zum Entwurmen von Reptilien. Ich bin der Meinung, daß grundsätzlich alle neu erworbenen Tiere vorsorglich entwurmt werden sollten, mit einer Nachsorgebehandlung drei bis sechs Monate später. Es ist darauf zu achten, daß dabei ein für Reptilien empfohlenes Präparat in der richtigen Dosierung zur Anwendung kommt; diese unterscheidet sich selbst beim gleichen Produkt von der für Hunde und Katzen gültigen. In der Regel wird ein solches Mittel einmalig verabreicht und die Behandlung drei bis vier Wochen später wiederholt. Überdosierungen sind giftig und können zum Tode führen.

Schlangen sind ebenfalls für durch Protozoen verursachte Infektionen empfänglich. Diese reagieren im Normalfall nicht auf die herkömmlichen Entwurmungsmittel, und man wird zu Metronidazol (250 mg pro Kilogramm Körpermasse) greifen müssen. Protozoeninfektionen sind ansteckend und werden häufig von Wasserschildkröten übertragen. Sie können eine Schlange erheblich schneller als parasitierende Würmer umbringen. Besteht also der Verdacht auf Protozoenbefall, sollte man sofort einen Tierarzt konsultieren. Die Symptome umfassen Appetitlosigkeit, begleitet von rapidem Gewichtsverlust und manchmal Erbrechen. Die Erkrankung bricht meist nicht plötzlich bei einem Tier aus, das man schon längere Zeit pflegt, es sei denn, man hält Wasserschildkröten in der Nähe. Es kann jedoch ein Problem bei neuerworbenen Exemplaren darstellen, insbesondere bei solchen, die das Futter verweigern.

Wenngleich ich behauptet habe, Schlangenkrankheiten seien heilbar, so gibt es traurigerweise doch eine große Ausnahme. Es handelt sich dabei um eine Art von Amöbeninfektion des Verdauungstraktes, die seit kurzem zunehmend Aufmerksamkeit erregt. Sie zeigt sich durch Erbrechen und einen intensiven, süßlich faulen Gestank der Exkremente und des Erbrochenen. Bedauerlicherweise gibt es kein effektives Gegenmittel. Antibiotika und Flagyl können helfen oder auch nicht. Einige Schlangen erholen sich davon, die meisten gehen jedoch ein. Der Zustand kann sich über Monate hinziehen, in deren Verlauf der Magenbereich anschwillt und der Schlange ein Aussehen verleiht, als hätte sie eine Toilettenrolle verschlungen. Durch den Großhandel bezogene asiatische Arten sind häufig Träger dieser Krankheit.

Atemwegserkrankungen sind hingegen einfacher zu behandeln, nichtsdestotrotz aber ernst zu nehmen. Der Lungenflügel einer Schlange - die wenigsten Arten haben zwei funktionsfähige Lungenflügel - ist eher primitiv und kann sich Flüssigkeit nur unzureichend entledigen. Durch Infektionen kommt es jedoch zu einer Ansammlung von Flüssigkeit, die schließlich dazu führt, daß die Lunge kollabiert und das Tier stirbt. Lange bevor das allerdings geschieht, zeigen sich deutliche Warnsignale, und durch eine Behandlung mit Antibiotika, wie Gentocin, sind die Heilungsaussichten gut.

Ein Anzeichen von Atemwegsproblemen ist eine starke Speichelabsonderung, die sich häufig besonders an den Mundwinkeln zeigt, selbst wenn das Maul geschlossen ist. Rasselnde oder knatternde Atemgeräusche können auftreten. Das offensichtlichste Signal ist jedoch, daß die Schlange zum Luftholen das Maul öffnet und lange, sichtlich anstrengende Atemzüge nimmt. Der Hals ist dabei häufig gestreckt und der Kopf angehoben. Man sieht dabei, wie die Atemöffnung auf dem Maulboden nahe der Zungenscheide für einen ungewöhnlich langen Zeitraum geöffnet bleibt. Man darf dies nicht mit einem Gähnen verwechseln, welches aus einem kurzen Öffnen und Schließen des Maules besteht und das bei Schlangen des öfteren zu beobachten ist.

Es ist in diesem Zusammenhang interessant, daß Kletternattern für alle in diesem Kapitel besprochenen Probleme weniger anfällig sind als beispielsweise Riesenschlangen. Das bedeutet jedoch nicht, daß man seinen Tieren aus diesem Grunde weniger Aufmerksamkeit widmen braucht oder daß es weniger wichtig ist, von vornherein ein gesundes Tier zu erwerben. Es ist nur gut zu wissen, daß Kletternattern Tiere mit robuster Gesundheit sind, die besser für die Terrarienhaltung geeignet sind als die meisten anderen. Wenn ein Exemplar trotzdem krank wird, sollte man ihm die bestmögliche Behandlung zukommen und sich selbst nicht entmutigen lassen. Während der letzten paar Jahre war ich Zeuge

Je mehr über die Biologie der Kletternattern bekannt wird, desto einfacher wird ihre richtige Pflege.
Foto von E. taeniura: P.H. BRIGGS dank Lloyd Lemke

bei der Behandlung von Dutzenden von kranken Schlangen, und weitaus mehr sind wieder gesund geworden als schließlich doch eingegangen. Tatsächlich bin ich heute in der Lage, eine Reihe von Erkrankungen so routiniert zu behandeln, daß Verluste nicht wahrscheinlicher sind als daß ein Mensch an Schnupfen stirbt. Der wesentliche Unterschied bei diesem Vergleich ist jedoch, daß Menschen aus eigener Kraft mit einem Virus fertig werden, während Schlangen häufig Hilfe brauchen, damit eine Infektion nicht fatal wird. Zu bedenken ist auch, daß Menschen häufig an viralen Infektionen erkranken, gegen die es kaum wirksame Mittel gibt. Hingegen leiden Schlangen hauptsächlich unter Bakterienbefall, der

meistens mit Antibiotika einfach in den Griff zu bekommen ist. Eine kranke Schlange zu ignorieren, ist gewöhnlich kein weiser Entschluß, da sich der Zustand nur selten von allein bessert.

Schließlich sei darauf hingewiesen, daß sich - bei welcher Erkrankung auch immer - eine Schlange schneller und besser erholt, wird sie in einer warmen, trockenen Umgebung gehalten. Es wird häufig empfohlen, die Temperatur in einem Terrarium mit einem kranken Reptil auf wenigstens 30°C, nicht jedoch über 35°C, 24 Stunden am Tag, für die Dauer der Behandlung anzuheben. Dazu wird eine weitere Glühlampe neben den bestehenden Heizern installiert, oder die Raumtemperatur wird allgemein angehoben.

Zweiter Abschnitt
Taxonomie und Identifikation

Eine adulte Kükennatter (Elaphe obsoleta quadrivittata). Foto: B. Kahl

Das Bestimmen von Schlangen

Die Identifikation einer Schlangenart oder -unterart kann sich als äußerst komplizierte Aufgabe erweisen. Verglichen mit den rund 2500 Arten und weiteren zwei- bis dreitausend unterschiedlich gut abgrenzbaren Unterarten von heute lebenden Schlangen, ist die Gattung *Elaphe* mit etwa 35 Arten eine relativ kleine Gruppe. Die anderen Gattungen der Kletternattern - *Gonyosoma*, *Senticolis* und *Bogertophis* - sind sogar noch kleiner und umfassen nur jeweils ein bis zwei Arten. Beim Betrachten wissenschaftlicher Zeitschriften und anderer Veröffentlichungen kann eine Bestimmung als nahezu unlösbares Vorhaben erscheinen. Es fängt mit zahllosen, vielen Terrarianern unverständlichen Begriffen an. Dabei ist es relativ einfach, die Bedeutung der meisten Begriffe zu erlernen, zumindest in einem Ausmaß, das zur Bestimmung von Kletternattern ausreicht. Währenddessen kann man auch noch etwas über Schlangenanatomie lernen. Der Grund warum die bei der Schlangenidentifikation verwendete Terminologie so komplex ist, liegt darin, daß der verläßlichste Weg zu einem Ergebnis im genauen Betrachten und Zählen von bestimmten Schuppen liegt. Es gibt nur wenige Schlangenarten, die identische Beschuppungsmerkmale haben, wenngleich die Beschuppungsunterschiede innerhalb einer beliebigen Arten- oder Unterartengruppe in vergleichsweise engen Grenzen liegen. Alle Tiere einer bestimmten Art haben äußerst ähnliche Beschuppungsmuster auf dem Kopf, und die Anzahl der Schuppen und Schuppenreihen auf dem Körper liegen innerhalb einer engen Schwankungsbreite, abhängig von Geschlecht und/oder Fundort. In der Regel verändern sich die Beschuppungsmerkmale während des Wachstums, speziell auf dem Kopf, nicht - die einzelnen Schuppen werden einfach nur größer. Somit sind Beschuppungsmuster verläßliche Merkmale zur Bestimmung einer Art, unabhängig von Größe und Alter

Obwohl die Arten von Spalerosophis aus dem Mittleren Osten der USA im englischen wie die Kletternattern häufig ebenfalls als "Rat Snakes" bezeichnet werden, sind sie doch eher mit der Gattung Coluber verwandt. Die Abbildung zeigt S. diadema, die "Diadem Rat Snake", deutsch jedoch einfach "Diademnatter" genannt wird. Foto: P.H. Briggs dank Lloyd Lemke

Die amerikanische Pilotnatter (Elaphe obsoleta) zeigt vielleicht die größte Färbungs- und Zeichnungsvariabilität aller Kletternattern. Man vergleiche nur einmal den Kopf einer gerade schlüpfenden E. obsoleta obsoleta mit dem einer erwachsenen Natter von ungefähr 150 cm.
Fotos: R. Everhart (oben) und B. Kahl (unten)

viele Arten, darunter auch einige Kletternattern, hinsichtlich ihrer Farbzeichnung als Jungtiere und als Erwachsene, während die Schuppenwerte im wesentlichen identisch sind. Gelegentlich ist die Farbzeichnung in hohem Maße vom Fundort abhängig, so bei vielen Unterarten, während sich die Schuppenwerte als relativ einheitlich erweisen.

Trotzdem sind für den Terrarianer die Färbung und Zeichnung immer noch der erste Anhaltspunkt für die Identifikation, so unzuverlässig sie auch sein mögen. Schuppenzählen und -vergleichen kann sich hingegen als aufwendig erweisen, speziell wenn es sich um lebende Tiere handelt, die nicht stillhalten wollen. Zum Glück haben die meisten Kletternattern als Alttiere deutliche Zeichnungsmerkmale, die ihre Bestimmung zumindest vorläufig ermöglichen. Da das vorliegende Buch auf den Amateur ausgerichtet ist, werden sich die folgenden Beschreibungen vornehmlich auf Farbe und Zeichnung konzentrieren. Beschuppungsmerkmale werden dort angeführt, wo sie zur Identifikation der Art oder Unterart unerläßlich sind. In einigen Fällen lassen sich Arten und Unterarten mit Sicherheit nur durch kleine Unterschiede in der Kopfbeschuppung, der Anzahl der Lippenschilder, den Schwanzschildern und/oder durch die Anzahl Rückenschuppenreihen unterscheiden. Wie bereits erwähnt, sind Schuppenwerte mitunter auch bei der Geschlechtererkennung hilfreich.

Da wir nun nicht umhinkommen, über Schuppen zu reden, ist

eines Tieres.

In gewissem Sinne sind Beschuppungsmuster wie Fingerabdrücke für Arten. Dabei sprechen wir allerdings nur von der Anzahl, Lage und Form von Schuppen, nicht von deren Färbung. Tatsächlich ist es in vielen Fällen möglich, eine Art zu bestimmen, ohne die Färbung überhaupt zu erwähnen. Dieser Umstand erweist sich für den Herpetologen - den Wissenschaftler, der sich mit Amphibien und Reptilien befaßt - als nützlich, wenn es darum geht, Exemplare zu identifizieren, welche durch Konservierung in Alkohol oder Formalin keinerlei Färbung und Zeichnung mehr besitzen.

Nur die Färbung und Zeichnung zum Bestimmen zu verwenden, birgt noch ein weiteres Problem. Es gibt etliche Arten "nur grüner" oder "nur schwarzer" Schlangen, die sich andererseits erheblich in ihrer Kopfbeschuppung und der Anzahl Schuppen auf dem Körper unterscheiden. Darüber hinaus unterscheiden sich

Zwei weitere "Rat Racers", oben Spalerosophis arenarius und unten ein Jungtier von Spalerosophis atriceps. Die Taxonomie in dieser Gattung ist ein ziemliches Durcheinander, und wahrscheinlich sind die in der Terraristik als S. atriceps bezeichneten Tiere nur Varietäten der Diademnatter. Diese Savannen- und Wüstenbewohner legen extrem große Eier und ernähren sich vorzugsweise von Kleinsäugern, was darauf hindeutet, daß ihr Biß nicht ganz ungefährlich ist. Man beachte die zahlreichen kleinen Schuppen unter und hinter dem Auge sowie die Tendenz zur Auflösung der großen Kopfschilder. Im Vergleich dazu haben echte Kletternattern stets neun große Kopfschuppen, und nur Bogertophis besitzt mehrere kleine Schilder unter dem Auge. Spalerosophis werden in den USA recht regelmäßig vermehrt und angeboten. Sie sind jedoch keinesfalls als Kletternatter zu betrachten. Fotos: R.D. Bartlett

es notwendig zu wissen, welche Begriffe sich auf welche Schuppen einer Schlange beziehen. Abgesehen davon, daß dieses Wissen nun auch mehr wissenschaftliche Aufsätze und taxonomische Schlüssel erschließt, wird es vielleicht eine Anregung sein, sich seine Tiere einmal ganz aus der Nähe anzusehen.

Für jemanden, der nicht mit Schlangen vertraut ist, mögen sie einfach nur wie ein langer Schwanz aussehen, der am vorderen Ende einen Kopf hat. Tatsächlich besteht eine Schlange aber doch aus einem deutlich unterscheidbaren Kopf, einem Körper und einem Schwanz. Alle Schlangen haben zwei "Enden" des Körpers und drei "Flächen". Das vordere Ende, der Kopf, ist das anteriore Ende, das hintere, der Schwanz, ist das posteriore Ende. Beide Begriffe können zur Beschreibung der Enden jedes Objektes verwendet werden, und somit hat auch eine Schuppe ein mehr oder weniger freistehendes posteriores Ende oder ist posterior zugespitzt. Hingegen ist das Frontalschild anterior breiter und posterior schmaler. Der Rücken der Schlange ist ihr Dorsum, der Bauch wird als Ventrum bezeichnet, und die Flanken liegen lateral. Diese Begriffe können kombiniert werden, so daß ein ventrolateraler Streifen im unteren Drittel der Flanken zu suchen ist. Caudal bezieht sich auf den Schwanz; subcaudal heißt "unter dem Schwanz". Cephal betrifft im Gegensatz dazu den Kopfbereich.

Der Schwanz ist durch den Kloakalspalt deutlich gegen den Körper abgegrenzt. Diese schlitzförmige Öffnung wird durch eine modifizierte Schuppe abgedeckt, die man als Analschild oder als das Anale bezeichnet. Der Schwanz beginnt unmittelbar hinter dieser Schuppe, die selbst als noch dem Körper zugehörig betrachtet wird, und verjüngt sich zu einer Spitze, die oftmals aus einer einzelnen, etwas vergrößerten Schuppe besteht. Die Schwanzlänge ist folglich die gerade Linie von der Hinterkante des Analschilds bis zur äußersten Spitze des Schwanzes. Die Kopf-Rumpflänge wird vom vordersten Punkt der Maulspalte bis zur Hinterkante des Anale gemessen, umfaßt also die Kopf- und die Körperlänge. Die Gesamtlänge ist logischerweise der Abstand zwischen Schnauzen- und Schwanzspitze.

Man wird schnell feststellen, daß sich die Dorsalschuppen (einschließlich der Lateralia) aller Kletternattern von den Ventralia und Subcaudalia erheblich in der Größe unterscheiden. Wie bei den allermeisten Schlangen - Boas, Pythons und Blindschlangen beispielsweise sind Ausnahmen - sind die Dorsalia rhombenförmig und in diagonalen Reihen angelegt. Es gibt eine mediane Schuppenreihe direkt auf der Mittellinie des Rückens, die Vertebralreihe, während die untersten ein oder zwei Reihen, nahe den Ventralia gewöhnlich etwas vergrößert und meist glatter als die anderen Schuppen sind. Die Dorsalschuppenreihen werden als diago-

nale Reihe von der ersten, die Ventralia flankierenden Schuppe bis zur Vertebrallinie gezählt und von dort aus wieder bis an den Rand der Ventralia auf der anderen Seite. Diese Werte werden häufig an drei verschiedenen Stellen des Schlangenkörpers ermittelt, im vorderen Bereich, etwa eine Kopflänge hinter dem Kopf, in der Rumpfmitte und hinten, etwa eine Kopflänge vor dem Schwanzansatz. Bei *Elaphe* sind viele oder die meisten Dorsaliareihen gekielt, d.h. die einzelnen Schuppen haben einen deutlich erkennbaren Giebel in der Mitte. In der Regel ist diese Kielung nahe der Vertebrallinie am stärksten und in den zwei oder drei Reihen entlang der Ventralia am schwächsten. Bei *Elaphe* und vielen anderen *Colubriden* haben die Dorsalia winzige Grübchen, sogenannte Apikalgrübchen, nahe dem posterioren Ende. Gewöhnlich sind davon je zwei auf den meisten Schuppen vorhanden.

Die Schuppen des Bauches sind schmal und wie Bänder angeordnet; sie werden Ventralia genannt. Ihre Anzahl spielt häufig bei der Bestimmung der Art und auch des Geschlechts eine wichtige Rolle. Das Ermitteln dieses Wertes ist einfach. Als erstes Ventrale gilt die erste Schuppe im Kehlbereich, die doppelt so breit wie lang ist; meistens ist es die vierte oder fünfte. Man zählt die Schilder des Bauches bis zum und einschließlich des Analschildes. Danach kann man auch gleich die Subcaudalia zählen, die bei Kletternattern in Paaren angelegt sind. Dabei gilt jedes Paar als eine Einheit; die Paare werden nicht als zwei Schuppen gezählt.

Bei Kletternattern ist das Analschild meistens geteilt, d.h. es gibt einen schräg verlaufenden Saum oder eine Kerbe über die Mitte der Schuppe. Ob dieses Schild geteilt oder ungeteilt ist, spielt bei der Gattungsindentifikation oftmals eine große Rolle. Zum Beispiel sieht die Östliche Dreiecksnatter (*Lampropeltis triangulum triangulum*) auf den ersten Blick einer Kornnatter (*Elaphe guttata*) oder einer jungen Schwarzen Erdnatter (*Elaphe obsoleta*) täuschend ähnlich. Bei *Lampropeltis* ist das Anale jedoch immer ungeteilt

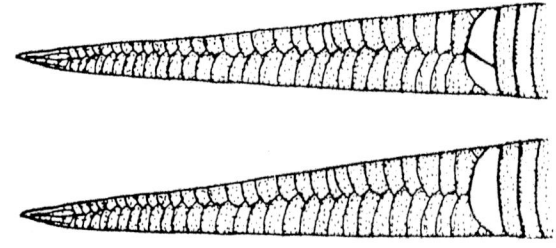

Ungeteilte oder geteilte Analschilder. Bei nordamerikanischen Kletternattern sind sie geteilt, was nicht immer auf die altweltlichen Arten zutrifft.

Farbzeichnungen können irreführend sein. Das Jungtier der östlichen Königsnatter (Lampropeltis triangulum triangulum) rechts könnte man durchaus auch für eine Kornnatter (Elaphe guttata guttata) (unteres Bild) halten. Beide Arten kommen zudem in der gleichen Gegend, häufig sogar im selben Biotop vor. Man sollte daher stets entsprechende Feldführer hinsichtlich solcher Probleme durchsehen.
Fotos: W.B. Allen jnr. (rechts) und R.T. Zappalorti (unten)

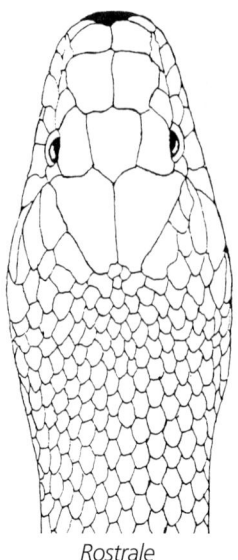

Rostrale

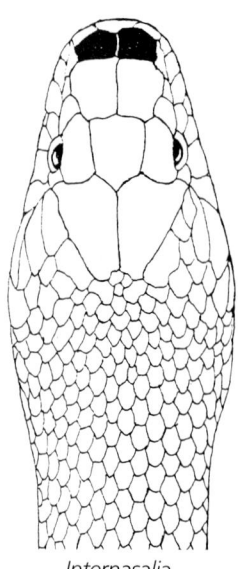

Internasalia

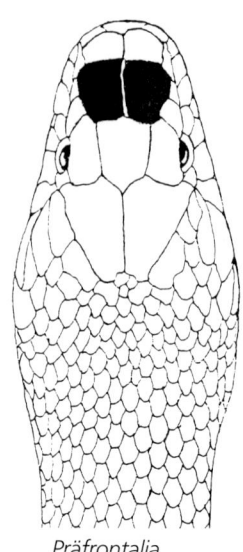

Präfrontalia

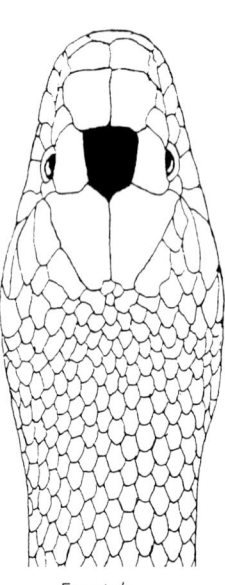

Frontale

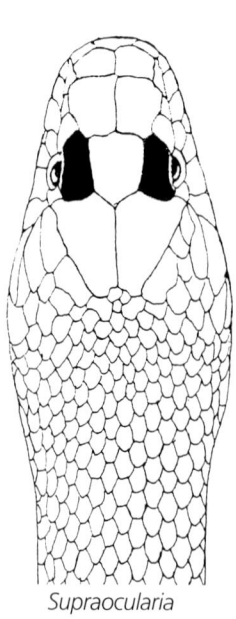

Supraocularia

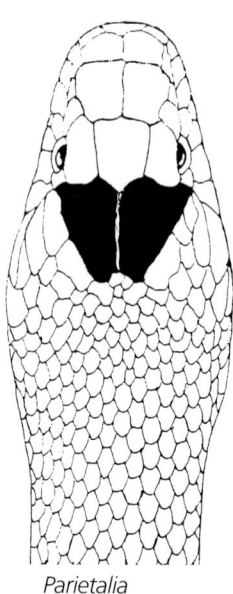

Parietalia

Die Gattungen Elaphe, Bogertophis, Senticolis und Gonyosoma sind alle "neun-schildrige" Colubriden. Mit seltenen Ausnahmen bei einzelnen Exemplaren findet man stets neun große, regelmäßig geformte Schuppen auf der Kopfoberseite: die paarigen INTERNASALIA zwischen den Nasenlöchern, die paarigen PRÄFRONTALIA vor dem einzelnen FRONTALE, die paarigen SUPRAOCULARIA über den Augen und die ebenfalls paarigen PARIETALIA auf dem Hinterkopf. Das ROSTRALE auf der Schnauzenspitze ist gewöhnlich in der Draufsicht erkennbar und teilt bisweilen die Internasalia. Gelegentlich verschmelzen die Internasalia oder die Präfrontalia teilweise oder vollständig, oder die Hinterkante der Parietalia ist in einige kleine Schildchen aufgelöst. Bei den meisten Exemplaren sind jedoch die neun Schilder hinsichtlich Größe, Form und Position konstante Merkmale. Tatsächlich haben mehr als die Hälfte aller Colubriden diese neun Kopfschuppen. Die Schilder auf der Seite des Kopfes sind hingegen erheblich variabler und für die Artbestimmung brauchbar. Die Anzahl der Lippenschilder (Labialia) schwankt erheblich, und bisweilen ist wichtig, welche Supralabialia das Auge berühren. Das Vorhandensein eines Lorealschildes zwischen dem Postnasale und den Präocularia wird meistens als Gattungsmerkmal für Elaphe angesehen, obwohl es bei einigen asiatischen Arten reduziert ist oder fehlt.

52

(vollständig), während es bei *Elaphe* immer deutlich geteilt ist.

Mit Hinsicht auf das Schuppenmuster des Kopfes wird es schon etwas schwieriger. Andererseits sind die einzelnen Schilder so deutlich und einer so geringen Variabilität innerhalb einer Art ausgesetzt, daß sie für eine Diagnose besonders gut geeignet sind. Man denke daran, daß Schlangen keine äußeren Ohröffnungen und keine Augenlider haben, die die Terminologie durcheinander bringen könnten. Das Auge liegt in einem kreisförmigen Bereich, und es gibt eine Reihe von Schuppen, die direkt an das Auge stoßen. Alle diese Schilder heißen Ocularia. Die Postocularia liegen posterior vom Auge, die Präocularia (auch Praeocularia geschrieben) davor. Ein Supraoculare findet man über dem Auge. Das unpaare Frontale liegt auf dem Kopf zwischen den Supraocularia und hat eine spezifische Form mit drei oder fünf Ecken, wovon die Spitze nach hinten zeigt. Die Parietalia sind ein Paar großer Schilder hinter dem Frontale und den Supraocularia und vor den kleinen Nuchalschuppen des Nackens, welche wiederum zügig in die Dorsalschilder übergehen.

Auf der Kopfoberseite, zwischen den Augen und der Schnauze, liegen die Präfrontalia (paarig bei Kletternattern, jedoch vier in einer Querreihe bei den meisten Arten der nahe verwandten Kiefernattern der Gattung *Pituophis*). Sie liegen vor dem Frontale. Vor ihnen wiederum findet man die Internasalia oberhalb und zwischen den Nasenlöchern (Nostrile). Die Schnauzenspitze wird vom Rostrale abgedeckt. Bei manchen *Elaphe*-Arten ist das Rostrale posterior verlängert und trennt dadurch die Internasalia.

Betrachtet man den Kopf von der Seite, sind die Präocularia von den Nasalia (die Schuppen, in denen die Nasenlöcher selbst liegen) durch ein hohes oder breites Schild getrennt, welches als Loreale bezeichnet wird. Das Loreale spielt bei der Gattungsbestimmung eine wichtige Rolle, denn es kann typischerweise vorhanden sein oder fehlen oder eine unterschiedliche Form haben, ist aber innerhalb einer Gattung ein konstantes Merkmal. Bei Elaphe ist es eher groß und fast quadratisch; es fehlt allerdings bei einigen Arten (*E. leonardi, mandarina*). Bei langschnäuzigen Arten ist auch das Loreale oftmals langgestreckt rechteckig (bei *Bogertophis* und *Gonyosoma*). Ist die Nasalschuppe geteilt - es variiert von Gattung zu Gattung und auch innerhalb einer Art, ist jedoch relativ einheitlich bei Elaphe - heißt die Schuppe vor dem Nasenloch logischerweise Pränasale, jene dahinter Postnasale. Das Rostralschild ist ebenfalls von der Seite erkennbar und kann recht groß sein. Hinter den Postocularia liegen mehrere Schuppen, die zusammen als Temporalia bezeichnet werden.

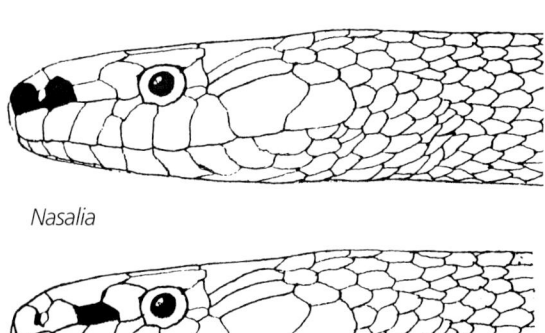

Nasalia

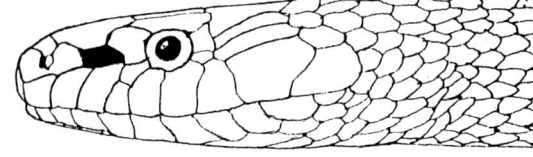

Loreale

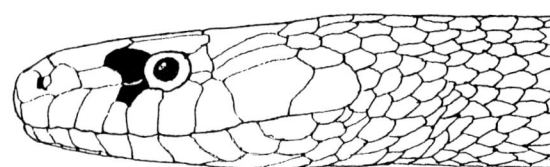

Präocularia

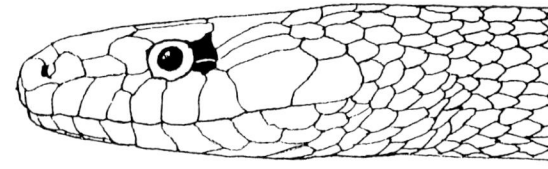

Postocularia

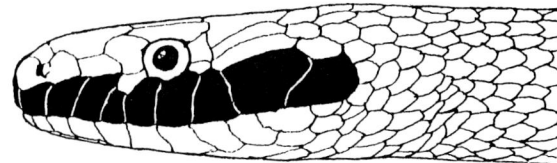

Supralabialia

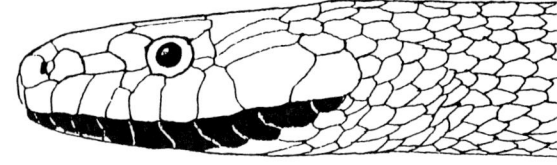

Infralabialia

Schuppen auf der Kopfseite bei einer "typischen" Kletternatter

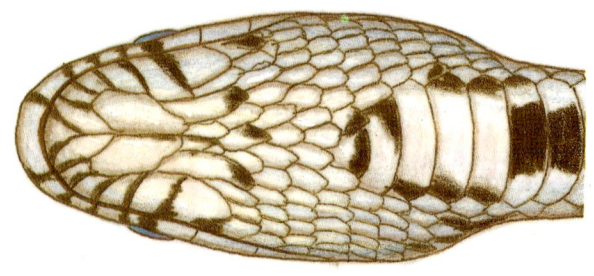

Unterseite des Kopfes einer Kornnatter (Elaphe guttata guttata)

Schlangen haben keine Lippen im üblichen Sinne, sondern quadratisch bis rechteckige Schilder, welche den Mund einfassen; sie werden Labialia genannt. Die der "Oberlippe" nennt man Supralabialia, die der "Unterlippe" Infralabialia. Das Schild, das den vordersten Punkt der Unterkiefer überspannt, heißt Mentale. Die daran anschließenden, paarigen, länglichen Schilder sind die Gularia oder Kinnschilder. Diese gehen wiederum in unregelmäßige Schuppen über, die sich langsam verbreitern und zu Ventralia werden.

Mit diesen Informationen sollte man jetzt genug gewappnet sein, um die folgende technische Beschreibung von *Elaphe helena*, der Indischen Schmucknatter, dechiffrieren zu können. Sie stammt aus BOULENGER's "Catalogue of Snakes in the British Museum":

"Rostrale etwas breiter als hoch und von oben sichtbar; Internasalia breiter als lang; Frontale ein und ein Drittel bis ein und drei Viertel so lang wie breit und genauso lang wie sein Abstand vom Schnauzenende, aber kürzer als die Parietalia; ein großes Präoculare, manchmal in Kontakt mit dem Frontale; zwei Postocularia; Dorsalia in 23 bis 27 Reihen, glatt oder leicht gekielt im posterioren Bereich des Körpers und auf dem Schwanz. 220 bis 265 Ventralia; Anale ungeteilt; 75 bis 94 Subcaudalia."

Dieser Absatz gibt eine sehr ausführliche Beschreibung der Kopfbeschuppung dieser Schlange. Er liefert auch Informationen über Dorsalia-, Ventralia- und Subcaudaliawerte, wobei festzustellen ist, daß die Anzahl dieser Schilder einer nicht unerheblichen Schwankungsbreite unterworfen ist. Die Anzahl der Ventralia bei einem Exemplar kann beispielsweise irgendwo zwischen 220 und 265 liegen. Dennoch ist diese Angabe hilfreich, denn liegt der Wert des zu bestimmenden Exemplars nicht innerhalb dieser Werte, handelt es sich vermutlich auch nicht um Elaphe helena. Hat z.B. die vorliegende, unbekannte Schlange 278 Ventralia, würde man sich eher einer anderen Art, z.B. der Streifennatter (Elaphe taeniura) zuwenden, die 230 bis 295 Ventralia

besitzt. Dann würde man sich auf andere Merkmale konzentrieren, um herauszufinden, ob diese auch übereinstimmen. Zum Beispiel hat *E. taeniura* ein geteiltes Analschild im Gegensatz zu dem, für die Gattung ungewöhnlichen, ungeteilten bei *E. helena*.

An dieser Stelle vereinfacht sich die ganze Angelegenheit, bringt man Färbung und Zeichnung ins Spiel. Wie später zu sehen sein wird, haben *E. helena* und *E. taeniura* zwar eine vergleichbare Zeichnung, jedoch auch deutliche Unterscheidungsmerkmale. Zum Beispiel besitzt *E. taeniura* einen schwarzen Streifen auf beiden Seiten des Kopfes, der durch das Auge hindurch verläuft. *E. helena* hat hingegen einen vertikalen Strich unter dem Auge und einen schrägen Strich dahinter. Dieser einfach zu erkennende Unterschied kann an dieser Stelle alles sein, was für eine Unterscheidung dieser zwei, offensichtlich nahe verwandten Arten noch notwendig ist.

Andererseits ist es weniger beruhigend zu wissen, daß junge *E. helena* hellbraun mit schwarzen Querbändern sind, während Alttiere eine dunklere Braunfärbung besitzen, und die Bänder verblassen und zu quadratischen schwarzen Flecken werden. Schwarze Flecken auf dem Bauch können vorhanden sein oder fehlen. Spätestens jetzt zeigt sich, daß die Herpetologen tatsächlich ihre Gründe dafür haben, daß sie sich eher auf solche konkreten Merkmale wie Ventralia- und Subcaudaliawerte sowie die Anzahl und das Arrangement von Kopfschildern verlassen.

In den folgenden Beschreibungen haben wir uns bemüht, auf dem schmalen Grat zwischen benötigter Information für eine Bestimmung und Langeweile für den Leser zu wandeln. Die nordamerikanischen und europäischen Kletternattern können gewöhnlich bereits an Färbung und Zeichnung bei nur wenigen technischen Details sicher identifiziert werden. Hingegen sind die meisten asiatischen und einige Arten des tropischen Amerikas unzureichend erforscht, werden seltener gehalten und fotografiert, und die Variationsbreite ihrer Farbzeichnung ist nicht recht bekannt, so daß ihre Bestimmung schwieriger ist und man um technische Merkmale nicht herumkommt. Man beachte dabei auch, daß die Taxonomie der asiatischen *Elaphe*-Arten instabil ist und etliche Namensänderungen und neue Artkonzepte zu erwarten sind. Wenn gewünscht, können weitere technische Details durch Studium einiger der im Literaturanhang aufgeführten wissenschaftlichen Veröffentlichungen bezogen werden.

Es wurde vorausgesetzt, daß der Leser hauptsächlich daran interessiert ist, eine Kletternatter von der anderen zu unterscheiden. Manchmal ist es jedoch erforderlich festzustellen, ob ein Exemplar überhaupt eine echte Kletternatter ist. Die nachfolgend aufgelisteten Merkmale treffen auf viele Mitglieder der Gattung Ela-

Hier sehen Sie die Originalabbildung von Elaphe hodgsoni, wie sie von Günther im Jahre 1860 in den "Proceedings of the Zoological Society "(London) veröffentlicht wurde. Die Beschreibung ist ein wenig ausführlicher als viele andere aus jener Zeit, jedoch andererseits nicht untypisch. Albert GÜNTHER (1830 - 1914) war der "Große Alte Mann" am Britischen Museum und publizierte, wie sein Mitarbeiter Boulenger, Hunderte von Beschreibungen von Reptilien, Amphibien und Fischen aus der Sammlung des Museums in einem Zeitraum von über 40 Jahren.

phe zu - es gibt aber auch Ausnahmen:

1.) 14 bis 24 Maxillarzähne im Oberkiefer; die vordersten sind zumeist die längsten;

2.) Kopf mäßig langgestreckt und leicht bis deutlich vom Hals abgesetzt (deutlicher als beispielsweise bei Königsnattern)

3.) Pupille des Auges rund und mäßig groß bis groß; das Auge selbst ist ziemlich groß;

4.) Subcaudalia paarig; das Analschild ist geteilt oder (bei einigen altweltlichen Arten) ungeteilt;

5.) Dorsalia gewöhnlich in 21 bis 33 Reihen in der Körpermitte, zumindest nahe der Vertebrallinie meistens gekielt, mit zwei Apikalgrübchen;

6.) Körper in der Regel im Querschnitt rund, ohne einen deutlichen Kiel im Vertebralbereich, keine geraden lateralen Flächen;

7.) Bauch normalerweise abgeflacht, so daß der Körper im Querschnitt wie ein Brotlaib aussieht;

8.) Schwanz mäßig lang bis lang; etwa 18 bis 35% der Gesamtlänge;

9.) Hemipenis mit ausgeprägten Mustern aus Bestachelung und Falten; die eher kleinen Stacheln erstrecken sich als ununterbrochenes Band bis zum Spermienleiter; jeder Hemipenis endet in zwei deutlichen, etwa gleichen Lappen;

10.) Jungtiere gewöhnlich mit einem Muster aus dunklen Flecken auf hellerem Grund.

Man muß sich aber im klaren darüber sein, daß es bei all diesen Angaben Ausnahmen gibt. Es ist nahezu ausgeschlossen, *Elaphe* mit modernen Kriterien zu definieren. Die Gattung ist vermutlich keine "natürliche" Einheit von direkt miteinander verwandten Arten.

Die weiteren drei Gattungen von Kletternattern unterscheiden sich unterschiedlich deutlich:

Gonyosoma könnte sehr nahe mit Elaphe verwandt sein. Bestimmte Merkmale in der Wirbelsäulenstruktur deuten darauf hin, daß sie zu einer anderen Unterfamilie der *Colubridae* gehören könnte. Von *Elaphe* unterscheidet sie sich wie folgt:

1.) Das fünfte und sechste oder das sechste und siebente Supralabiale berühren das Auge (gewöhnlich das vierte und fünfte bei *Elaphe*);

2.) Schnauze vergleichsweise lang; das Loreale ist langgestreckt rechteckig;

3.) Die posterioren Kinnschilder sind kurz und haben weniger als die halbe Länge des vorderen Paares (beide Paare sind bei Elaphe ungefähr gleichlang);

4.) Die Hemipenes haben längere Stacheln, die sich nicht bis

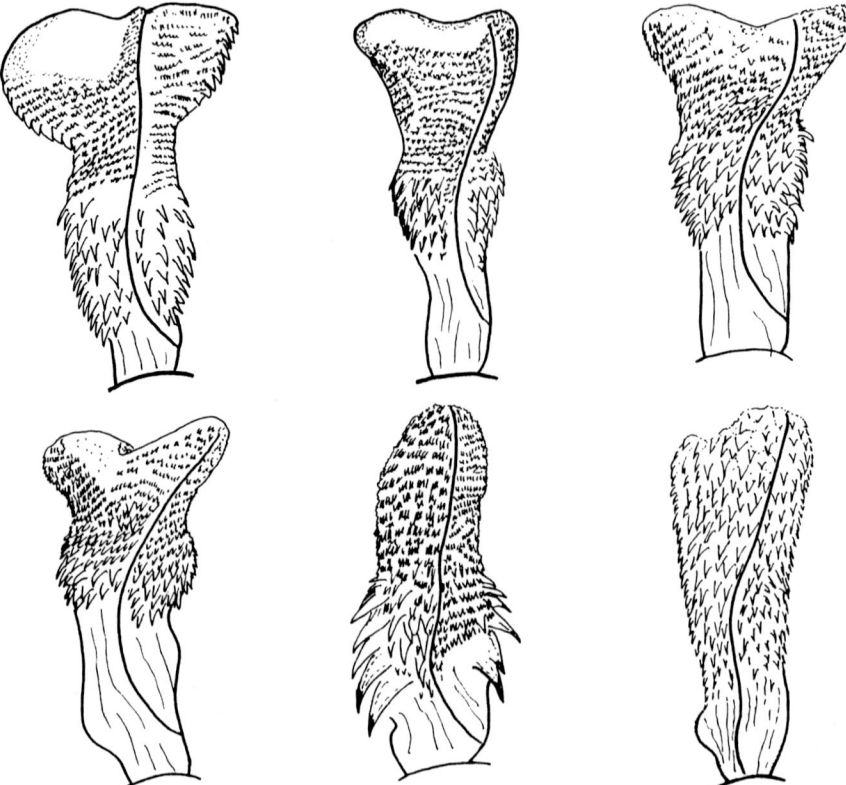

Hemipenes von verschiedenen Kletternattern, verändert nach Dowling (1957) und Dowling & Fries (1987). Obere Reihe von links nach rechts: Elaphe quatuorlineata (Gattungstypus), E. moellendorffi, E. taeniura. Untere Reihe von links nach rechts: Elaphe obsoleta, Senticolis triaspis, Bogertophis subocularis.

zum Spermienleiter erstrecken, so daß eine nackte Fläche auf jeder Seite verbleibt; keine Lappung der Spitze;

5.) Die Jungtiere werden als nahezu einfarbig beschrieben und haben schräg verlaufende, blasse Balken im hinteren Bereich.

Weitere, erhebliche Unterschiede bestehen im Knochenbau des Schädels, der Kiefer und in der Wirbelsäule. Es handelt sich um eine echte Baumschlange mit einem dreieckigen Körperquerschnitt. Man vergleiche hierzu DOWLING (1958: Copeia, 1958 [1]: 29 - 40) für nähere Angaben. Die grüne Farbe der Alttiere ist kein Gattungsmerkmal, und es gibt auch grüne Arten von *Elaphe*.

Bogertophis umfaßt zwei Arten der südwestlichen Vereinigten Staaten und dem nördlichen Mexiko. Diese wurden für lange Zeit als *Elaphe* betrachtet, bis man entdeckte, daß sie näher mit den Kiefernattern der Gattung *Pituophis* verwandt sind. Der Amateur kann sie einfach an dem deutlich von einem schlanken Hals abgesetzten Kopf erkennen, sowie an den 3 bis 7 kleinen Schuppen zwischen Auge und Supralabialia. Diese Schilder werden als Subocularia oder Lorilabialia bezeichnet. Ein einzelnes, kleines, zwischen dem Grund des Präoculare und dem angrenzenden Suprala-

Gonyosoma oxycephala steht möglicherweise nicht im selben Tribus, vielleicht nicht einmal in der selben Unterfamilie wie der Rest der Kletternattern. Foto: A. van den Nieuwenhuizen

biale eingekeiltes Präsuboculare tritt auch bei einigen altweltlichen *Elaphe* sowie unter anderem bei einigen amerikanischen *Coluber* und *Masticophis* auf. Die Hemipenes sind relativ kurz und an der Spitze nicht gelappt wie bei *Elaphe*. Die Originalbeschreibung von DOWLING & PRICE kann in The Snake (1988, 20: 52 - 63) nachgelesen werden.

Die letzte Gattung von Kletternattern ist *Senticolis* mit der mexikanischen und zentralamerikanischen Art *triaspis*, die auch im äußersten Süden von Arizona in den USA vorkommt. Gewöhnlich gelblich bis oliv oder gräulich grün, sind einige Unterarten als Erwachsene ungezeichnet, während andere bis zu 73 braune Flecken haben können. Dem Hemipenis fehlen die Lappen an der

Die im englischen ebenfalls häufig als "Rat Snakes" bezeichneten Schlangen sind die tropische Spilotes pullatus (links; Foto: K.T. Nemuras) und die Arten der Gattung Ptyas - P. korros (unten links; Foto: R.D. Bartlett) und P. mucosus (unten rechts; Foto: C. Banks).
Diese Arten unterscheiden sich in der Beschuppung und den Schädelmerkmalen erheblich von den "Rat Snakes" der Gattung Elaphe. Vermutlich sind sie nur sehr entfernt miteinander verwandt.

Spitze, die für *Elaphe* charakteristisch sind. Die Stacheln sind als basale Haken ausgebildet. Der Kopf ist schmal mit einer langen, eckigen Schnauze. Der Körper ist schlank. Auch hier ist das Loreale langgestreckt und rechteckig. Die Dorsaliareihen zählen 35 bis 39 in der Rumpfmitte. Die Originalbeschreibung von DOWLING & FRIES findet sich in der Herpetologica (1987, 43 [2]: 200 - 207).

Einige weitere Gattungen, wie *Ptyas* aus Asien und *Spilotes* aus dem tropischen Amerika werden ebenfalls mit dem Alternativnamen Rattenschlangen bzw. Hühnerfresser bedacht, sollen hier jedoch nicht im einzelnen behandelt werden. Die einzige Art von *Spilotes pullatus*, ist vom nordöstlichen Mexiko bis in den Norden von Argentinien verbreitet. Sie ist normalerweise schwarz mit einer gelben Bänder- oder Fleckenzeichnung oder gelb mit schwarzen Bändern oder Flecken. Ihr Rücken hat einen deutlichen Kiel, der Körper ist somit im Querschnitt dreieckig. Das Nasale ist ungeteilt (fast immer geteilt bei *Elaphe*), das Loreale kann fehlen oder ist variabel, und es gibt nur 14 bis 18 Dorsalschuppenreihen in der Körpermitte. Diese geraden Werte zeigen, daß eine vertebrale Schuppenreihe fehlt. Völlig ausgewachsen, ist sie erheblich größer und dicker als die Arten von *Elaphe*; sie ist auch äußerst nervös und aggressiv, so daß sie sich nicht gut für das Terrarium eignet.

Die beiden allgemein anerkannten Arten von *Ptyas* sind ebenfalls große, meist bräunliche Schlangen mit einer geringen Anzahl von gekielten oder glatten Dorsalschuppen in nur 16 bis 18 Reihen in der Körpermitte. Manchmal ist eine Vertebralschuppenreihe vorhanden, so daß 15 bis 17 Reihen gezählt werden. Der Körper ist im Querschnitt dreieckig und nicht rund. Im Gegensatz zu den Kletternattern und auch zu *Spilotes* ist das Loreale zwischen dem Postnasale und den Präoculariα deutlich in zwei oder drei kleine Schuppen aufgeteilt. Der Dhaman, *Ptyas mucosus*, bewohnt Indien und Südasien, erreicht eine Länge von mehr als 3,50 Metern und besitzt gewöhnlich unregelmäßige schwärzliche Querbänder auf Rücken und Bauch. Bei ihm zählen die Dorsaliareihen 16 oder 17 in der Körpermitte, die Ventralia 190 bis 213 und die Subcaudalia 100 bis 146. Der ähnliche *Ptyas korros* besiedelt ungefähr das gleiche Gebiet, hat jedoch selten mehr Zeichnung als schwarze Schuppenspitzen. Die Anzahl der Schuppenreihen in der Körpermitte ist geringer (15), ebenso wie die der Ventralia (160 bis 187); dafür sind mehr Subcaudalia vorhanden (120 bis 147). Alle drei tropischen Rattenschlangen werden hin und wieder im Zoohandel angeboten. Anfangs sind sie häufig äußerst aggressiv, gewöhnen sich jedoch im Laufe der Zeit ein.

Als Gattung hat *Elaphe* eine lange und komplizierte Geschichte hinter sich, mit vielen Namen, die sich nach und nach wieder als gültige Gattung durchsetzen. Aufgrund einiger Verwirrung über

Dr. Leonard Stejneger (1850 - 1943) war ein norwegischer Ornithologe und Herpetologe am United States National Museum. Seine 1907 erschienene Veröffentlichung über die Herpetologie von Japan trug erheblich zur Klärung der Verwirrung zwischen den Namen Coluber und Elaphe bei.

die Typusart (die Art, die der Gattungsbeschreiber als Repräsentant der Gattung benennt), wurden die Kletternattern für lange Zeit der Gattung *Coluber* zugerechnet. Nahezu die gesamte Literatur vor 1907 verwendet *Coluber* für Kletternattern. Die folgenden Gattungsnamen beziehen sich im weiteren Sinne auf Elaphe. Um einen Eindruck darüber zu geben, welchen Typus von Schlange der Beschreiber damit unterscheiden wollte, ist die Typusart jeweils in Klammern angegeben:

Elaphe FITZINGER, 1833 (Typus: parreysi = *quatuorlineata*)
Gonyosoma WAGLER, 1828 (Typus: viride = *oxycephala*)
Callopeltis FITZINGER, 1834 (Typus: leopardina = *situla)*
Coelognathus FITZINGER, 1843 (Typus: *radiata*)
Pantherophis FITZINGER, 1843 (Typus: *guttata*)
Cynophis GRAY, 1849 (Typus: bistrigatus = *helena*)
Alopecophis GRAY, 1849 (Typus: chalybeus = *oxycephala*)
Plagiodon DUMêRIL, 1853 (Typus: *radiata*)
Scotophis BAIRD & GIRARD, 1853 (Typus: *alleganiensis = obsoleta*)
Aepidea HALLOWELL, 1860 (Typus: robusta = *oxycephala*)
Phyllophis GöNTHER, 1864 (Typus: carinata)
Allophis PETERS, 1872 (Typus: *nigricaudus = janseni = oxycephala*)
Spaniopholis MOCQUARD, 1897 (Typus: souliei = *carinata)*
Radinophis VOGT, 1922 (Typus: *melli = frenata*)
Pseudoelaphe MERTENS & ROSENBERG, 1943 (Typus: *flavirufus*)
Senticolis DOWLING & FRIES 1987 (Typus: *triaspis*)
Bogertophis DOWLING & PRICE, 1988 (Typus: *subocularis)*

In den folgenden Kapiteln wird versucht, jede Art von Kletternatter zu diskutieren, obwohl zugegebenermaßen das hauptsächliche Augenmerk auf jenen Arten liegt, die gegenwärtig in Terrarien gehalten werden. Die asiatischen Arten sind insbesondere unzureichend bekannt und in jüngerer Zeit nicht bearbeitet worden, sieht man von der teilweisen Revision in Form von einzelnen Aufsätzen durch SCHULZ in der deutschen Zeitschrift „Sauria" ab. Es gibt ernstzunehmende Auffassungen, daß die asiatischen Kletternattern tatsächlich zu zwei oder mehr unterschiedlichen Gattungen gehören, die von der europäischen zu trennen, und daß die nach der jüngsten Teilung in der Gattung verbliebenen amerikanischen Arten wiederum zu einer weiteren Einheit zu zählen sind. Man sollte sich auch nicht dadurch überraschen lassen, wenn einem ein Exemplar begegnet, das keinerlei Ähnlichkeit mit denen in diesem Buch dargestellten hat. Importe aus China und Südostasien halten immer wieder Überraschungen bereit. Darüberhinaus sind die Trivialnamen für die asiatischen Arten nicht standardisiert, so daß etliche verschiedene Arten durchaus unter demselben Trivialnamen angeboten werden können.

Elaphe taeniura friesei, die Taiwanesische Streifennatter, ist eine Unterart der Streifennatter. Man sehe sich vor den verwirrenden Trivialnamen vor!
Foto: J. Merli

Die langgestreckte Schnauze von Senticolis triaspis ist ungewöhnlich, aber nicht einmalig unter den Kletternattern.
Foto: R.D. Bartlett

Die Amerikanischen Arten

Es gibt acht Arten von Kletternatt... n, die das nördliche und zentrale Amerika bewohnen, sowie e... weiteres rundes Dutzend Unterarten, zahlreiche Farb- und Zeichnungsspielarten und reichlich Zuchtformen. Das Ergebnis ist eine sehr komplexe Gruppe von amerikanischen Schlangen. Auf den folgenden Seiten wird versucht, dem Terrarianer und Züchter ein Identifizieren eines bestimmten Exemplares zu ermöglichen und die Situation klar darzustellen. Erschwerend mag hinzukommen, daß sich Änderungen in der Klassifikation selbst bei den relativ gut erforschten Arten der Vereinigten Staaten ergeben. Ein gutes Beispiel sind die kürzlich aufgestellten Gattungen *Senticolis* und *Bogertophis* für die früheren *Elaphe triaspis* und *rosaliae*. Dieser Schritt wird von einigen Systematikern akzeptiert, von anderen in Frage gestellt. Wir haben uns entschieden, diese Gattungen hier anzuerkennen, die Schlangen jedoch weiterhin als "echte" Kletternattern zu behandeln, da die Abgrenzung zu *Elaphe* eher geringfügig ist und diese Arten in der Terrarien- wie herpetologischen Literatur nach wie vor eng mit *Elaphe* verbunden sind. Obwohl die Zuordnung von Unterarten und Farbvarietäten von Quelle zu Quelle differiert, haben wir versucht, alle gewöhnlich anerkannten Subspezies und Morphen der nordamerikanischen Arten zu beschreiben. Aufgrund der Unsicherheiten in der Literatur und dem seltenen Auftreten der mexikanischen und zentralamerikanischen Arten in Menschenhand, werden diese allerdings eher beiläufig abgehandelt.

Der folgende Schlüssel kann bei der Identifikation von nord- und zentralamerikanischen Kletternattern hilfreich sein, besonders dann, wenn man akkurate Schuppenwerte ermitteln kann. Jede Hälfte eines Paares (Beispiel 1a und 1b) wurde als (hoffentlich) klare Alternative zur anderen Hälfte formuliert. Man muß also entscheiden, welche Hälfte besser paßt und zum angegebenen nächsten Paar übergehen. Nicht überrascht sollte man sein, wenn mit diesem Schlüssel nicht jedes Exemplar jeder Art bestimmt werden kann. Es gibt einfach zu viele Variablen in Zeichnung und Beschuppung, als daß ein solchermaßen vereinfachter Schlüssel dazu ausreichend wäre. Andererseits sollte er auch verdeutlichen, wie nahe einzelne Arten mit anderen verwandt sind. Unterarten wurden hier nicht mit eingeschlossen.

1a. Lorilabialia (Subocularia) vorhanden, so daß die Supralabialia das Auge nicht berühren können; kein schwarzer Balken zwischen Auge und Mundwinkel [Bogertophis] ... 2

1b. Mehrere Supralabialia berühren das Auge; keine Lorilabialia ... 3

2a. Adulti oberseits einheitlich oliv bis lohbraun; 277 bis 288 Ventralia; 83 - 88 Subcaudalia; Baja California bis äußerster Süden von Kalifornien ... *B. rosaliae*

2b. Adulti mit braunen Sattelflecken auf hell lohbraunem Grund; Hals mit zwei dunklen Streifen; 260 bis 282 Ventralia; 65 bis 81 Subcaudalia; südwestliches Texas und New Mexico bis Durango in Mexico ... *B. subocularis*

3a. 31 bis 39 Schuppenreihen in der Körpermitte; einheitlich oliv bis lohbraun oder mit 43 bis 73 dunkleren braunen Flecken auf braunem Untergrund; Kopfzeichnung bei Adulti reduziert oder fehlend; 241 bis 282 Ventralia; 87 bis 126 Subcaudalia; äußerster Süden von Arizona bis Costa Rica ... *Senticolis triaspis*

3b. Dorsaliareihen in der Körpermitte selten mehr als 29 oder 31; oftmals mit deutlicher Kopfzeichnung aus einem dunklen Streifen vom Auge zum Mundwinkel; kann oberseits einheitlich

Diese juvenile Kornnatter (Elaphe guttata guttata) zeigt deutlich die rötlichen dorsalen Sattelflecken und die geschlossene "Speerspitze" auf dem Kopf, die für die östlichen Artvertreter typisch sind. Speerspitzenähnliche Kopfzeichnungen sind bei gut einem Dutzend Kletternatterarten, zumindest bei den Jungtieren vorhanden und könnten ein ursprüngliches Zeichnungselement dieses Verwandtschaftskreises darstellen.
 Foto: A. Norman

schwarzbraun sein, vier dunkle Streifen auf dem Rücken haben oder eine Kombination aus beidem besitzen [*Elaphe*] ... 4

4a. Adulti mit vier dunklen Streifen auf rosa lohbraunem oder gräulichem Grund; die unteren Streifen erstrecken sich nicht bis unter die dritte Schuppenreihe; Jungtierflecken häufig noch bei Adulti erkennbar, mehr als 50 in der Zahl; hintere Kinnschilder geteilt; gewöhnlich 9 Supralabialia; ca. 241 Ventralia; 85 bis 103 Subcaudalia; zentrales Texas und nordöstliches Mexiko ... *Elaphe bairdi*

4b. Adulti einfarbig, gefleckt oder mit vier dunklen Streifen, wovon sich die unteren bis auf die zweite Dorsalschuppenreihe erstrecken; weniger als 50 Flecken bei Jungtieren; posteriore Kinnschilder nicht geteilt ... 5

5a. Gewöhnlich 9 oder 10 Supralabialia, wovon drei das Auge berühren; Kopfoberseite meist mit einer aufgebrochenen Zeichnung aus Linien und Flecken; Rücken mit Flecken, die oftmals unregelmäßig zusammenfließen und Gruppen von Zickzack-Zeichen bilden; nordöstliches Mexiko bis Nicaragua ... *Elaphe flavirufa*

5b. Gewöhnlich 8 Supralabialia, wovon zwei das Auge berühren; Kopfzeichnung variabel, wenn gefleckt, fließen die Flecken nur selten zu Zickzack-Zeichen zusammen; Kanada bis nördliches Mexiko ... 6

6a. Kopfzeichnung deutlich; der erste dorsale Sattelfleck mit zwei nach vorn gerichteten Ausläufern, die auf den Kopf erstrecken und dort zu einer "Speerspitze" zusammenfließen; ein breiter dunkler Streifen mit dunkleren Rändern vom Auge bis unterhalb des Mundwinkels; etwa 60 bis 80 Subcaudalia; New Jersey bis Utah und südlich bis Nord-Mexiko ... *Elaphe guttata*

6b. Kopfzeichnung schwach oder fehlend; immer ohne "Speerspitze" ... 7

7a. 45 bis 70 Subcaudalia; Bauch mit deutlicher dunkler Würfelung; gewöhnlich ein dunkler Streifen vom Auge zum Mundwinkel; Körperzeichnung in jedem Alter aus regelmäßigen Sattelflecken; Gegend der Großen Seen ... *Elaphe vulpina*

7b. Etwa 70 bis 100 Subcaudalia; Bauch einfarbig mit dunklen Wolken oder marmoriert, nicht regelmäßig gewürfelt; oftmals kein deutlicher Streifen vom Auge zum Mundwinkel; Körperzeichnung sehr variabel, wobei die Sattelflecken mit dem Alter häufig undeutlich werden, zu Streifen zusammenlaufen oder in der Grundfarbe verschwinden; Südost- Kanada bis Oklahoma und südlich bis in den äußersten Südosten von Texas ... *Elaphe obsoleta*

Elaphe guttata
Kornnatter

Als die vielleicht am landläufigsten in Terrarien gehaltene und am häufigsten nachgezogene Schlange erkennt man die Kornnatter anhand ihrer orangefarbenen bis bräunlichen, quadratischen Sattelflecken auf dem Rücken. Der erste Sattelflecken hat dabei zwei nach vorn gerichtete Ausläufer, die sich bis weit auf den Kopf erstrecken und zwischen den Augen zu einer "Speerspitze" vereinigen. Die Anzahl der Sattelflecken beträgt etwa 28 bis 55. Die Subcaudalia besitzen größere dunkle Flecken mit einer Neigung, zu ununterbrochenen Linien zusammenzufließen. Die gesamte Bauchseite ist bei normal gefärbten Tieren exzessiv rotbraun bis schwarz gefleckt; bei einigen Wildfangexemplaren und bestimmten Zuchtformen kann diese Fleckung jedoch fehlen. Der Streifen zwischen Auge und Mundwinkel erstreckt sich wenigstens bis auf den unteren Halsbereich und hat ein helleres, häufig rotes Zentrum und dunklere, häufig schwarze Ränder. 200 bis 240 Ventralia; 60 bis 80 Subcaudalia; Analschild geteilt.

Kornnattern sind für den Anfänger eine exquisite Wahl, denn sie sind einfach erhältlich und als Nachzuchttiere recht erschwinglich. Das Terrarium sollte einen Bodengrund aus einem Sand/Torf-Gemisch oder ein vergleichbares Substrat haben sowie einige Kletteräste aufweisen. Eine Bodenheizung oder ein beheizter Stein sind ebenso wie ein standfestes Wassergefäß erforderlich. Die Beleuchtung sollte neben einem Wärmestrahler täglich für 10 bis

Elaphe guttata guttata, Kornnatter

12 Stunden in Betrieb sein. Wie bei der Haltung jeder Schlange müssen geeignete Versteckmöglichkeiten zur Verfügung stehen. Eine mittlere Tagestemperatur von etwa 27°C ist ausreichend; die Temperatur sollte nachts etwas absinken. Kornnattern fressen Mäuse - entweder lebend oder tiefgefroren aufgetaut - ohne Probleme.

Viele Kornnattern werden in ihrem zweiten, spätestens aber im dritten Lebensjahr geschlechtsreif. Um einen Nachzuchterfolg zu gewährleisten, sollte - wie bei den meisten anderen Kletternattern auch - eine Überwinterung bei niedrigen Temperaturen durchgeführt werden. Die meisten Terrarianer empfehlen hierzu 5 bis 15°C für wenigstens zwei Monate, wobei Kletternattern aus kühleren Klimazonen auch bis zu fünf Monate Überwinterung vertragen. Allerdings stammen die meisten Kornnattern aus dem Südosten der Vereinigten Staaten, also aus einer warmen Umge-

bung. Dazu ist die Temperatur über einen Zeitraum von zwei bis drei Wochen nach und nach zu senken, währenddessen die Schlange stets Wasser, jedoch kein Futter zur Verfügung hat. Es darf sich bei Beginn der Winterruhe kein Futter mehr im Verdauungstrakt befinden. Nach Ablauf der Winterruhe wird die Schlange langsam über mehrere Tage hinweg wieder an wärmere Temperaturen gewöhnt, wodurch Spermien und Eizellen zur Reife gelangen.

In der Natur findet die Paarung gewöhnlich zwischen April und Juni statt, und die normalerweise 10 bis 15 Eier werden etwa einen Monat danach abgelegt. Die Inkubationsdauer beträgt etwa 9 bis 12 Wochen. Die Schlüpflinge fressen gewöhnlich nicht vor ihrer ersten Häutung, nehmen dann aber nestjunge Mäuse an.

Zwei Unterarten werden gemeinhin anerkannt, während eine dritte umstritten ist.

Gesamtverbreitung von
Elaphe guttata

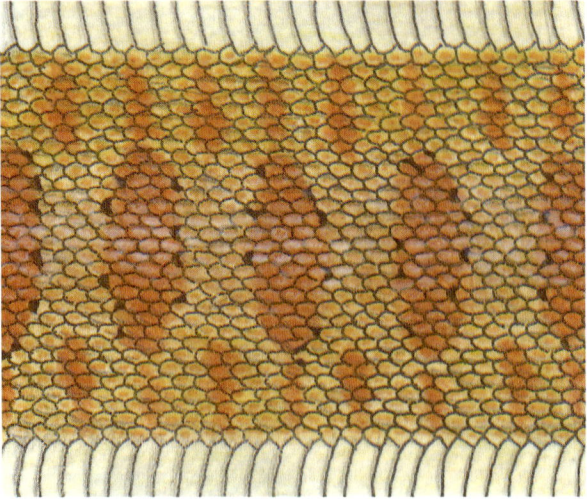

Typische Farbzeichnungen über die Rumpfmitte bei den Kornnatter- Unterarten. Von oben nach unten: E. guttata guttata, E. guttata emoryi und E. guttata rosacea (zweifelhafte Unterart).

Elaphe guttata guttata
Kornnatter

Die Nominatform der Kornnatter ist die weitaus am häufigsten im Terrarium gehaltene Unterart von Elaphe guttata. Sie ist dabei mehr als nur beliebt, sie ist eigentlich die Verkörperung der Terrarienschlange schlechthin. Müßte man eine einzige Art benennen, die die Schlangen der Welt in typischer Weise repräsentieren soll, wäre die Kornnatter eine ausgezeichnete Wahl. In jeglicher Hinsicht ist sie gemäßigt - sie ist mäßig groß, mäßig temperamentvoll und bevorzugt selbst einen gemäßigten Lebensraum bei mäßigen Temperaturen.Die Kornnatter ist eine der umgänglichsten Schlangen überhaupt, ist die Eingewöhnungsphase erst einmal überwunden, und damit für jeden Terrarianer geeignet. Es mag vielleicht noch friedfertigere Arten geben, jedoch sind diese meistens so scheu, daß sie sich kaum aus ihren Verstecken wagen, daher schlecht fressen und somit für die Haltung generell weniger geeignet sind. Diese Probleme wird man mit einer Kornnatter selten haben. Stattdessen "gedeiht" sie in Gefangenschaft regelrecht, so daß ihre Vermehrung sehr leicht gelingt. Nach Auffassung der Autoren gibt es wohl kaum eine Schlange, die einem werdenden Terrarianer mehr zu empfehlen wäre.

Sie ist darüberhinaus eine sehr attraktive Schlange mit einer ansprechenden, augenfälligen Zeichnung. Gegenwärtig werden eine ganze Reihe von Farbschlägen gezüchtet, die in die folgenden Hauptkategorien einzuordnen sind. Neue Varietäten erscheinen jedes Jahr, so daß ein regelmäßiger Besuch bei einem spezialisierten Züchter durchaus lohnt. Während die Vermehrung von Terrarientieren normalerweise die Erhaltung der typischen Merkmale einer Art oder Unterart zum Ziel hat, ist die Bearbeitung der Farbschläge der Kornnatter ein gutes Beispiel für eine wirkliche Züchtung von Schlangen auf bestimmte Zuchtziele hin.

Normalzeichnung: Die Dorsalschuppen (in 27 bis 29 Reihen) sind schwach gekielt oder nahezu glatt und glänzend. Eine Reihe von quadratischen, orange-braunen, dorsalen Sattelflecken mit schwarzen Rändern und manchmal noch einem zusätzlichen, schmalen weißen Rand liegt auf einer orangefarbenen bis gräulichen, gewöhnlich leicht rosa lohbraunen Grundfarbe. Kleinere Flecken auf den unteren Flanken alternieren mit den Sattelflecken, und eine dritte Reihe eher undeutlicher Flecken tritt knapp oberhalb der Ventralia auf. Die Ventralschuppen sind weißlich bis hell orange mit großen schwarzen bis rotbraunen, unregelmäßig geformten und verteilten, in etwa quadratischen Flecken. Die Quader auf der Schwanzunterseite werden zu unterbrochenen schwarzen Streifen.

Eine keilförmige, rote Markierung mit schwarzen Rändern (die

Eine Kornnatter (E. guttata guttata) mit dunklen, sich deutlich von der Grundfarbe abhebenden Sattelflecken. Man beachte die klaren, schwarzen Ränder jedes Flecks. Foto: R. Everhart

"Speerspitze") verläuft vom Nacken bis zwischen die Augen. Ein roter Streifen mit schwarzen Rändern liegt vor den Augen, und ein ebenfalls schwarz gesäumter, roter Streifen erstreckt sich vom Auge zum Mundwinkel. Die Labialia sind weiß mit vereinzelt deutlich schwarzen Vertikalrändern.

Farbe und Zeichnung variieren erheblich mit dem geographischen Fundort und ebenso mit dem Individuum. So haben Tiere aus dem Süden von Florida orangefarbene Flecken auf grauem Grund. In manchen Gegenden gibt es Exemplare mit leuchtenden, klaren, roten Zeichnungselementen auf orangefarbenem Grund, die zusammen mit eher unauffälligen, rötlich braunen auf grauem Grund vorkommen. Allerdings tritt immer zumindest ein

Anzeichen von Rot in den dorsalen Sattelflecken auf.

Amelanistische Mutation: Diese Varietät kommt zwar gelegentlich auch in freier Wildbahn vor, ist allerdings eher eine häufige Erscheinung im Zoohandel, da sie gezielt gezüchtet wird. Amelanismus ist eine genetische Mutation, wodurch "typische" Albinos entstehen. Den betreffenden Tieren fehlt die Fähigkeit, schwarzes Pigment (Melanin) zu erzeugen, so daß sich ihre Färbung erheblich verändert. Nicht nur, daß Schwarz völlig fehlt, auch alle anderen Farben werden durch das Fehlen der schwarzen Bestandteile entsprechend verändert. Die Folge ist häufig eine Kombination von gelben, orangefarbenen oder roten Flecken auf einer hell rosa- bis orangefarbenen Grundfärbung. Die Augen sind dabei

Bei dieser Kornnatter (E. guttata guttata) heben sich die Sattelflecken nur undeutlich von der Grundfärbung ab, und die schwarzen Ränder sind zu feinen Linien reduziert. Foto: R. Everhart

rosa bis rötlich orange. Es handelt sich um ein rezessiv vererbtes Merkmal.

Anerythristische Mutation: Auch dies ist eine natürlich auftretende Varietät, die für terraristische Zwecke gezielt gezüchtet wird. Den entsprechenden Tieren fehlen die roten und orangefarbenen Komponenten, so daß die Zeichnung aus gelben, braunen, schwarzen, grauen und weißen Tönen besteht. Der Anteil an Gelb variiert und vermischt sich bisweilen mit anderen Farben zu einem leicht lavendelfarbenen Ton. Es handelt sich auch hier um ein rezessives Merkmal. Da zwei verschiedene Gene davon betroffen sein können, ist das Mendeln nicht immer ganz einfach.

"Snow" Albinos: Diese Form von Albinos wurde durch Auswahlzucht erzielt und tritt in der Natur nicht auf. Die entsprechenden Tiere haben eine deutliche Zeichnung aus Weiß, Gelb, Hellrot und

Orange. Die Färbung variiert, jedoch ist diese Form immer bemerkenswert weiß. In der Tat gibt es Tiere, die nahezu einfarbig gräulich-weiß sind. "Snow"-Kornnattern entstehen aus der Kreuzung von amelanistischen und anerythristischen Eltern.

"Blutrot": Diese Varietät kommt in der Natur nicht vor, sondern entsteht durch Auswahlzucht. Sie hat eine deutlich orange Grundfarbe mit rotorangen Flecken sowie wenig bis kein Schwarz. Die Bauchseite ist nahezu vollständig rot mit reduzierter oder völlig fehlender Fleckung. Dies ist die einzige "menschgemachte" genetische Varietät, die bisher nachteilige Eigenschaften aufweist. Die Jungtiere sind bisweilen scheu, wachsen langsam und sind schwierig in der Aufzucht. Der genetische Hintergrund ist noch nicht völlig aufgeklärt.

Gestreifte Mutation: Die Entstehung dieser Varietät läßt sich bis

Oben: Ein Vergleich von albinotischen und normal gefärbten Kornnattern (E. guttata guttata). Die hier gezeigten normalen Tiere haben die für Schlüpflinge typische, kontrastreiche, dunkle Zeichnung. (Foto: K.T. Nemuras). Unten: Vergleich einer albinotischen (amelanistischen) Kornnatter (E. guttata guttata) mit einer recht dunklen normal gefärbten. Man beachte die weißen Ränder der Sattelflecken bei dem Albino. Foto: R. Everhart

Albinotische Kornnattern (E. guttata guttata) unterscheiden sich erheblich in der Färbung. Einige können bestechend schön sein (oben), während andere weniger kontrastreich sind. Seit Erscheinen der ersten Albinos ist ihr Marktwert um wenigstens 80% gefallen, und diese Zuchtform kann heute schon eher als gewöhnlich gelten.
Fotos: J. Visser (oben) und W.B. Allen jnr. (unten)

Anerythristische Kornnattern (E. guttata guttata) werden bisweilen als melanistische Varietät angeboten, was technisch unrichtig ist. Melanistische Exemplare wären überwiegend schwarz ohne deutliche Zeichnung. Diesen Schlangen fehlt lediglich das rote und orange Pigment. Foto: K.T. Nemuras

zu den Versuchen eines einzelnen englischen Züchters (Mike NOLAN) zurückverfolgen, bei dem eine einzelne Mutation in einem Gelege auftauchte. Darauf basierend, konnte er einen Zuchtstamm mit diesem Merkmal aufbauen, so daß diese Form heute eher erhältlich ist. Im Grunde ist dabei die normale Zeichnung durch Längsstreifen auf dem Rücken und entlang der Flanken ersetzt; Flecken fehlen völlig. Die Streifung kann mit anderen Farbmutationen verkreuzt werden, so daß die Züchter - stets auf der Suche nach etwas Neuem - nunmehr versuchen, einige ungewöhnlich prächtige Formen zu produzieren. Die Fruchtbarkeitsrate ist allerdings gering.

Eine Reihe weiterer, erst in den letzten Jahren entwickelter Varietäten verdient eine kurze Bemerkung. "Creamsicles" sind hell orangefarbene, amelanistische Kornnattern aus der Kreuzung von normalen Prärie- Kornnattern (*E. g. emoryi*) mit amelanistischen

E. g. guttata. "Motley" hat keine dunkle Ventralzeichnung und eine Mischung aus einer Sattelflecken- und Streifenzeichnung. Bei "Zickzack" sind die dorsalen und die lateralen Flecken teilweise verschmolzen, so daß ein unregelmäßiges Zickzack-Muster entsteht. An etlichen weiteren Mutationen und Kreuzungen wird gegenwärtig kommerziell gearbeitet. Weiterhin gibt es Hinweise auf Kreuzungsversuche mit Kiefernattern (*Pituophis melanoleucus*) und Kalifornischen Kettennattern (*Lampropeltis getulus*). Wer weiß schon, was im nächsten Jahr Mode ist?

Wenn dieses Geschäft mit den Genen wie bisher weitergeht, wird es wohl bald ebenso schwierig sein, eine Kornnatter zu beschreiben wie die Farbe einer typischen Hauskatze . Andererseits werden durch Zuchtwahl auch einwandfrei gesunde Tiere produziert, die für die Terrarienhaltung geeignet sind. Man denke aber auch daran, daß die hier beschriebenen Varietäten sich nur

Dieses Jungtier von E. guttata guttata der Zuchtform "Blutrot" hat noch eine relativ klare Zeichnung, jedoch ist zu erkennen, wie sehr Grundfarbe und Zeichnung einander ähneln. Mit zunehmendem Wachstum werden die Sattelflecken immer undeutlicher und verschwinden letztlich völlig. Foto: R.D. Bartlett. Unten: E. guttata guttata "Snow" ist das Produkt einer Kreuzung zwischen den Zuchtformen "Amelanistisch" und "Anerythristisch". Einige Exemplare haben eine bestechende Perlmuttfärbung auf weiten Körperbereichen. Foto: J. Wines

in Färbung und Zeichnung unterscheiden. In jeder anderen Hinsicht sind alle Versionen *Elaphe guttata guttata*, einschließlich Größe, Form, Beschuppung und Anatomie. Natürlich trifft das nicht auf Kreuzungen mit anderen *Elaphe*-Arten oder gar Vertretern anderer Gattungen zu.

Nachfolgend einige durchschnittliche Abmessungen dieser Unterart:

Gesamtlänge 1300 mm; maximale Gesamtlänge 1830 mm; Schwanzlänge 180 mm; größter Durchmesser 32 mm; Kopflänge 35 mm.

Dadurch daß überall Kornnattern vermehrt werden, ist es beinahe unerheblich, Angaben zur Verbreitung zu machen. Entwichene Exemplare können bereits überall in den USA angetroffen werden, und zumindest im Terrarium kommt die Kornnatter weltweit vor. Die natürliche Verbreitung erstreckte sich ursprünglich vom südlichen New Jersey bis Florida, westlich bis ins zentrale Louisiana und ins südwestliche Tennessee. Sie ist besonders in den südöstlichen Bereichen häufig.

Oben: Eine adulte "Blutrote" Kornnatter (E. guttata guttata) in all ihrer Pracht. Foto: W.P. Mara. Unten: Ein Jungtier der "Gestreiften" Kornnatter (E. guttata guttata). Foto: P.H. Briggs dank Lloyd Lemke

Eine Kornnatter (E. guttata guttata) der Zuchtform "Motley" (Foto: W.P. Mara).

Eine "Gestreifte" Kornnatter (E. guttata guttata). Foto: R.D. Bartlett.

Gattungshybriden. Oben ein Jungtier, das aus der Kreuzung einer albinotischen Lampropeltis triangulum sinaloae und einer albinotischen Elaphe guttata guttata entstanden ist. Unten: Kornnatter der Zuchtform "Jungle" aus Lampropeltis getulus californiae und Elaphe guttata guttata. Königsnattern (Lampropeltis) und nordamerikanische Elaphe sind offenbar nahe verwandt.
Fotos: W.P. Mara

Elaphe guttata emoryi
Präriekornnatter

Die Prärie-Kornnatter ist Unterart von *E. guttata*. In älteren Arbeiten wurde sie als eigenständige Art angesehen und z.T. als *E. laeta* bezeichnet. Der Name *emoryi* ist jedoch älter und hat daher Vorrang. Es ist bekannt, daß die Unterart mit der Nominatform intergradiert (vgl. DOWLING 1951: Copeia, 1951 [1]: 39 - 44 und RAYMOND & HARDY 1983: Southwestern Naturalist, 28 [1]: 105 - 107). Die Präriekornnatter wurde früher in zwei Unterarten aufgespalten, wobei die zweite als *intermontana* bekannt war (WOODBURY & WOODBURY, 1942: Proc. Biol. Soc. Washington, 55: 133 - 142). Heute betrachtet man jedoch die Unterschiede als zu geringfügig, um eine formelle Anerkennung zu rechtfertigen.

Verglichen mit der Kornnatter ist die Präriekornnatter erheblich weniger farbenprächtig, obwohl sie in den meisten Einzelheiten der Zeichnung gut übereinstimmt. Die Grundfarbe des Rückens ist gräulich bis bräunlich, die Sattelflecken sind braun mit einem dünnen schwarzen Rand. Ähnliche, jedoch kleinere Flecken liegen auf den Seiten. Die Bauchseite ist gelblich weiß mit grauen oder braunen Flecken, die sich posterior verdichten und auf der Schwanzunterseite zu Streifen verbinden. Die Kopfzeichnung entspricht der typischer Kornnattern und besteht ebenfalls aus einer geschlossenen "Speerspitze" und einem breiten Schnauzenband sowie einem Band zum Mundwinkel. Im Unterschied weisen diese jedoch keine roten Zentren auf. Die Schlange ist kleiner als ihre östliche Verwandte, mit einer durchschnittlichen Länge von 700 mm, bei einer Maximallänge von 1530 mm. Die Verbreitung liegt hauptsächlich westlich des Mississippi zwischen Kansas und Missouri, südlich durch New Mexico und Texas bis weit hinein in den Nordosten von Mexiko. Isolierte Populationen sind aus den Bundesstaaten Utah und Colorado bekannt, und die Schlange kommt ebenfalls im südwestlichen Illinois vor. Übergangsformen zu *E. g. guttata* sind im westlichen Louisiana und angrenzenden Teilen von Texas und Arkansas verbreitet.

Elaphe guttata rosacea
Rosa Kornnatter

Seit Jahren streiten sich die Herpetologen über die korrekte Klassifikation der Rosa Kornnatter. BOULENGER betrachtete sie lediglich als eine Farbform der Präriekornnatter - zu jener Zeit unterlag das Artkonzept eher einer lockeren Auffassung, und die Bedeutung geographischer Verbreitung wurde nicht erkannt - während COPE und DITMARS ihr Artstatus zumaßen. Unter Betrachtung aller Aspekte scheint diese Form allenfalls eine schwach abgrenzbare Unterart von *E. guttata* darzustellen, und wir wollen sie hier

Eine Präriekornnatter (*E. guttata emoryi*) mit einer nicht ganz vollständigen "Speerspitze". Foto: C. Banks

als solche behandeln. In den jüngsten Checklisten und Führern wird sie allerdings als Synonym von *E. g. guttata* betrachtet.

Die Rosa Kornnatter kommt lediglich auf den Lower Keys vor Florida vor und ist selten, was schade ist, da es sich um eine attraktive Schlange handelt. Die Körperfarbe ist rosabraun mit tief rosa

Spencer Fullerton Baird (1823 - 1887) war die treibende Kraft in der modernen amerikanischen Herpetologie und Ornithologie. Er verwendete seine Position im Smithsonian Institut, um Ärzte und freiwillige Amateur-Naturforscher in der Armee während der frühen Entdeckungsreisen in den Wilden Westen zum Sammeln von Material zu animieren. Er beschrieb einschließlich der Präriekornnatter 19 nordamerikanische Schlangenarten in 11 Gattungen.

Präriekornnattern (E. guttata emoryi) aus Texas oben (Foto: R.D. Bartlett) und Nebraska unten (Foto: J. Iverson).

Kornnattern, die man der Unterart E. guttata rosacea zusprechen könnte. Das obere Foto (von R.D. Bartlett) zeigt ein Tier von den Lower Keys. Es hat stark reduzierte schwarze Ränder um die Sattelflecken und fast keine untere Fleckenreihe. Die untere Abbildung (von J. Iverson) zeigt ein Exemplar von Big Pine Key in Florida (obere Lower Keys), dem nahezu die gesamte Kopfzeichnung fehlt und das ebenfalls eine verminderte Schwarzzeichnung auf dem Rücken hat. Die meisten Herpetologen halten rosacea lediglich für eine Varietät der variablen Kornnatter (E. guttata guttata) mit extremer Zeichnungsreduktion aus dem äußersten Süden der Verbreitung.

oder zinnoberroten Sattelflecken. Vier schwache, schmale Streifen erstrecken sich vom Hals bis zum Schwanz. Die schwarze Einfassung der Sattelflecken ist schwach oder fehlt bei den meisten Exemplaren. Die Bauchseite ist weniger gefleckt und kann einen Anflug von orange haben. Die dorsalen Flecken sind etwa 6 Dorsalschuppen lang und 21 bis 23 Schuppen breit und haben vorn und hinten schwarze Ränder. Ansonsten ist diese Unterart *E. g. guttata* aus Florida sehr ähnlich.

Elaphe flavirufa
Mexikanische Nachtnatter

Diese seltene Art von *Elaphe* aus Mexiko und Zentralamerika wird kaum im Terrarium gehalten, obwohl es sich zweifelsfrei um eine sehr schöne Schlange handelt. Eng mit *E. guttata* verwandt, überlappt ihr Verbreitungsgebiet geringfügig das der Präriekornnatter im nordöstlichen Mexiko. Die Nachtnatter unterscheidet sich hauptsächlich durch den Besitz von mehr Supralabialschildern, d.h. 9 bis 10 gegenüber gewöhnlich 8. Die etwas größere Länge des Maules spiegelt sich in diesen Werten und in der Tatsache, daß drei Supralabialia das Auge berühren, wieder. Bei der Kornnatter sind es nur zwei. Darüber hinaus haben nur wenige Kornnattern mehr als 27 oder 29 Dorsaliareihen in der Körpermitte, während viele Nachtnattern 31 oder gar 33 Reihen besitzen. Die Anzahl der Ventralia ist mit 245 bis 269 hoch, ebenso die der Subcaudalia mit 96 - 122; beide Werte liegen außerhalb der Variationsbreite der Kornnatter. Das Anale ist geteilt.

Wie die Kornnatter ist dies eine Schlange mit großen dorsalen Sattelflecken von oftmals kräftiger rotbrauner Farbe mit einer dünnen schwarzen Einfassung und manchmal einer zusätzlichen weißen Linie. Die Grundfarbe variiert gewöhnlich mit dem Individuum und der Herkunft zwischen grau und lohbraun, ähnlich wie bei *E. guttata*. Es können 29 bis 46 Sattelflecken vorhanden sein, wobei bei den meisten Exemplaren eine unterschiedliche Anzahl von Flecken zu unregelmäßigen Zickzack-Mustern verschmolzen sind. Somit kann ein Tier einige deutliche Sattelflecken haben, auf welche drei oder zehn oder auch mehr teilweise verbundene Flecken folgen, die wieder von einigen Sattelflecken abgelöst werden, denen ein Stück Zickzackband folgt und so weiter. Der Bauch ist gewöhnlich im vorderen Bereich weißlich und häufig im hinteren dunkler gräulich mit wenigen schwärzlichen Flecken, die zumeist seitlich liegen.

Eines der hauptsächlichen Unterscheidungsmerkmale zur Kornnatter - und in gewisser Weise als Annäherung an die Fuchsnatter - ist die Kopfzeichnung. Anstelle des breiten Bandes vor und der Speerspitzen- Zeichnung zwischen den Augen, besitzt die

Elaphe flavirufa (phaescens-Typ), Mexikanische Nachtnatter

Nachtnatter lediglich einige verstreute Flecken auf dem Kopf. Nur gelegentlich treten Spuren einer Speerspitzen-Zeichnung und eines Präorbitalbandes auf; sie sind jedoch niemals so deutlich wie bei der Fuchsnatter selbst, die im Vergleich zur Kornnatter bereits ein sehr reduziertes Kopfmuster hat.

Vorübergehend wurden bis zu fünf Unterarten der Nachtnatter anerkannt, die von vielen heutigen Autoren jedoch als zweifelhaft betrachtet werden. Die Dorsalzeichnung kann in drei Gruppen zusammengefaßt werden:

1.) *flavirufa*-Typ: Vertebrale Sattelflecken häufig zu Zickzackbändern verschmolzen; die einzelnen Sattelflecken sind oval bis quadratisch und von den eher großen Lateralflecken getrennt. Diesem Typus entsprechen die Unterarten *E. f. flavirufa* (nordöstliches Mexiko, Tamaulipas bis Campeche; Präoculare geteilt; 31 Dorsaliareihen in der Körpermitte) und *E. f. polysticha* (Bay Islands, Honduras; Präoculare geteilt; 33 - 34 Dorsaliareihen).

2.) *phaescens*-Typ: Vertebrale Sattelflecken deutlich, oval mit unregelmäßigen Ausläufern nach vorn und hinten, so daß jeder Sattel am vorderen und hinteren Rand konkav ist. Diese Flecken sind von den großen Lateralflecken getrennt; die Kopfzeichnung ist symmetrischer als bei den anderen Unterarten (Yucatan, Mexiko).

3.) *matudai*-Typ: Das vertebrale Muster aus verbreiterten Flecken

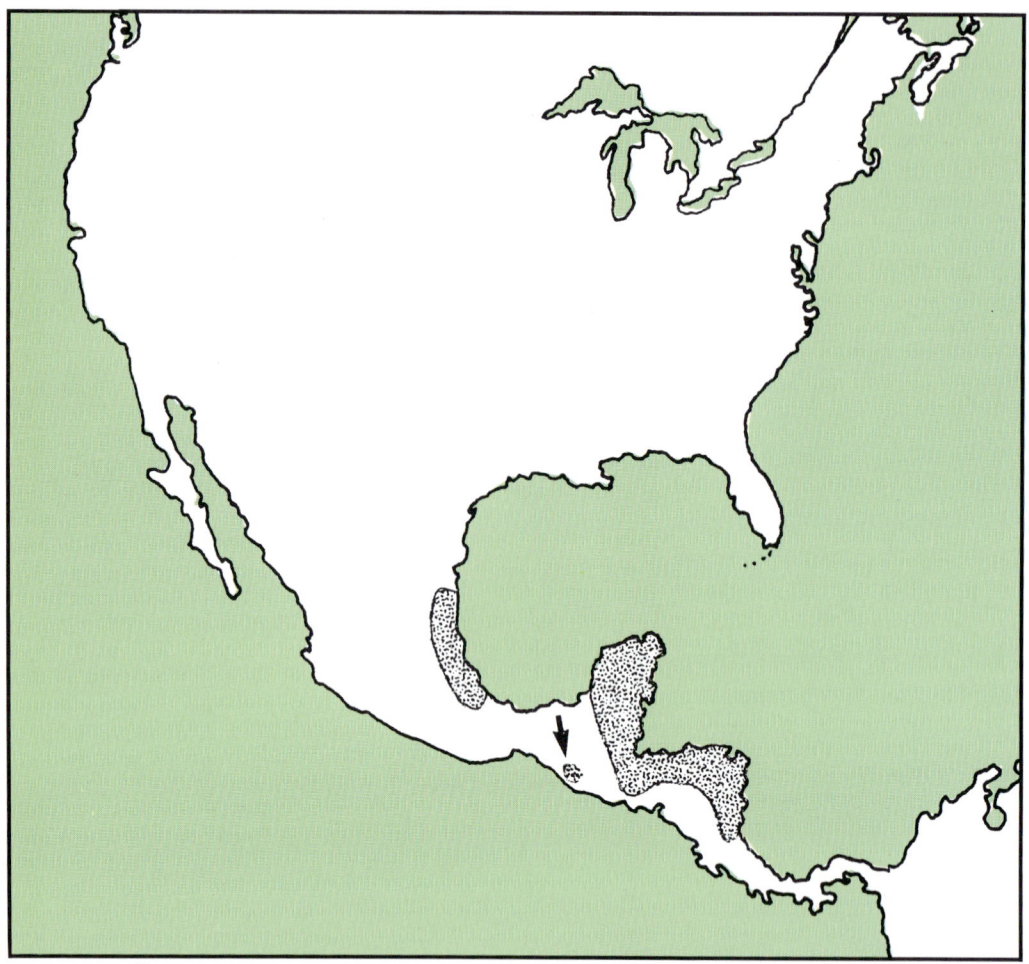

Gesamtverbreitung von Elaphe flavirufa

Eine junge Mexikanische Nachtnatter (E. flavirufa) mit der für die Art typischen Zickzack-Zeichnung. Die bereits reduzierte Kopfzeichnung bei diesem Tier verblaßt mit zunehmendem Alter noch mehr. Foto: K.H. Switak

Typische Dorsalzeichnung der einzelnen E. flavirufa-Unterarten (nach DOWLING 1952): 1.) E. flavirufa flavirufa, 2.) E. flavirufa pardalina, 3.) E. flavirufa phaescens, 4.) E. flavirufa matudai. 5.) Eine erwachsene Mexikanische Nachtnatter (E. flavirufa pardalina). Foto: R.D. Bartlett

oder Sattelflecken ist mit den Lateralflecken verbunden und reicht somit bis auf die zweite oder dritte Schuppenreihe oberhalb der Ventralia (Chiapas, Mexiko). Diese Unterart wurde anhand eines einzelnen Exemplares beschrieben, das vor mehr als 50 Jahren am Pazifikhang Mexikos gesammelt wurde und bis heute anscheinend einzigartig geblieben ist. Es wurde vermutet, daß es sich dabei um ein aberrantes Exemplar von E. f. pardalina handelt, jedoch bleibt dann immer noch die abweichende Zeichnung.

Nachtnattern sind hauptsächlich nachtaktiv, was eine Erklärung für die spärliche Anzahl von Exemplaren in den Sammlungen sein kann. Es handelt sich um eine ziemlich großwüchsige Schlange von bis zu 1650 mm, jedoch sind die Tiere im Mittel nur um 900 mm lang. Es gibt keine Veranlassung anzunehemen, daß sich ihre Haltung wesentlich von der von Kornnattern unterscheidet.

Elaphe vulpina
Fuchsnatter

In vielerlei Hinsicht könnte man die Fuchsnatter als nördliche Varietät der Kornnatter betrachten. Die Verbreitungsgebiete überlappen einander knapp, wobei die Fuchsnatter hauptsächlich in den Graslandschaften des östlichen Nebraska ostwärts bis in den Norden von Illinois und dem gesamten Wisconsin zuhause ist. Eine isolierte Population existiert im Norden von Ohio und im angrenzenden Kanada. Die Art läßt sich eher durch Vergleiche als durch einzelne feststehende Merkmale diagnostizieren. Auf den ersten

Selbst wenn Jungtiere der Nachtnatter (links) eine deutlichere Kopfzeichnung als Adulti (unten) haben, ist diese jedoch niemals so deutlich wie bei der Kornnatter. Man beachte die drei das Auge berührenden Supralabialia beim unten gezeigten Tier.
Fotos: P. Freed (links) und P.H. Briggs dank Lloyd Lemke (unten)

Hinsichtlich Erscheinungsbild und Verhalten erinnern Fuchsnattern stark an Kornnattern. Trotz ihrer sehr großen Friedfertigkeit werden sie vergleichsweise selten vermehrt. Rechts eine östliche Fuchsnatter (E. vulpina gloydi) (Foto: J.T. Kellnhauser), unten eine Westliche (E. vulpina vulpina) (Foto: R.D. Bartlett). Viele Exemplare beider Unterarten haben kupferrote Köpfe.

Blick erscheinen viele Fuchsnattern gedrungener und rauher als Kornnattern, jedoch ist das eher eine subjektive Meinung. Die Kopfzeichnung, deutlich ausgeprägt bei Jungtieren, fehlt oder ist schwach oder nur angedeutet bei erwachsenen Exemplaren. Sie ähnelt allerdings in gewisser Weise der von *E. g. emoryi*, ohne daß jedoch die "Speerspitze" vollständig wäre. Einige Adulti beider Unterarten haben deutlich rötliche Köpfe. 28 bis 51 dorsale Sattelflecken sind vorhanden; sie sind gewöhnlich dunkelbraun bis schwarz auf grauem bis lohbraunem Grund. Die Bauchseite ist wie bei *E. guttata* deutlich gewürfelt. Die Anzahl der Ventral- und Subcaudalschilder ist geringer als bei Jungtieren von *Elaphe o. obso-*

leta, die ein durchaus ähnliches Farbkleid tragen können; es sind weniger als 216 Ventralia bei vulpina und mehr als 220 bei obsoleta, bzw. 45 bis 70 Subcandalia bei ersterer und 70 bis 98 bei zweiterer.

Natürlich frißt die Fuchsnatter keine Füchse. Der Trivialname fußt vermutlich auf dem leicht wildartigen Geruch der Schlange, oder die Färbung des Kopfes wurde mit dem Pelz eines Fuchses verglichen.

Als eine der friedfertigsten Kletternattern sind die gelegentlich erhältlichen Fuchsnattern recht gut für die Terrarienhaltung geeignet. Allerdings lassen sie sich anscheinend nicht in beliebigen Stück-

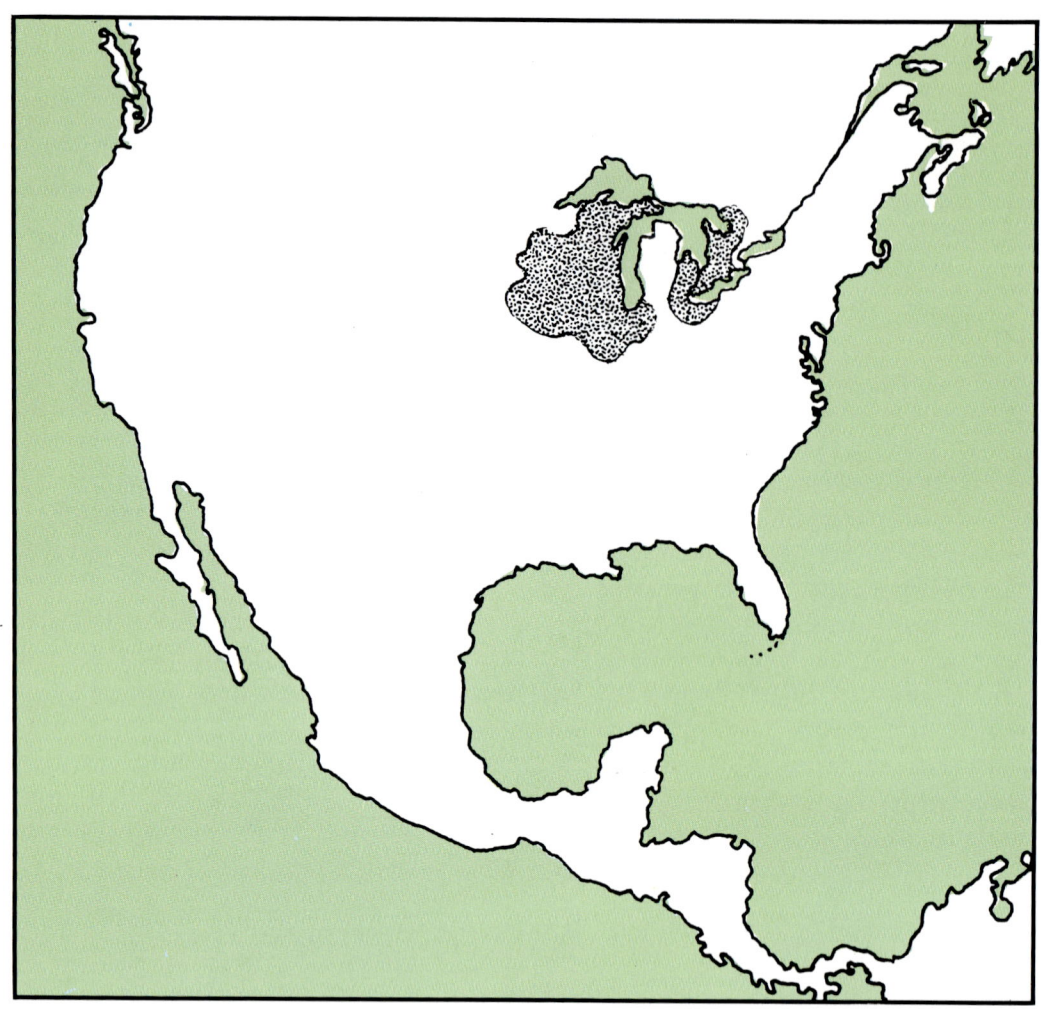

Gesamtverbreitung von Elaphe vulpina

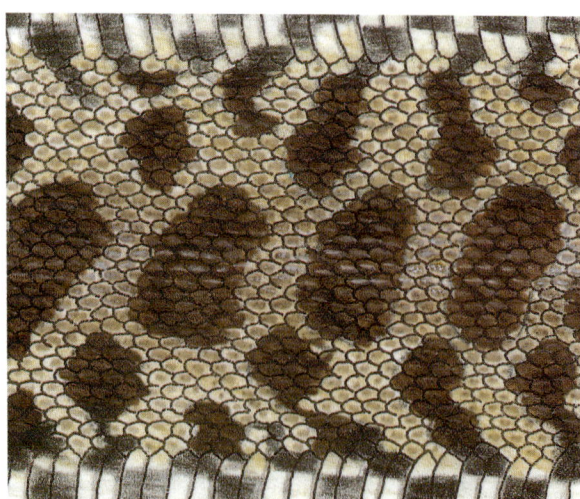

Elaphe vulpina, Fuchsnatter

zahlen vermehren. Anfangs heben sie noch den Kopf und Hals an, wenn man sich ihnen nähert, zischen und beißen. Jedoch gewöhnen sie sich äußerst schnell ein, nach DITMARS werden sie sogar „zahmer" als die Pilotnatter und selbst noch „zahmer" als die Kornnatter. Beim Fang oder beim ersten Kontakt wird jedoch sofort eine übelriechende Flüssigkeit aus den Analdrüsen abgegeben, die ihnen auch den Wildgeruch verleiht. Die östliche Unterart hat ein sehr begrenztes Verbreitungsgebiet, welches zudem erheblichen Veränderungen und Zerstörungen durch den Menschen unterliegt. Beide Subspezies ähneln einander sehr.

Die Haltungsbedingungen für die Fuchsnatter entsprechen weitgehend denen der Kornnatter; auch sie frißt gierig Mäuse. Zur Fortpflanzung ist eine wenigstens dreimonatige Winterruhe bei 10 bis 15°C erforderlich. Die Gelege sind mit mehr als 20 Eiern häufig groß und benötigen etwa 60 Tage bis zum Schlupf. Allerdings sind Nachzuchttiere selten erhältlich, und Wildfänge können scheu und schwierig ans Futter zu bringen sein.

Elaphe vulpina vulpina
Westliche Fuchsnatter

Das "Westliche" im Trivialnamen dieser Unterart ist relativ; es ist die westlichere der beiden Unterarten. Als Schlange der offenen Graslandschaften und Farmländer ist sie vom östlichen Nebraska und dem angrenzenden South Dakota über Iowa und das südliche Minnesota, in weiten Teilen des nördlichen Illinois bis ins nordöstliche Indiana, sowie im nahezu gesamten Wisconsin und mit einigen Lücken in Missouri verbreitet. Die Verbreitung stößt gerade an jene der Präriekornnatter, und beide kommen vermutlich zusammen in kleinen Gebieten von Missouri und vielleicht auch Illinois vor. Wie auch bei der anderen Unterart der Fuchsnatter handelt es sich hierbei um eine eher untersetzte Form, deren weitester Durchmesser nach hinten versetzt ist. Von hier aus verjüngt sich die Gestalt eher abrupt zu einem kurzen, spitzen Schwanz. Die Sattelflecken auf dem Körper zählen 33 bis 51, mit einem Durchschnitt von 41. Sie nehmen selten mehr als 5 Schuppenreihen in der Länge ein. Typische Abmessungen sind: durchschnittliche Gesamtlänge 1160 mm; weitester Durchmesser 29 mm; Kopflänge 38 mm.

Elaphe vulpina gloydi
Östliche Fuchsnatter

In ihrer allgemeinen Erscheinung ist diese Unterart mit ihrer westlichen Verwandten nahezu identisch. Lediglich hat sie weniger und dafür größere, jeweils 4 bis 6 Dorsalia lange Sattelflecken, in der Regel 34 an der Zahl. Der Kopf ist weitaus häufiger deut-

lich rötlich als bei der Westlichen Fuchsnatter. Diese Form bewohnt Marschland entlang der Ufer der Seen Huron und Erie in Kanada, Michigan und Ohio. Da es sich dabei um eine der verschmutztesten Gegenden Nordamerikas handelt, kann von einer Schlange mit einem derart kleinen Verbreitungsgebiet kaum erwartet werden, daß sie sich noch lange behauptet. Die Östliche Fuchsnatter mag im Durchschnitt etwas größer als die Westliche werden, jedoch ist das Verhalten beider weitestgehend identisch.

Elaphe obsoleta
Erdnatter (Pilotnatter, Kükennatter)

Die vielleicht verwirrendste Kletternatter Amerikas kann jede Farbe zwischen fast einfarbig schwarzbraun und grell gelb haben. Als einzige Kletternatter New Englands kommt sie südlich bis Florida und westlich bis ins östliche Texas und Nebraska vor. Die Jungtiere aller Unterarten sind gräulich bis bräunlich mit dunklen Sattelflecken, jedoch verändert sich das Aussehen bei den Erwachsenen häufig erheblich. Anfangs nervöser als die Kornnatter, wird sie weniger häufig gezüchtet, ist aber dennoch in der Terraristik weit verbreitet.

Alle Unterarten lassen sich durch das völlige Fehlen der Speerspitzen-Zeichnung selbst schon bei den Jungtieren erkennen. Ist ein dunkler Streifen vom Auge zum Mundwinkel vorhanden, so fehlen ihm das rote Zentrum und die dunkleren Ränder. Er setzt sich auch nicht bis auf die untere Kehlregion fort. Die Ventralseite kann weiß bis grau sein und hat gewöhnlich eine unregelmäßige dunkle Sprenkelung, selten eine deutlichere Würfelzeichnung. Die Schuppen der Schwanzunterseite sind meistens rauchig oder dunkel ohne schwarze Linienbildung. Im Normalfall sind weniger als 29 Schuppenreihen über die Körpermitte vorhanden; die Dorsalia ist häufig stark gekielt. Bei den meisten Exemplaren sind 8 Supralabialia vorhanden, wovon zwei das Auge berühren. Die Ventralia zählen gewöhnlich mehr als 220, die Subcaudalia 70 bis 100; das Analschild ist geteilt. Es gibt drei Kategorien von Adultfärbungen und -zeichnungen für die fünf gegenwärtig anerkannten Unterarten:

1.) *obsoleta*-Typ: Adulti einheitlich schwarz bis schwarzbraun, ohne erkennbare Zeichnung; Bauchseite meistens im vorderen Bereich weißlich, im hinteren dunkelgrau; die dunklen Sattelflecken werden von der eindunkelnden Grundfarbe innerhalb des ersten Lebensjahres vereinnahmt (*E. o. obsoleta*: Vermont bis Iowa, Oklahoma und Nord-Georgia).

2.) *quadrivittata*-Typ: Adulti mit vier schmalen, dunklen Streifen auf einer helleren, manchmal leuchtenden Grundfarbe, zum Teil mit noch erkennbaren Flecken unter den Streifen (*E. o. quadrivit-*

Elaphe obsoleta (spiloides), Pilotnatter

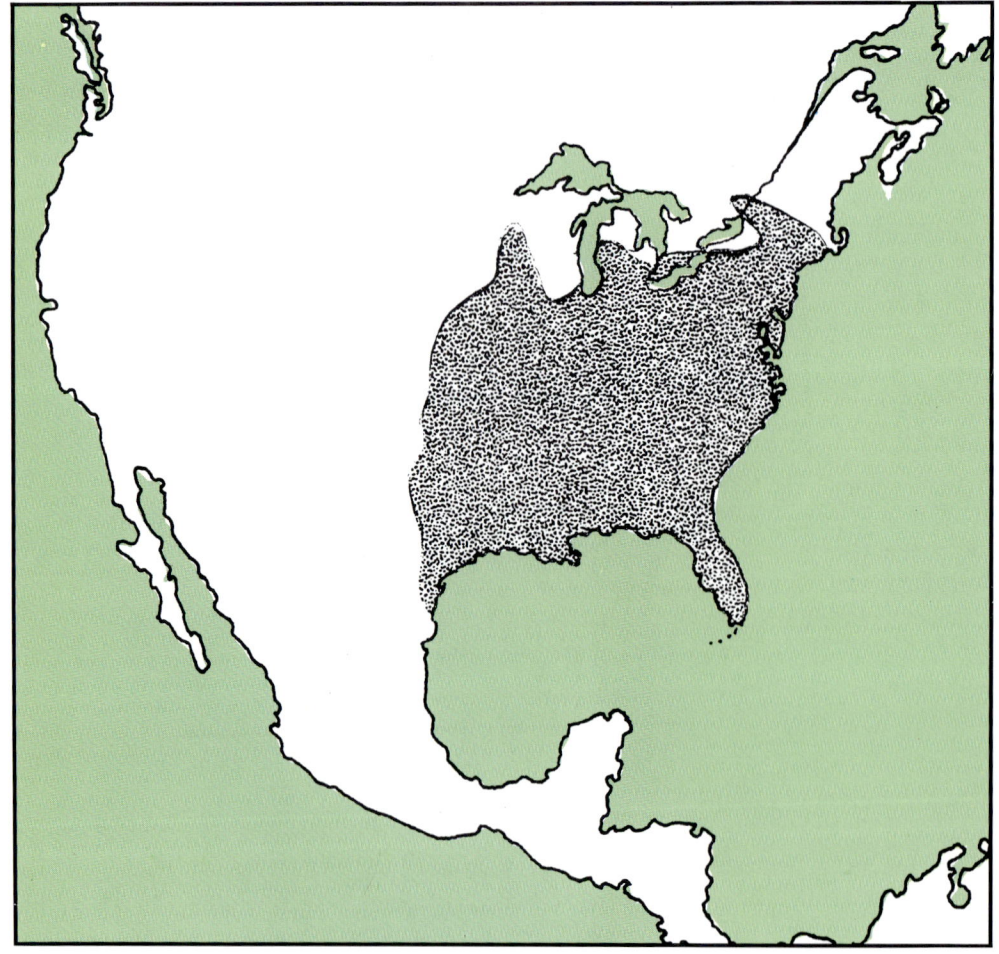

*Gesamtverbreitung von Elaphe
obsoleta*

1

2

3

Typische Zeichnung auf Rumpfmitte bei Elaphe obsoleta-Unterarten: 1.) E. obsoleta obsoleta, 2.) E. obsoleta lindheimeri, 3.) E. obsoleta quadrivittata.

tata: Küstenbereich des südlichen North Carolina südwärts im gesamten Florida mit Ausnahme der Everglades, gewöhnlich gelblich mit vier braunen Streifen, Zunge schwarz; *E. o. rossaleni* :Everglades in Süd- Florida; gewöhnlich leuchtend orange mit meist undeutlichen, gedämpft orangefarbenen Streifen; Zunge rot; eine unzureichend abgegrenzte Unterart).

3.) *spiloides*-Typ: Adulti mit deutlichen braunen Sattelflecken auf heller bis dunkelbrauner oder gräulicher Grundfarbe, gelegentlich mit schwach ausgebildeten Streifen, die die Flecken verbinden (*E. o. spiloides* : :südliches Georgia bis zum Mississippi und nördlich bis Süd-Illinois; die Sattelflecken sind braun oder grau und heben sich klar von der Grundfarbe ab. *E. o. lindheimeri* : Zentral-Texas und weite Teile von Louisiana; bräunliche Sattelflecken auf bräunlichem Grund, die Zeichnung undeutlich, häufig mit rötlicher Unterhaut, die zwischen den Schuppen erkennbar ist; sehr ähnlich einer Kreuzung zwischen *obsoleta* und *spiloides*).

Elaphe bairdi aus Zentral-Texas und dem Nordosten von Mexiko kann *E. o. quadrivittata* durch die Streifenzeichnung sehr ähnlich sehen, jedoch sind die hinteren Kinnschilder gewöhnlich geteilt. Wenn *quadrivittata* Sattelflecken hat, zählen sie etwa 40, während bei bairdi 48 oder mehr vorhanden sind. Die eurasischen *E. quadrivirgata* und *E. quatuorlineata* besitzen einen deutlichen schwarzen Balken zwischen dem Auge und dem Mundwinkel, der bei *E. o. quadrivittata* fehlt. Die Streifen bei *quatuorlineata* liegen weiterhin dichter beisammen als bei der amerikanischen Art, so daß ein breiterer brauner vertebraler Streifen entsteht. Alle anderen Kletternattern mit einer Streifenzeichnung verfügen über eine deutliche Kopfzeichnung.

Es darf nicht unterschlagen werden, daß die Verwandtschaftsverhältnisse zwischen den einzelnen *obsoleta*- Unterarten nicht

unumstritten sind. Mehrere deutlich gezeichnete Formen aus Florida und dem Südosten der Verbreitung wurden in der Vergangenheit als eigene Unterarten betrachtet und könnten in der Zukunft revalidiert werden. In welcher Beziehung *E. bairdi* zu dieser Art steht, ist ebenfalls ungeklärt.

Die Haltung von *Elaphe obsoleta* im Terrarium ist allgemein einfach, und die meisten Tiere, insbesondere Terrariennachzuchten, sind gierige Fresser. Neben Mäusen nehmen sie gerne Küken und kleine Eier. Diese Schlange ist ein aktiver Kletterer, mehr als die Kornnatter, was bei der Einrichtung des Terrariums zu berücksichtigen ist. Sie liebt Sonnenbäder und benötigt viel Licht; eine zusätzliche Bodenheizung schadet jedoch nicht.

Die südlichen Unterarten müssen nicht unbedingt überwintert werden, jedoch sichern ein paar Monate bei 15°C die Paarungsbereitschaft. Die Inkubation der Eier dauert zwei bis drei Monate.

Gelegenheitszüchter und hauptsächlich an der Pflege interessierte Halter sollten sich darüber bewußt sein, daß das Überwintern auch Gefahren birgt. Es ist nicht einfach, eine konstant niedrige Temperatur zu halten und die Schlange muß gesund sein.

Elaphe obsoleta quadrivittata
Kükennatter

Die Kükennatter ist wohl die zweitbeliebteste Kletternatter amerikanischer Terrarianer. Sie hat eine deutliche Zeichnung, die einfach zu beschreiben und zu erkennen ist. Die Körperfärbung adulter Exemplare variiert von grell gelb bis hellbraun; die Zeichnung besteht aus vier dunklen Streifen, die sich über die gesamte Länge des Körpers ziehen. Zwei davon liegen auf dem Rücken beiderseits der Vertebrallinie, die damit selbst hell bleibt, und jeweils ein weiterer befindet sich im unteren Flankenbereich, wo häufig noch Teile der zweiten Schuppenreihe eingeschlossen sind. Die Bauchseite ist gelb mit oder ohne Spuren dunkler Flecken und Marmorierung.

Das Hauptproblem entsteht bei der Zuordnung von Jungtieren. Sehr junge Tiere sehen ihren Eltern in keinster Weise ähnlich. Sie sind grau mit braunen Sattelflecken oder Flecken und färben sich erst im Laufe von etwa drei Jahren nach und nach um. Manche

dieser Schlangen, speziell solche aus der Intergradationszone mit *E. o. obsoleta*, behalten eine Mischung aus Fleck- und Streifenzeichnung und bekommen nie eine normale Streifenzeichnung.

Wie einigen anderen nordamerikanischen Kletternatter-Unterarten auch, war dieser Unterart zunächst Artstatus zuerkannt worden. Weiterhin wurden zwei Populationen aus Florida und eine aus North Carolina von verschiedenen Bearbeitern ebenfalls als Subspezies anerkannt. Da ihre Namen immer noch in der Literatur auftauchen, sollen sie hier ebenfalls kurz beschrieben werden.

Eine Form aus dem äußersten Süden Floridas, vom Lake Okeechobee Süd, ist als Deckerts Kükennatter bekannt. Ihre Grundfärbung ist eher orangerot im Vergleich zu typischen quadrivittata aus den beiden Carolinas mit ihren lohbraunen oder gelblichen Tönen. Die Adulti haben zwar die charakteristischen, deutlichen Streifen, jedoch liegen zwischen den beiden dorsalen Streifen purpurbraune Sattelflecken. Die Zunge ist schwarz. E. o. deckerti sieht sehr nach einer Kreuzung zwischen der gelben und der Evergla-

John E. Holbrook (1796 - 1871) verfaßte "North American Herpetology", der erste Versuch, die Herpetofauna der Vereinigten Staaten zusammenfassend darzustellen. Es wird erzählt, daß er, nachdem die mindere Qualität der Illustrationen in der ersten Auflage kritisiert worden war, die Ausgaben zurückkaufte und vernichtete und dann eine zweite, verbesserte Auflage herausgab. Er ist der Beschreiber der Kükennatter und etlicher anderer nordamerikanischer Reptilien und Amphibien.

Ein Jungtier der Kükennatter (E. obsoleta quadrivittata) mit kräftiger Färbung. Man beachte die schwachen Reste einer Kopfzeichnung. Foto: R.D. Bartlett

deskükennatter aus, behält jedoch die Jugendflecken auch im Alter.

Aus dem nordöstlichen Küstenbogen von Florida, den Bezirken Levy und Alachua, kommt eine Form, die als Hammockkükennatter (*E. o. williamsi*) bekannt ist. Sie ähnelt einer Kreuzung zwischen *E. o. quadrivittata* und *E. o. spiloides*, hat eine sehr hell lohbraune bis fast weiße Grundfarbe mit dunkelbraunen bis schwarzen Sattelflecken und vier schwärzlichen Streifen. Obwohl das Taxon mit *E. o. quadrivittata*) synonymisiert wurde, sind einige Systematiker der Auffassung, daß es eher als Synonym von *E. o. spiloides* aufzufassen ist.

Die Barrier Islands vor der Küste von North Carolina sind die Heimat von *E. o. parallela*, einer grauen Schlange mit vier undeutlichen dunklen Streifen und kurzen dunklen Querbalken auf der Rückenmitte, die die oberen beiden Streifen leiternartig verbinden. Diese Form wird allgemein als Reliktpopulation einer Kreuzung zwischen *E. o. quadrivittata* und *E. o. obsoleta* betrachtet, die sich nach einer Isolation im Laufe der letzten Eiszeit auf diesen Inseln erhalten hat. Völlig ausgewachsen ist die Kükennatter größer als die Kornnatter.

Reguläre Abmessungen sind die folgenden:

Durchschnittliche Gesamtlänge 1530 mm; maximale Gesamtlänge 1830 mm; weitester Durchmesser 38 mm; Kopflänge 44 mm.

Da alle Unterarten von *E. obsoleta* ziemlich ähnliche Beschuppungswerte aufweisen, sind diese Merkmale kaum zum Bestimmen geeignet, außer vielleicht bei jungen Tieren, die noch keine Adultfärbung aufweisen. Selbst dann unterliegen jedoch die Schuppenwerte der einzelnen Formen noch einer großen Schwankungsbreite.

Die Kükennatter bewohnt den Südosten der Vereinigten Staaten zwischen der Küste von North Carolina und der Halbinsel Florida. Sie intergradiert mit der Schwarzen und der Grauen Erdnatter vom Ostteil des Florida Panhandle nordwärts bis in weite Bereiche von Georgia. Terrariennachzuchten sind einfach erhältlich und werden in verschiedenen Farbschlägen angeboten, wobei Gelb wahrscheinlich die beliebteste Farbe ist. Es sind unkomplizierte, widerstandsfähige Schlangen, die stets gut fressen und mit der nötigen Ausdauer sehr "zahm" werden können.

Eine dunkle Elaphe obsoleta quadrivittata mit Merkmalen der Schwarzen Pilotnatter vom nördlichen Rand der Verbreitung.
Foto: R.T. Zappalorti

Viele Kükennattern sind ziemlich düster und eher graugrün oder olivfarben als gelb. Einige dieser dunkleren Schlangen stammen aus Populationen, die dem genetischen Einfluß von in der Nähe lebenden Schwarzen Pilotnattern ausgesetzt sind.
Foto: R.D. Bartlett

Elaphe obsoleta rossalleni
Evergladeskükennatter

Die Validität dieser Unterart wird von einigen Systematikern in Zweifel gezogen und lediglich als besonders farbenprächtige Form von *E. o. quadrivittata* angesehen. Ungeachtet ihrer Klassifikation ist ihre Färbung ansprechend und deutlich. Auf einer grell roten bis rötlich orangefarbenen Grundfarbe ziehen sich vier dunklere, undeutliche Streifen über die Länge des Körpers. Die Zunge ist rot, im Gegensatz zu der immer schwarzen Zunge selbst bei der farbenprächtigsten *quadrivittata*. Die Unterart kommt ausschließlich in den Everglades von Florida vor und wird in Gefangenschaft in mäßigen Stückzahlen nachgezogen, so daß ihre Beschaffung kein Problem ist.

Elaphe obsoleta obsoleta
Schwarze Pilotnatter

Obwohl diese Form am längsten bekannt ist, wird sie hier nach den gestreiften Unterarten behandelt, da sie weniger häufig in Terrarien gepflegt wird. Der Grund dafür ist einfach der, daß sie dafür weniger gut geeignet ist. Irgendetwas haben nach unserer Meinung alle schwarzen Schlangen an sich, egal ob es nun Kletternattern oder andere Nattern sind - nahezu alle scheinen nervöser oder beißfreudiger zu sein als ihre gezeichneten Verwandten. Die Schwarze Pilotnatter läßt sich zähmen, jedoch bedarf das etwas mehr Mühe.

Man kann erwarten, daß diese Schlange schwarz ist - ja und nein. Geschlechtsreife Alttiere sind schwarz, haben aber winzige weiße Punkte oder Linien entlang der Schuppenränder. Die Haut zwischen den Schuppen kann ziegelrot sein, ist aber meistens grau mit weißen Abschnitten, so daß der Eindruck einer Zeichnung entsteht, wenn die Haut gedehnt wird. Die Schilder der Oberlippe sind weiß mit schwarzen Rändern. Die Unterseite des Kopfes ist leuchtend weiß, der Bauch weiß mit grauen Flecken, und die Schwanzunterseite ist häufig einheitlich grau. Interessanterweise sehen die Jungtiere völlig anders aus. Sie sind grau mit dunkelbraunen oder schwarzen Sattelflecken. Einige erwachsene Exemplare zeigen Überreste von Querbändern in Form kontrastierender Unterhaut zwischen den Schuppenrändern.

Adulte Schwarze Pilotnattern können schwerlich mit einer anderen Kletternatter verwechselt werden. Verwechslungen kommen allerdings gelegentlich mit der Schwarznatter (*Coluber constrictor*) vor, die jedoch einer anderen Gattung angehört. Trotz einer Reihe von Ähnlichkeiten zwischen diesen beiden Schlangen, ist die Schwarznatter gewöhnlich einheitlich schwarz ohne Zeichnung oder Resten einer Zeichnung, hat einen schmalen Kopf sowie glatte, glänzende und ungekielte Schuppen.

Die Körpermaße entsprechen weitgehend den bei der Kükennatter genannten, jedoch kann die Schwarze Pilotnatter sogar noch größer werden. Das längste bislang gefundene Exemplar maß 2565 mm, was allerdings erheblich über dem Mittel liegt. Diese Unterart ist von New Hampshire und Massachusetts bis ins nördliche Georgia und westlich bis ins südöstliche Minnesota, nördliche Louisiana und Oklahoma verbreitet.

Wenngleich in der Terraristik nicht weit verbreitet, sind Albinos dieser Form sehr attraktive, glänzend weiße Schlangen mit einer beträchtlichen Anhängerschaft. Nachzuchten werden gelegentlich angeboten.

Elaphe obsoleta spiloides
Graue Pilotnatter

Die Verbreitung dieser Unterart erstreckt sich von der Grenze zwischen Kentucky und Illinois südwärts bis Mississippi und Alabama. Wo sich die Verbreitungsgebiete berühren, intergradiert sie mit der Schwarzen Pilotnatter. Die Körperfärbung ist hellgrau mit einer Reihe großer, dunkelbrauner bis dunkelgrauer Sattelflecken, die kleine Ausläufer an ihren Ecken haben, so daß in etwa H-förmige Zeichnungselemente entstehen. Die Flanken werden von einer weiteren Reihe kleinerer Flecken geziert, denen zur Bauchseite hin wiederum eine Reihe noch kleinerer Flecken folgt. Wenn der Körper gedehnt wird, zeigen sich häufig weiße Schuppenränder. Der Hals ist nicht selten mit kurzen Streifen versehen. Der Kopf zeigt schwarze Punkte und andere Markierungen unterschiedlicher Form, die bei Alttieren allerdings häufig fehlen. Ein dunkles Band vom Auge zum Mundwinkel kann vorhanden sein, ebenso ein weiteres dunkles Band vor den Augen über die Schnauze. Die Labialschuppen sind weiß mit schwarzen Rändern. Die Bauchseite ist im vorderen Bereich weiß mit grauen Flecken und kann im hinteren Abschnitt nur grau sein. Die Iris des Auges ist auffallend silberfarben.

Die mittlere Gesamtlänge liegt bei 1450 mm; größter Durchmesser 29 mm; Kopflänge 44 mm.

Es handelt sich um die nordamerikanische Schlange mit der stärksten arborealen Ausprägung. Häufig wird sie im Astwerk von Bäumen und im Dachgebälk von Nebengebäuden gefunden. Sie ist für ihre Überfälle auf Hühnerställe berüchtigt, wo sie Küken und Eier erbeutet, die komplett verschluckt werden. Die ältere Literatur spricht von ihr häufig als *Elaphe obsoleta confinis*, ein Name, der heute als Synonym von *E. o. obsoleta* begriffen wird. Eine Nebenbemerkung sei noch erlaubt: es mag Pech gewesen sein, aber die einzige nordamerikanische Kletternatter, bei der ich (R.S) jede Hoffnung auf "Zähmung" aufgab, war eine Graue Pilotnatter.

Oben: Ein wunderschön gezeichnetes Exemplar der Evergladesküikennatter (E. obsoleta rossalleni) (Foto: P.H. Briggs, dank Lloyd Lemke)
Unten: Elaphe obsoleta spiloides x E. o. quadrivittata, die Form, die als Hammock-Pilotnatter (E. obsoleta williamsi) bekannt ist (Foto: R.D. Bartlett).

Evergladeskükennattern (E. obsoleta rossalleni): Das obere Tier (Foto: R.D. Bartlett) ist ein Jährling mit unvollständig ausgebildeter Färbung. Das untere Exemplar (Foto: I. Francais) zeigt die rote Zunge, die als für diese Unterart typisch angesehen wird. Es ist eines der wenigen Merkmale zur Unterscheidung von der Kükennatter.

Juvenile Everglaseskükennattern (oben: E. obsoleta rossalleni) (Foto: J.T. Kellnhauser) scheinen einfach von jungen Kükennattern (unten: E. obsoleta quadrivittata aus dem Alachua County, Florida) (Foto: J. Iverson) zu unterscheiden zu sein. Die Zeichnung ist stärker reduziert, und die Färbung ist allgemein blasser, einheitlicher orange oder rosa. Man beachte, daß die Zunge bei der abgebildeten Everglaseskükennatter bereits ebenso rot ist wie bei den Adulti.

Eine erwachsene Schwarze Pilotnatter (E. obsoleta obsoleta) in ausgefärbtem Zustand. Die helle Unterseite und Lippenschilder sind für Alttiere ebenso charakteristisch wie die vereinzelten hellen Flekken und die weiße Haut zwischen den Schuppen. Die Schwarznatter (Coluber constrictor constrictor) ist vergleichsweise schlanker, hat keine gekielten Schuppen und nur eine weiße Kehle.
Fotos: B. Kahl

*Typisch gefärbte Schwarze Pilot-
nattern (E. obsoleta obsoleta).
Gewöhnlich sind noch Spuren der
Jugendzeichnung gegen den schwarz-
braunen Untergrund auszumachen.
Fotos: C. Banks (oben) und R. Everhart
(unten)*

Ein Albino (amelanistisch) der gleichen Unterart (Foto: P. Freed).

*Eine recht typische Texas-
kükennatter (E. obsoleta
lindheimeri). Die Deutlichkeit
der Sattelflecken gegenüber
der Grundfarbe und die
Präsenz von rötlicher Unterhaut zwischen den Schildern
schwankt bei dieser Unterart
ganz erheblich. Foto: R.D.
Bartlett*

Die Graue Pilotnatter (E. obsoleta spiloides) behält stets die Jugendzeichnung aus dunklen Sattelflecken auf grauem Untergrund bei und entwickelt keine Streifung oder ein Verblassen der Flecken durch Eindunkeln der Grundfarbe. Sie ist jedoch hinsichtlich der vorherrschenden Grundfarbe ziemlich variabel, was naturgemäß die Klarheit der Zeichnung beeinflußt. Oben: Die Varietät "White Oak" aus Nordflorida (Foto: R.D. Bartlett); unten links: Ein untypisches Jungtier aus Florida (Foto: R.T. Zappalorti); unten rechts: Ein eher typisches Jungtier aus Florida (Foto: R.D. Bartlett)

Dieses Exemplar einer Grauen Pilotnatter (E. obsoleta spiloides) aus Louisiana hat eine deutlich dunklere Grundfärbung, die vermutlich auf Gene der Schwarzen Pilotnatter und der Texaskükennatter in diesem Teil der Verbreitung zurückgehen. Foto: K. Lucas, Steinhart Aquarium

Elaphe obsoleta lindheimeri
Texaskükennatter

Die westliche Unterart der amerikanischen Erdnatter ist der Grauen hinsichtlich der Sattelflecken ähnlich, die auch bei erwachsenen Tieren erhalten bleiben. Der Körper ist gelblich grau bis braun mit einem Muster aus dunkleren Sattelflecken und einer häufig an den Seiten zwischen den Schuppenrändern durchscheinenden, rötlichen Unterhaut. Die Flecken und die Grundfarbe stehen nie in großem Kontrast zueinander, was auch ein Merkmal der Grauen Pilotnatter ist. Die Bauchseite weist zahlreiche schwarze Flecken auf. Schwache, die Flecken verbindende Streifen können vorhanden sein. Alles in allem sind die meisten Exemplare relativ unscheinbar braun gefärbte Schlangen. Die Texaskükennatter kommt vom Süden Louisianas bis ins östliche und zentrale Texas vor. Den Aussagen jener zufolge, die mit ihr umgegangen sind, ist es die beißfreudigste aller Kletternattern. Bei Bedrohung faucht sie und peitscht mit dem Schwanz. Sie beißt wiederholt zu, reißt dabei die Haut auf und verursacht heftig blutende Verletzungen. Gelegentlich werden durch die Bakterienfauna im Maul Sekundärinfektionen verursacht. Obwohl die Schlange im Terrarium ruhiger wird, sollte man ihr nie völlig trauen.

Wie *E. o. obsoleta* ist diese Form recht massig. Die maximale Gesamtlänge liegt bei 2185 mm. Sie klettert gern und häufig in Bäumen und hat wie die Graue Pilotnatter ebenfalls Geschmack an Eiern und Küken. Im Terrarium werden sowohl Albinos (rosa Augen, durchscheinender rosa-weißer Körper) als auch leuzistische Varietäten (dunkle Augen, undurchsichtiger, glänzend weißer Körper) gezüchtet, die ziemlich gefragt sind.

Das Verwandtschaftsverhältnis mit Bairds Kletternatter ist ungeklärt. Die Verbreitungsgebiete beider überlappen sich kleinflächig in den texanischen Bezirken Bandera, Kerr und Medina, und es kommt zu natürlichen Bastarden.

Links: Schlüpflinge der Texaskükennatter (E. obsoleta lindheimeri) mit albinotischen (amelanistischen) (rosa Augen und durchscheinende, rosafarbene Haut) und leucistischen (dunkle, fast blaue Augen und opake, weiße Haut) Eigenschaften. Nicht alle weißen Schlangen sind auch Albinos (Foto: J. Merli).
Unten: Eine orangefarbene Varietät der Texaskükennatter (Foto: P.H. Briggs, dank Lloyd Lemke).

Ein frisch geschlüpfter Gattungsbastard Pituophis sayi x Elaphe obsoleta quadrivittata. Pituophis, die Bullen- oder Kiefernattern, sind vermutlich eng mit Lampropeltis und den nordamerikanischen Elaphe verwandt (Foto: R.D. Bartlett). Unten: Eine weibliche Kletternatter, die eine Kreuzung zwischen der Texaskükennatter (E. obsoleta lindheimeri) und der Kükennatter (E. obsoleta quadrivittata) darstellen soll. Mischlinge zwischen den einzelnen Unterarten werden als "Intergrades" betrachtet, selbst wenn die Kreuzung im Terrarium stattfindet. Hingegen sind Hybriden Kreuzungen zwischen Arten (Foto: R.T. Zappalorti).

Ein prächtiger Alabaster-Leucist (dunkeläugig, d.h. blau in diesem Fall) der Texaskükennatter E. obsoleta lindheimeri mit einem frischen Gelege (Foto: J. Merli).

Elaphe bairdi
Bairds Kletternatter

Diese etwas fragwürdige Art wird lediglich im westlichen und zentralen Texas südlich bis nach Mexiko hinein gefunden. Hier haben auch die Alttiere eine ansprechende Streifenzeichnung. Da die Vermehrung erst seit kurzem aus texanischen und mexikanischen Populationen in nennenswerten Stückzahlen gelingt, ist die Schlange in der Terraristik noch nicht weit verbreitet. Im Grunde genommen ist sie *E. o. lindheimeri*, der Texaskükennatter, sehr ähnlich, und beide kommen nebeneinander in kleinen Gebieten in Zentral-Texas vor. Lange Zeit wurde *bairdi* nur als Unterart von *obsoleta* aufgefaßt, jedoch ist man heute überwiegend der Meinung, daß es sich um eine gute Art handelt, obwohl sie mit der Texaskükennatter natürliche Hybriden produziert.

Erwachsene sind bräunlich und mit einer Länge von selten mehr als 1520 mm als mäßig groß zu bezeichnen. Sie sind jedoch kräftig gebaut. Die Schuppen besitzen besonders in den hinteren Abschnitten gedämpft bis leuchtend orange Ränder. Die Ventralseite ist orangegelb gewölkt, wodurch schöne Exemplare einen deutlichen rosa Glanz erhalten. Vier schwach abgesetzte, bräunliche Streifen laufen über die gesamte Länge des Körpers, und semiadulte und adulte Tiere haben häufig zumindest Reste der gefleckten Jugendzeichnung. In solchen Fällen bereitet eine Bestimmung keine Schwierigkeiten; Bairds Kletternatter hat eine sehr hohe Anzahl (48 bis 53, selten weniger als 44 oder mehr als 61) Flecken, die sie von den 40 oder weniger bei allen Unterarten von obsoleta unterscheidet. Sofern vorhanden, fehlen den Flecken Ausläufer, so daß sie nicht wie bei *E. obsoleta* die Form eines H annehmen. Der Kopf ist schwach oder ungezeichnet. Hinsichtlich der Beschuppung ist die Art *E. obsoleta* sehr ähnlich, hat jedoch eine Tendenz zu 9 Supralabialia gegenüber nur 8 bei *obsoleta* sowie bei mehr als der Hälfte aller bekannten Exemplare ein quergeteiltes zweites Paar Kinnschilder. Dadurch entsteht der Eindruck von drei anstatt zwei Paaren. Die Anzahl Subcaudalschilder ist mit 85 bis 103 hoch, während nur wenige E. obsoleta mehr als 90 haben; allerdings haben einige bis zu 100, so daß Vorsicht angeraten ist. Düstere Phasen der Kükennatter (E. o. quadrivittata) können E. bairdi besonders ähnlich sehen, jedoch scheinen die lateralen Streifen bei ersterer weiter auseinander zu liegen als bei zweiterer. Besonders Exemplare von Bairds Kletternatter aus dem Osten der Verbreitung können einfarbig gräulich sein; in der Regel sind aber Flecken erkennbar. Diese Art bewohnt trockene, felsige Graslandschaften und Wüsten sowie die spärlichen Wälder von Zentral-Texas. Aufgrund ihrer anscheinend nächtlichen Aktivität begegnet man ihr recht selten. Durch ihre wenig spektakuläre Färbung und schweren Zugänglichkeit wird sie nicht besonders häufig vermehrt. Es gibt aber eine grell orange gestreifte Phase, angeblich aus Mexiko, die man hin und wieder sieht. In Bezug auf die Beziehungen zur Texaskükennatter gibt es noch viel zu untersuchen; die letzte Diskussion dazu findet sich bei LAWSON & LIEB (1990: Jour. Herp., 24 [3]: 280 - 292).

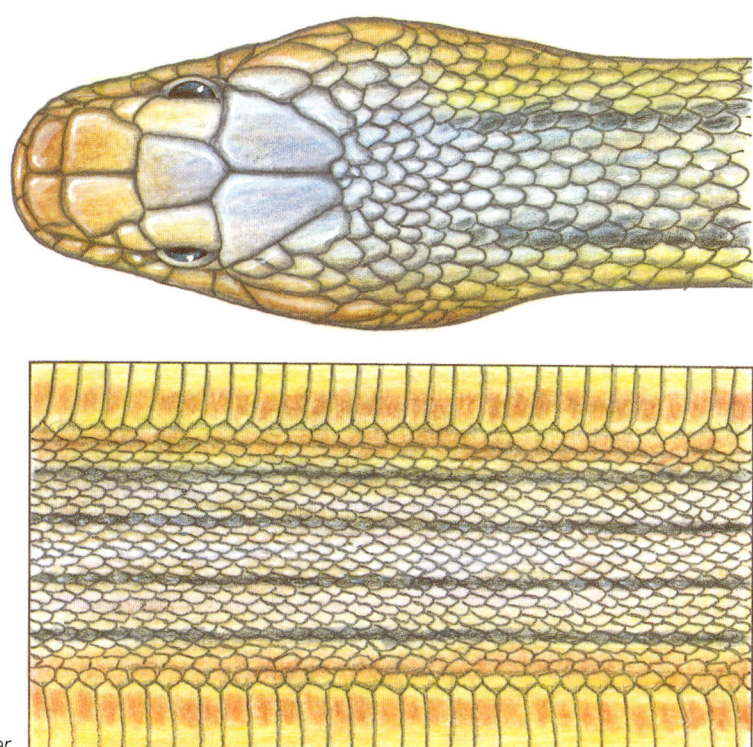

Elaphe bairdi, Bairds Kletternatter

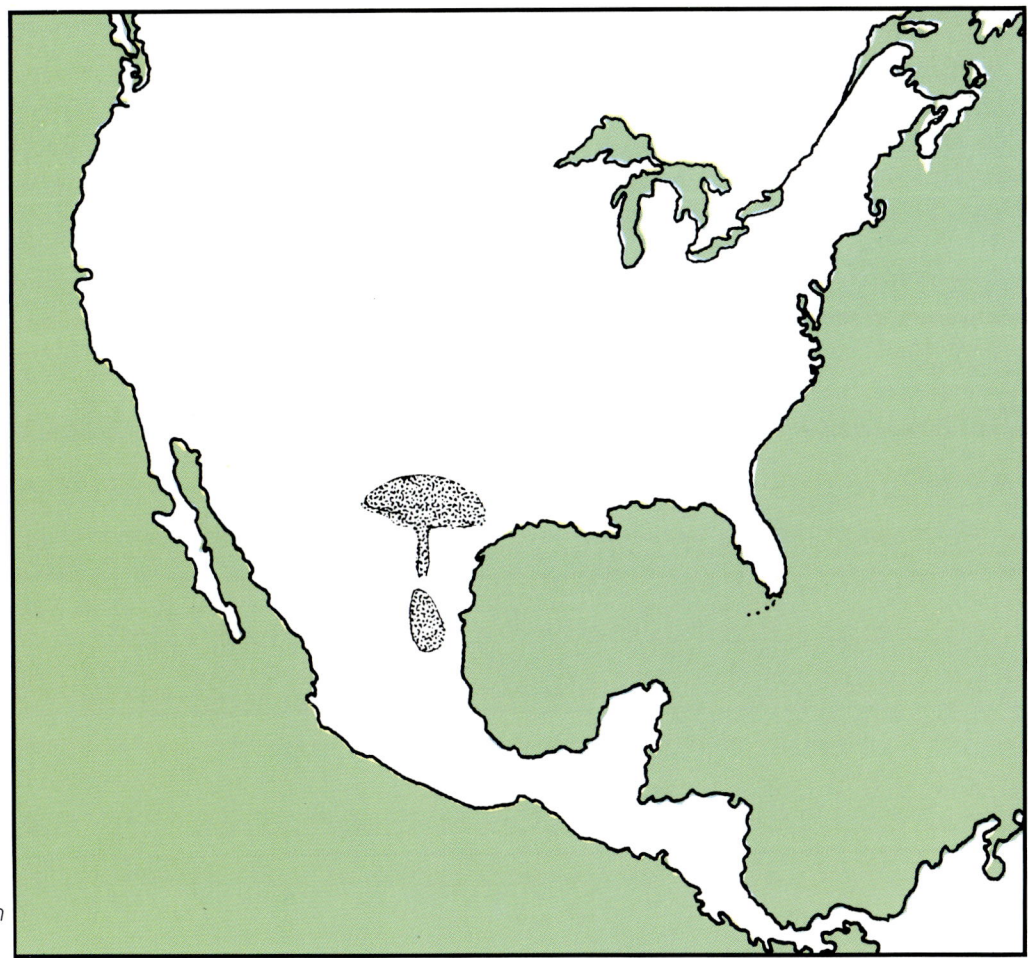

*Gesamtverbreitung von
Elaphe bairdi*

Eine männliche Bairds Kletternatter (E. bairdi) mit der für diese Art typischen Streifenzeichnung, dem einfarbigen Kopf und dem orangegelben Bauch. Foto: R.D. Bartlett

Bogertophis subocularis
Trans-Pecos-Kletternatter

Hier handelt es sich um eine der herausragendsten und gefragtesten Schlangen aus Nordamerika. Der große, langgestreckte Kopf ist klar vom schlanken Hals abgesetzt und hat eine lange Schnauze. Die Augen sind wie bei allen Arten von *Bogertophis* und *Senticolis* etwas vorgewölbt, was sie zu ungewöhnlichen Kletternattern macht. Die Zeichnung ist variabel (siehe Unterartbeschreibungen), jedoch ist der Kopf immer zeichnungslos, und der Hals weist stets zwei parallele, dunkle Streifen und niemals Sattelflecken auf. Die Bauchseite ist einfarbig und meistens weißlich. Das offensichtlichste Beschuppungsmerkmal ist die Reihe von 4 bis 12 Lorilabialschildern (Subocularia) zwischen dem Auge und den Supralabialia. Diese Eigenheit weist in Nordamerika ansonsten nur noch die Baja-California-Kletternatter (*Bogertophis rosaliae*) auf.

Für viele Jahre war die Trans-Pecos-Kletternatter nur aus den trockenen Steinwüsten und Canyons des westlichen Texas bekannt. Aufgrund ihrer nächtlichen Aktivität und der schwer zugänglichen Lebensräume gelangten bis in die sechziger Jahre nur wenige Exemplare in die Terrarien. Durch verstärkte Sammeltätigkeit in Mexiko wurde eine deutlich verschiedene Unterart entdeckt, und die bekannte Gesamtverbreitung weitete sich nach Westen und Süden aus. Heute werden zwei Unterarten anerkannt, wovon allerdings nur die Nominatform in der Terraristik eine Rolle spielt.

Hierbei handelt es sich um eine schwieriger zu haltende und zu

vermehrende Kletternatter. Allerdings sind Terrariennachzuchten gelegentlich erhältlich, so daß der Anfang erleichtert wird. Das Terrarium muß trocken und durch eine Bodenheizung erwärmt werden. Eine Stelle zum "Sonnenbaden" ist unverzichtbar, obwohl es sich um eine nachtaktive Schlange handelt. Man kann eine beheizte Steinplatte oder ein Heizkabel mit Steinplatten so überbauen, daß sich eine etwas erhöhte Höhle ergibt, in der sich die Schlange die meiste Zeit des Tages verbergen kann. Bodentemperaturen von 30 bis 32°C sind angebracht; die Beleuchtung sollte wenigstens für einen halben Tag in Betrieb sein. Bei feuchtem Substrat sind bakterielle Hautinfektionen die Folge; der Wasserschale ist also besondere Aufmerksamkeit zu widmen. Trans-Pecos-Kletternattern sind häufig schlechte Fresser. Werden erwachsene Nager verschmäht, sollte man es mit nestjungen Mäusen oder zumindest sehr jungen Nagern probieren. Es ist dabei stets zu bedenken, daß die Art nachtaktiv ist und dieser Umstand jegliches Verhalten beeinflußt.

Meine (R.S.) Trans-Pecos-Kletternatter ist die friedfertigste Schlange, die ich je gehalten habe. Sie hat sich häufig als geeignetes Anschauungsobjekt bei Vorträgen in Schulen usw. bewährt. Ich habe sie jetzt seit fünf Jahren, und sie war bei Erhalt bereits ausgewachsen. Obwohl sie in der ganzen Zeit nicht eine einzige große Maus gefressen hat, nimmt sie mir nackte Mäuse aus der Hand. Tatsächlich ist es die einzige Schlange, die ich füttern kann, wenn sie sich um meine Schultern drapiert hat - etwas, das ansonsten nicht zu empfehlen ist. Es belegt, wie entspannt das Tier ist.

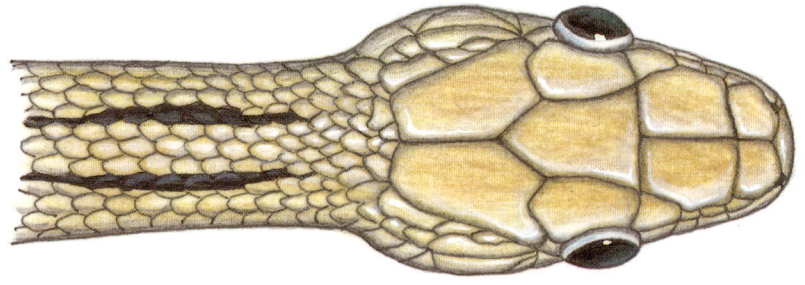

Bogertophis subocularis (subocularis),
Trans-Pecos-Kletternatter

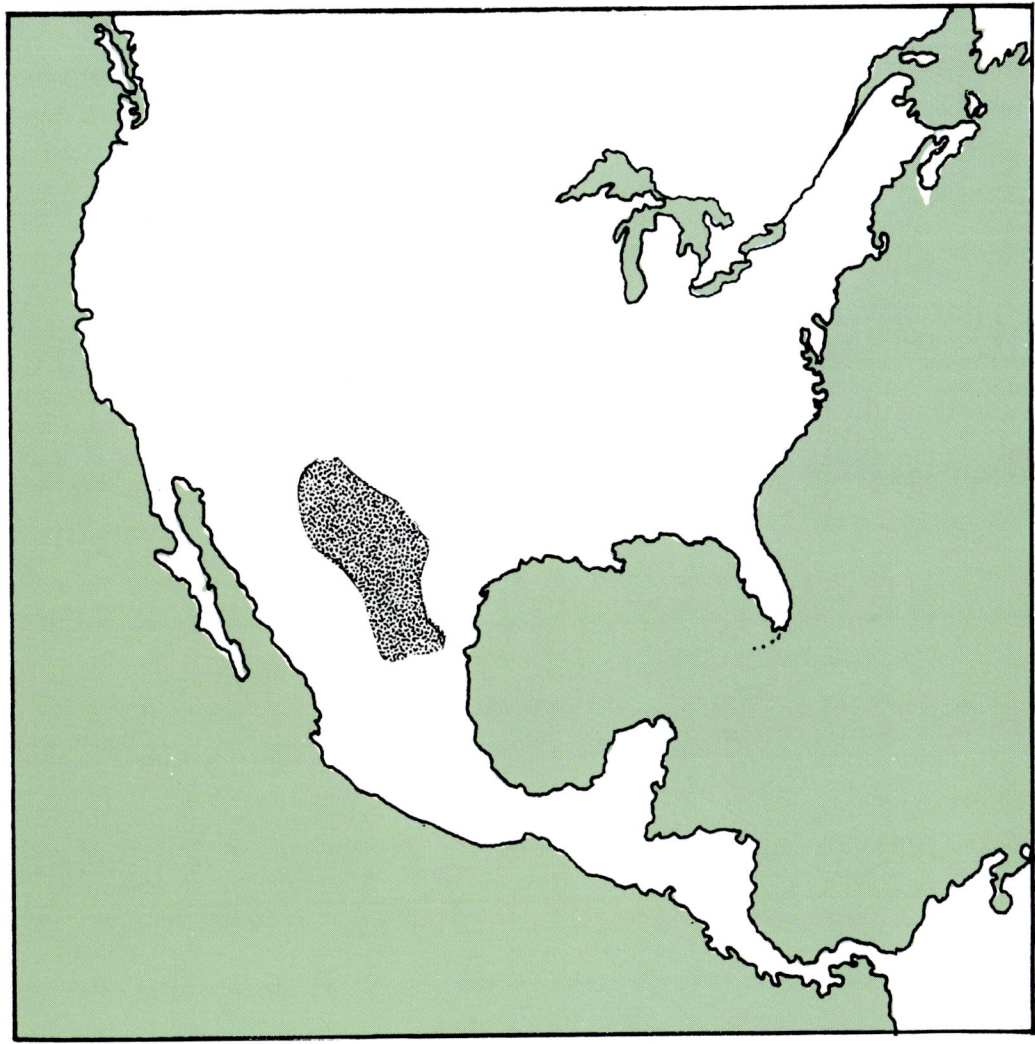

Gesamtverbreitung von
Bogertophis subocularis

Bogertophis subocularis subocularis

Die typische Unterart wurde erst 1901 aus den Davies Mountains in Texas beschrieben, was ein sehr spätes Datum, für eine große und auffällige Schlange in den USA, ist. Die Grundfarbe ist ein helles Lohbraun bis Gelb mit einer dorsalen Zeichnung aus weit auseinanderliegenden H-förmigen Sattelflecken und sehr kleinen oder keinen Lateralflecken. Die 21 bis 28 Sattelflecken auf dem Körper nehmen nur 3 bis 5 Schuppen in der Länge ein, haben lange laterale Ausläufer, sind an der Vorder- wie der Hinterkante tief konkav und voneinander durch einen Zwischenraum getrennt, der wenigstens so lang ist wie die Flecken selbst. Die Nackenstreifen bestehen aus miteinander verbundenen, langgestreckten Flecken, so daß sie in ihrem Verlauf breiter und schmaler werden. Die Dorsaliareihen zählen 31 bis 35, die Ventralia 260 bis 279 und die Subcaudalia 65 bis 81.

B. s. subocularis wird vom südwestlichen Texas durch den Südosten von New Mexico bis nach Chihuahua in Mexiko angetroffen. Tiere vom unteren Pecos River haben bisweilen eine stark reduzierte Dorsalzeichnung und können auf den ersten Blick fast einfarbig gelblich lohbraun erscheinen. Sie sind die Ausgangsform der "Blonden Phase", die heute in den Terrarien gezüchtet wird. In den texanischen Franklin Mountains kommt eine Form mit bleigrauer Grundfarbe vor, die als "Blaue Phase" bezeichnet und gelegentlich erwähnt wird. Obwohl heute häufiger auf dem Markt als noch vor 10 Jahren, ist es immer noch eine seltene und ziemlich teure Art. In Texas unterliegt sie zumindest einem teilweisen gesetzlichen Schutz. Die Maximallänge beträgt 1680 mm.

Bogertophis subocularis amplinotus
Durango-Kletternatter

Erst 1990 beschrieben, weist diese Unterart eine eher "normale" Rückenzeichnung im Vergleich zu der zuerst beschriebenen Nominatform auf. Die 21 - 24 Sattelflecken sind dunkelbraun und kontrastieren mit einer lohbraunen Grundfärbung. Sie sind nicht ausgeprägt H-förmig und eher variabel. Einige Flecken haben konkave Vorder- und Hinterkanten und andere sind vorn wie hinten konvex, alle sind jedoch voneinander durch Zwischenräume getrennt, die stets schmaler als die Flecken selbst sind. Letztere sind 5 bis 9 Dorsalia lang (3 bis 5 bei B. s. subocularis) und haben nicht die deutlichen lateralen Ausläufer der anderen Unterart. Die Lateralflecken können recht groß und auffällig sein. Die Nackenstreifen sind etwas breiter als bei der texanischen Form und von gleichmäßiger Breite ohne schmalere Stellen. Wie bei der Nominatunterart ist die Kopfoberseite ungezeichnet. Es gibt 33 bis 36 Dorsaliareihen, 268 bis 282 Ventralia und 73 bis 78 Subcaudalia.

In ihrer reinen Form ist die Schlange nur aus Durango in Mexiko bekannt. Mischformen mit *B. s. subocularis* kommen im südlichen Coahuila und den angrenzenden Teilen von Chihuahua und Nuevo Leon vor. Man vergleiche hierzu WEBB (1990: Texas Jour. Sci., 42 [3]: 227 - 243).

Eine ziemlich typische Terrariennachzucht der Trans-Pecos- Kletternatter (Bogertophis subocularis subocularis). Im Terrarium vermehrte Tiere neigen zum Verlust der Halsstreifen und der ausgeprägten H-Form der Dorsalflecken. Foto: R.D. Bartlett

Die "Blonde Phase" der Trans-Pecos-Kletternatter wird im Terrarium hauptsächlich mit Tieren vom Unterlauf des Trans Pecos gezüchtet. Zusätzlich zu der heller lohbraunen Färbung haben sie gewöhnlich reduzierte Sattelflecken. Die Streifen auf dem Hals können sogar völlig fehlen. Bei den meisten Tieren sind die H-förmigen Flecken nicht als solche erkennbar. Man beachte die relativ großen Lateralflecken bei dem unten gezeigten Tier, die möglicherweise auf die Präsenz von Genen der Durango-Unterart hindeuten.
Fotos: J. Merli (oben) und R.D. Bartlett(unten)

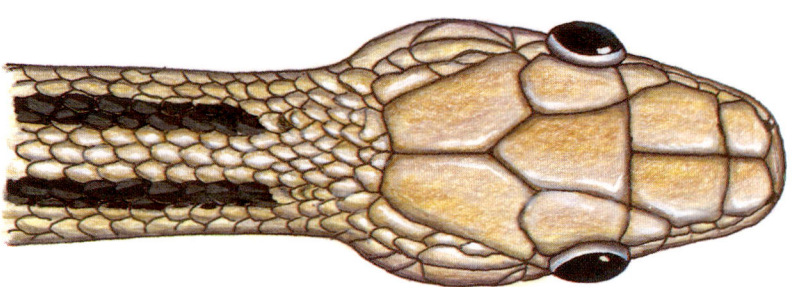

Bogertophis subocularis (amplinotus),
Durango-Kletternatter

Bogertophis rosaliae
Baja-California-Kletternatter

Die Baja-California-Kletternatter ist die seltenste amerikanische Kletternatter und die am geringsten erforschte. Bis 1957 waren gerade vier Exemplare bekannt, die 1899, 1921 und 1932 gesammelt oder beschrieben worden waren. Seitdem haben Sammler noch einige weitere Tiere finden können, und das bekannte Verbreitungsgebiet hat sich vergrößert. Es ist heute nicht mehr nur auf die lebensfeindlichen Trockengebiete auf der mexikanischen Halbinsel Baja California beschränkt, sondern Nachweise existieren nun auch aus dem äußersten Süden von Kalifornien. Nach wie vor begegnet man dieser Schlange aber nur selten.

Die Art ist insofern einzigartig, daß ihre adulten Tiere einfarbig rötlich braun mit einem eher hellen, sehr ansprechenden Ton von deutlich rötlich bis oliv sind. Ungefähr ein Jahr lang tragen die Jungtiere eine sehr bleiche Farbe mit zahlreichen, kurzen, weißen Balken über die Rückenmitte, die selten mehr als eine Schuppe breit sind, sowie unregelmäßige weiße Striche an den Flanken.

Die Trans-Pecos-Kletternatter ist offenbar hochgradig variabel was Farbe und Zeichnung bei Terrariennachzuchten angeht. Dieses Jungtier von B. subocularis subocularis hat zwei sehr regelmäßige Streifen auf den vorderen drei Vierteln des Körpers und zerrissene Flecken auf dem letzten Viertel. Genetische Untersuchungen dieser Art könnten sehr interessante Ergebnisse zutage fördern. Die Fortpflanzung im Terrarium gestaltet sich bislang aber noch recht problematisch. Foto: P. Freed

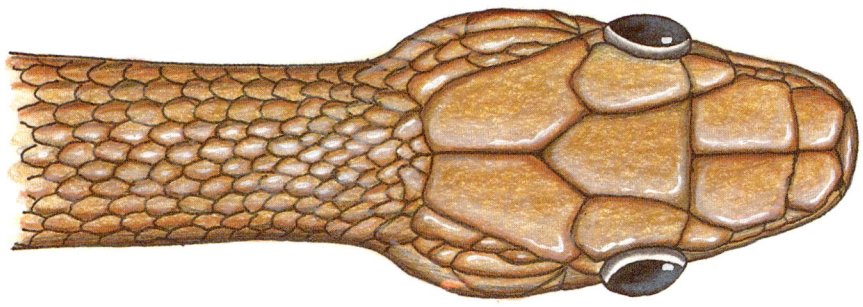

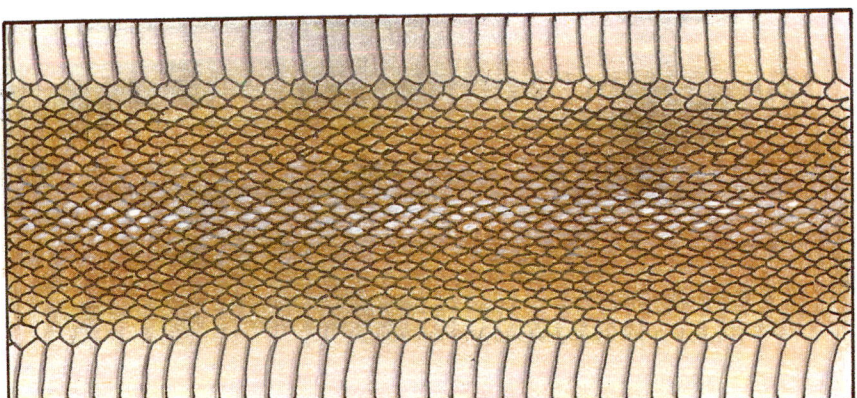

Bogertophis rosaliae,
Baja California-Kletternatter

Eine Baja-California-Kletternatter
(Bogertophis rosaliae) mit Über-
bleibseln der undeutlichen Jugend-
zeichnung.
Foto: K. LUCAS, Steinhart Aquarium

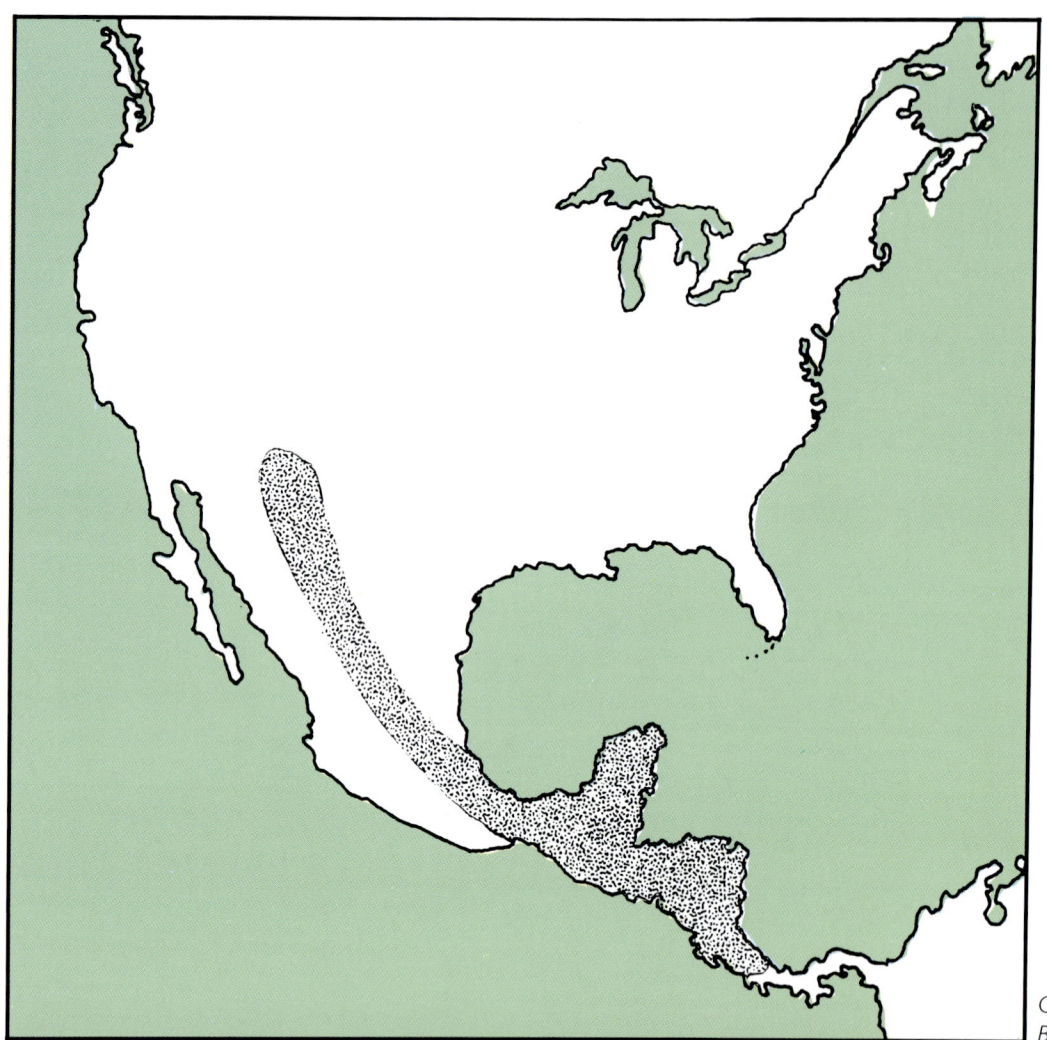

Gesamtverbreitung von Bogertophis rosaliae

Für eine einfarbig braune Schlange ist Bogertophis rosaliae überraschend attraktiv. Vielleicht tragen zu diesem Eindruck auch die großen Augen bei.
Foto: R.D. Bartlett

Beim genaueren Hinsehen erkennt man die Reihe von Lorilabialia (Subocularia) unter dem Auge dieser Baja-California-Kletternatter. Das Vorhandensein von Lorilabialia ist unter den Kletternattern selten und kommt nur bei Bogertophis vor. Allerdings haben einige eurasische Arten eine einzelne kleine Schuppe unter dem unteren Präoculare und über den Supralabialia ähnlich den amerikanischen Arten der Gattungen Coluber und Masticophis. Foto: J. Merli

Die allgemeine Erscheinung ähnelt einem aufgebrochenen weißen Netzmuster auf braunrotem Grund. Die Jungtierzeichnung verschwindet ungefähr bei Erreichen einer Länge von 50 cm. *Bogertophis rosaliae* ist *B. subocularis* hinsichtlich Körperbau, der langen Schnauze, dem breiten, von einem schlanken Hals abgesetzten Kopf und der hervorstehenden Augen sehr ähnlich. Die Kopfoberseite ist ungezeichnet.

Unter den Augen liegen 5 bis 6 Lorilabialia (Subocularia), so daß die Supralabialia die Augen nicht berühren können. Die Dorsalschuppen sind nahezu glatt, mit Ausnahme der vertebralen fünf oder weniger Reihen, die eine schwache Kielung aufweisen; sie liegen in 31 bis 35 Reihen. Die Ventralia zählen 276 bis 287, die Subcaudalia 83 bis 89. Die Art erreicht vermutlich eine mittlere Länge zwischen 800 und 1000 mm.

Benannt nach der mexikanischen Stadt Santa Rosalia und nicht, wie einige Terrarianer immer wieder vermuten, nach einer Dame namens Rosalie, stammt diese Schlange aus einer der lebensfeindlichsten Gegenden Amerikas, einem Lebensraum, in dem fast alle Tiere selten sind. Da die Baja nur eine kurze Autofahrt von San Diego in Kalifornien entfernt liegt, ist sie dennoch zu einem sehr beliebten Ausflugsziel für Sammler geworden und wurde während der letzten paar Jahrzehnte recht gut erforscht. Die meisten Exemplare wurden nachts gefunden. Vielleicht wird auch die Baja-California-Kletternatter eines Tages zu einer Standardschlange für den fortgeschrittenen Terrarianer werden. Wer weiß das schon?

Senticolis triaspis
Grüne Kletternatter

Was steckt in einem Trivialnamen? Für diese Kletternatter mag er zutreffen, befaßt man sich lediglich mit den Tieren aus den USA, d.h. den wenigen, die in Arizona gefunden werden - die sind tatsächlich grün. Im größten Teil des Verbreitungsgebietes ist die Grüne Kletternatter jedoch lohbraun bis kräftig braun ohne jegliche Anzeichen von grün - was wiederum ein Argument für die Verwendung von wissenschaftlichen Namen ist.

Die Art ist durch die sehr hohe Anzahl Dorsaliareihen (31 bis 39, gewöhnlich eher im oberen Bereich) in Verbindung mit einer reduzierten oder fehlenden Kopfzeichnung, einer langen Schnauze, einem langgestreckten und rechteckigen Loreale, gewöhnlich 8 Supralabialia (wovon zwei das Auge berühren), fast glatten Dorsalschuppen, 241 bis 282 Ventralia und 87 bis 126 Subcaudalia zu erkennen. Ihre Verbreitung erstreckt sich über weite Teile des nördlichen tropischen Amerikas vom äußersten Süden von Arizona und New Mexico bis nach Costa Rica. Dabei scheint sie jedoch

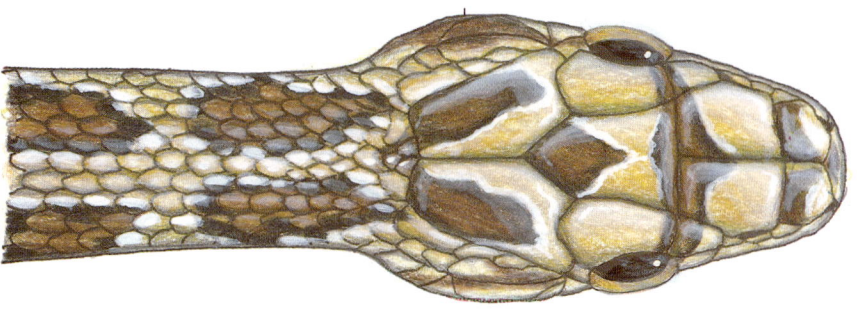

Senticolis triaspis,
Grüne Kletternatter

Gesamtverbreitung von
Senticolis triaspis

Dieses Jungtier der Grünen Kletternatter (Senticolis triaspis) zeigt Reste einer Kopf- und Körperzeichnung. Foto: J. Merli

nirgendwo wirklich häufig zu sein, obwohl sie nicht strikt nachtaktiv ist und meistens während der späteren Nachmittags- und frühen Abendstunden beobachtet wird.

Man unterscheidet zwischen drei verschiedenen Adultzeichnungen, die alle die Grundlage für Unterartbeschreibungen lieferten. Etliche Bearbeiter zweifeln jedoch heute an der Gültigkeit dieser Taxa, da sie auf nur kleinen Sammlungen fußen und vermutlich keine Auskunft über die wirkliche Variationsbreite bei dieser Art geben.

1.) *triaspis*-Typ: Lohbraune bis gräuliche Grundfarbe mit deutlichen Sattelflecken auf dem Rücken, die oftmals schwarz umsäumt sind und von lateralen Flecken begleitet werden. Die Anzahl der Sattelflecken beträgt bei der Art 43 bis 73. (Yucatan, Mexiko und östliches Guatemala).

2.) *mutabilis-Typ*: Oberseits einfarbig lohbraun, manchmal mit gerade noch erkennbaren Spuren von Sattelflecken. (Guatemala bis Costa Rica).

3.) *intermedia*-Typ: Rein "grün", d.h. einfarbig limonengrün, olivgrün oder graugrün, gelegentlich mit Anzeichen von dorsalen Sattelflecken in Form von schwarzen und weißen Schuppen bei gedehnter Haut. (Südliches Arizona bis Chiapas, Mexiko).

Alle drei Formen haben eine einfarbige, häufig leuchtend gelbe Ventralseite. *S. triaspis* ist eine schlanke, mäßig große Schlange von etwa 1500 mm Länge. Sie macht aktiv Jagd auf Mäuse und andere kleine Nager. Im Gegensatz zu manchen Berichten ist sie bodenbewohnend und erklettert nur gelegentlich niedriges Gebüsch. Obwohl bisweilen selbst in der Mittagshitze in der Wüste beobachtet, ist die Schlange normalerweise eher in den kühleren Morgen- und Abendstunden unterwegs. Säugetiere, Vögel und Echsen dienen als Futter. Die brauneren Exemplare kommen gewöhnlich aus feuchteren Lebensräumen als die gezeichneten oder grünen.

Alle drei Farbmorphen tauchen gelegentlich im Handel auf; es ist jedoch eine seltene Art. Die Jungtiere haben oftmals eine deutliche Kopfzeichnung, die wie eine unvollständige Kornnatternzeichnung aussieht und Fragmente einer "Speerspitze", eines Schnauzenbandes und eines Streifens vom Auge zum Mundwinkel aufweist. Die hohe Anzahl von Dorsaliareihen und mehr Sattelflecken unterscheiden solche Jungtiere jedoch deutlich. Bei *S. t. intermedia* verschwindet die Jugendzeichnung innerhalb von zwei Jahren.

Im Terrarium erweist sich diese Schlange als die schwierigste Kletternatter. Sie ist daher nur für den fortgeschrittenen Pfleger geeignet, es sei denn, es handelt sich um Nachzuchttiere. Die Arbeit

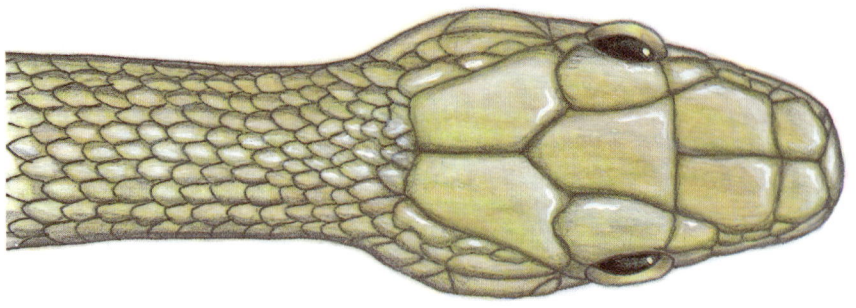

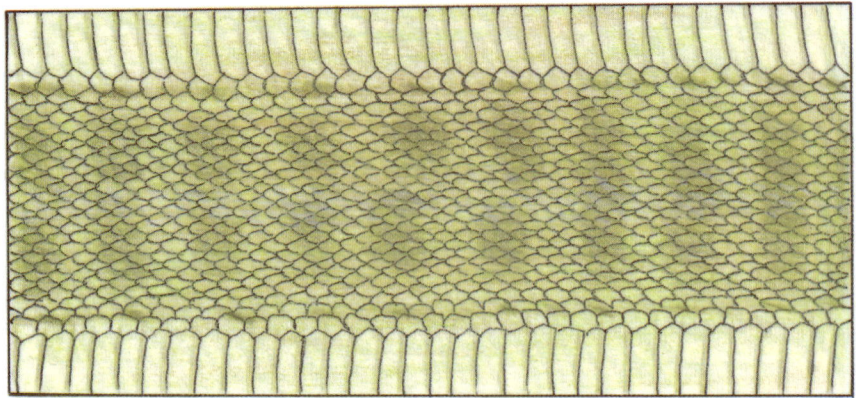

Senticolis triaspis (intermedia),
Grüne Kletternatter

von T. CRANSTON über die Form aus Arizona zeigte eine Reihe von hauptsächlichen Problemen auf: enorme Mengen von Parasiten bei Wildfangtieren, empfindliche Männchen, die nur die Jungtiere ganz bestimmter Mäusearten akzeptieren, enge Temperaturtoleranzen (20 bis 27°C) und erhebliche Schwierigkeiten bei der Überwinterung.

Eine junge Grüne Kletternatter (Senticolis triaspis intermedia), die noch einige Spuren einer Körperzeichnung aufweist. Nur wenige Exemplare dieser Art sind für den Betrachter tatsächlich grün.
Foto: R.D. Bartlett

Der Unterschied zwischen einer braunen Unterart mit undeutlichen Sattelflecken (oben: Senticolis triaspis mutabilis aus Honduras; Foto: P. Freed) und einer olivgrünen ohne Flecken (unten: Senticolis triaspis intermedia aus Nord-Mexiko; Foto: G. PISANI) ist weitgehend relativ.

Die Europäischen Arten

Zugegeben ist das Abhandeln europäischer Kletternattern eine Angelegenheit des Komforts, da nur eine der vier klassischen europäischen Arten nicht auch in Westasien vorkommt. Es gibt somit nur eine rein europäische Art, nämlich *E. scalaris*. Die anderen haben eher eine nach Westen bis in den europäischen Raum ausgeweitete Verbreitung vor. Die europäischen Feldführer behandeln meist vier Arten als Europäer, so daß diese traditionelle Auffassung die Teilung der Gattung in zwei altweltliche Gruppen unterstützt. Rein praktisch gibt es damit auch vier Arten weniger in der großen und unübersichtlichen asiatischen Gruppe.

Obwohl wir die Unterarten zu einem gewissen Ausmaß bei den nordamerikanischen Formen diskutiert haben, zwingt die herrschende Verwirrung in der Literatur zu einer eingeschränkteren Behandlung der Unterarten bei den europäischen und asiatischen Kletternattern. Die jüngere europäische Literatur zeigt eine Tendenz, den Unterarten weniger Bedeutung zuzumessen, was vielleicht eine gute Idee ist. Das ältere Schrifttum ist hingegen vollgestopft mit Unterartnamen, jedes Land scheint dabei seine eigene nationale Subspezies zu haben, und jede Insel der Ägäis scheint von einer anderen Form bewohnt zu sein. Viele Taxa sind dabei nur bei Vorliegen größerer Sammlungen anhand von geringfügigen Unterschieden in Zeichnung, Beschuppungsmerkmalen oder mittleren Adultgrößen zu bestimmen. Einzeltiere sind nur durch den Fundort identifizierbar. Einige Unterarten oder Zeichnungstypen werden wir allerdings auch bei den eurasischen Formen diskutieren. Die europäische Literatur verwendet nur selten den Begriff "Kletternatter", sondern spricht meist nur von "Nattern", wie Leopardnatter, Vierstreifennatter, Treppennatter usw.

Elaphe longissima
Äskulapnatter

Die Äskulapnatter ist eine eher einfarbige Art mit grauer oder olivbrauner Ober- und gelber bis gräulicher Unterseite. Manchmal zeigen sich weiße Flecken an den Schuppenrändern. Ein vages

Diese Äskulapnatter (Elaphe longissima) hat sich vermutlich in jungen Jahren verletzt; man beachte die teilweise unregelmäßigen Kopfschilder. Foto: B. Kahl

Streifenmuster, das entfernt einer sehr verwaschenen Zeichnung der Vierstreifennatter ähnelt, kann speziell bei italienischen Tieren vorhanden sein. Ein dunkles Band mit unscharf abgegrenzten Rändern verläuft vom Augenhinterrand zum Mundwinkel, und ein schwacher, dunkler Fleck kann unterhalb des Auges auftreten. Hinter dem Temporalband kann sich ein undeutlicher gelber Fleck befinden, der von der Jugendzeichnung übrig geblieben ist.

Auf den ersten Blick kann man die Jungtiere mit der Ringelnatter (*Natrix natrix*) verwechseln, denn sie haben vier bis sieben unregelmäßige Reihen kleiner, rundlicher Flecken auf grünlich grauem oder braunem Grund. Die Kopfzeichnung ist deutlich und besteht aus einem Band über die Schnauze, einem weiteren vom Hinterrand des Auges zum Mundwinkel, einem leuchtend gelben Fleck dahinter und einem dunklen, V-förmigen Zeichen im Nacken. Morphologisch betrachtet, zählt man 23, manchmal nur 21 Reihen glatter Dorsalschuppen. Das einzelne Präoculare ist ungeteilt, ohne ein abgespaltenes kleines unteres Präoculare wie bei der Vierstreifennatter, wodurch man beide im Leben gut auseinanderhalten kann. Das Rostralschild ist breit, aber nicht besonders hoch und von oben kaum zu erkennen. Es gibt 210 bis 248 Ventralia, 60 bis 91 Subcaudalia, das Analschild ist geteilt. Die Ventralschilder haben einen schwachen seitlichen Kiel. Obwohl Exemplare von

Elaphe longissima, Äskulapnatter

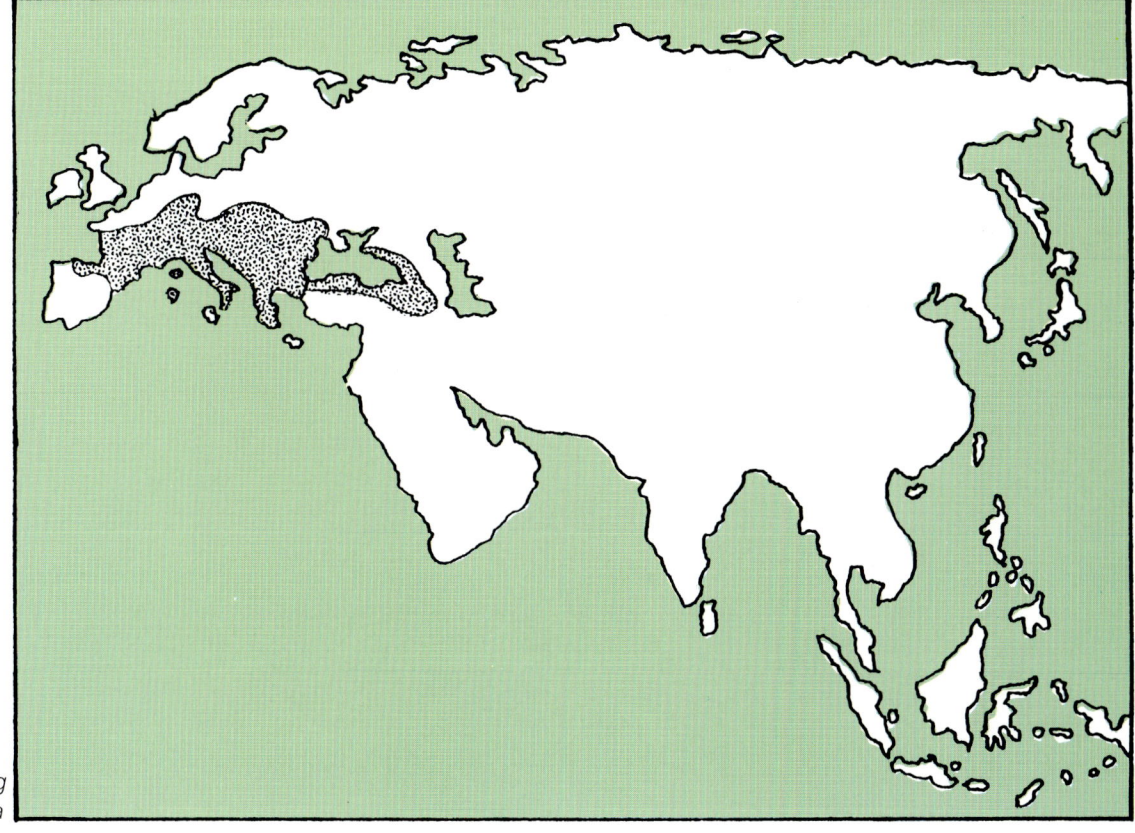

*Gesamtverbreitung
von Elaphe longissima*

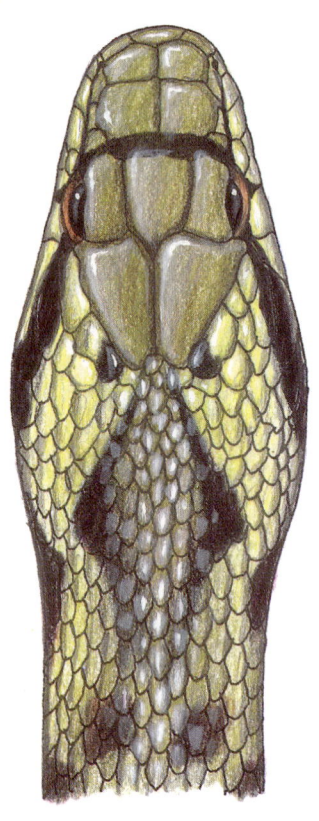

Wenngleich nicht gerade farbenprächtig, ist die Äskulapnatter (E. longissima) auch nicht gerade häßlich. Die verstreute weiße Fleckung ist in beinahe allen Altersstufen erkennbar und selbst bei sehr dunklen Alttieren vorhanden.
Foto: B. Kahl

Jungtier der Äskulapnatter

Junge Äskulapnattern (E. longissima) sind häufig anhand der gelben Flecken hinter dem Kopf zu erkennen, die über mehrere Monate erhalten bleiben. Sie fehlen bei den anderen europäischen Kletternattern und lassen Verwechslungen mit der Ringelnatter (Natrix natrix) zu.
Foto: R.D. Bartlett

fast 2 Metern bekannt sind, liegt die mittlere Länge nur bei 1400 mm. Die Äskulapnatter ist von Nordspanien und Frankreich über Südeuropa bis östlich des Schwarzen Meeres sowie mit einzelnen, isolierten Populationen in Deutschland verbreitet. Gegenwärtig werden im allgemeinen nur zwei Unterarten anerkannt, wobei *E. l. longissima* den größten Teil der Gesamtverbreitung einnimmt. Die meist als typisch angenommene Längsstreifung der Unterart *E. l. romana* - in Mittel- und Süditalien sowie Sizilien zu Hause - ist jedoch nicht unterartcharakteristisch. Die frühere Unterart *persica* aus Aserbaidschan und dem Iran ist heute als eigene Art, *Elaphe persica*, Persische Kletternatter, anerkannt.

Die Äskulapnatter ist eine friedfertige, sich recht langsam bewegende Schlange. In Südeuropa liegt die Paarungszeit im Mai; die Eier werden ein bis zwei Monate später gelegt und schlüpfen nach etwa 60 Tagen. Ein mittelgroßes Gelege umfaßt 5 bis 8 Eier. Die Haltungstemperatur sollte am Tage etwa 25°C betragen, mit einem Plätzchen zum Aufwärmen, kühlen Nächten und halbtägiger Beleuchtung. Die erfolgreiche Vermehrung erfordert eine Überwinterung von vier bis fünf Monaten bei 5 bis 15°C. Die günstigste Inkubationstemperatur liegt um 25°C. In der Natur fressen die Jungtiere Echsen, Terrariennachzuchten gehen aber willig an nackte Mäuse. Die Vermehrung im Terrarium erfolgt nicht in großem Stil, ist jedoch nicht allzu schwierig.

Elaphe quatuorlineata
Vierstreifennatter

Als große, massige, aber dennoch friedfertige Schlange ist die Vierstreifennatter ein häufiger im Terrarium gehaltener Europäer. In vielerlei Hinsicht sieht sie einer bräunlichen Kükennatter aus Amerika ähnlich. Auch sie ist eine überwiegend lohbraune bis gelbliche Schlange mit vier braunen bis schwärzlichen Streifen auf dem Körper. Ein deutlicher dunkler Streifen zieht sich vom Hinterrand des Auges zum Mundwinkel. Die Kopfoberseite ist dunkelbraun und kontrastiert stark mit den weißlichen Lippenschildern. Die Ventralseite ist gelblich weiß mit vereinzelten dunklen Flecken. Zumindest ist das die häufigste Zeichnungsform in großen Teilen der westlichen Verbreitung, Italien bis Griechenland und dem westlichen Balkan. Jungtiere sehen völlig anders aus, haben eine Reihe rundlicher, dunkelbrauner Sattelflecken auf dem Rücken, die besser nur als Flecken zu bezeichnen wären, da sie nur geringfügige laterale Verlängerungen aufweisen, sowie eine oder zwei Reihen kleinerer brauner Flecken auf den Flanken. Der Kopf weist ein im

Äskulapnatter (E. longissima). Foto R.D. Bartlett

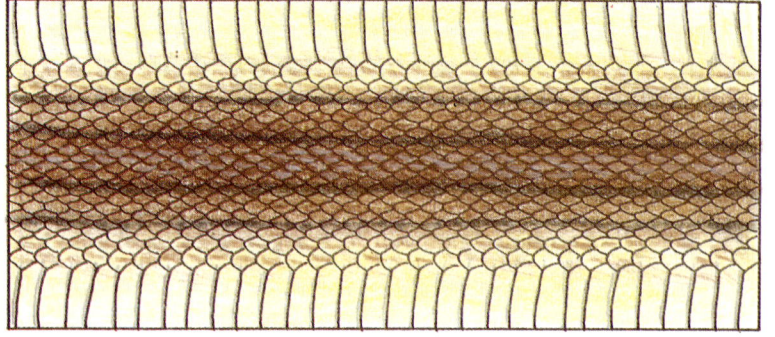

Elaphe quatuorlineata (quatuorlineata), Vierstreifennatter, Jugendzeichnung rechts

Elaphe quatuorlineata (sauromates)

Die Flecken einer erwachsenen Vierstreifennatter E. quatuorlineata sauromates sehen dem Jugendkleid sehr ähnlich.
Foto: S. Kochetov

Nacken teilweise gegabeltes Zeichen und Flecken auf der Kopfoberseite auf. Weiterhin ist ein kräftiges Band zwischen Augenhinterrand und Mundwinkel vorhanden. Die Bauchseite ist weiß und zeigt bisweilen zwei Reihen dunkler Flecken im hinteren Abschnitt.

Im Osten der Verbreitung bleibt die Jugendzeichnung weitgehend auch bei den Erwachsenen erhalten, was insbesondere auf die vertebrale braune Fleckenreihe zutrifft, so daß sie einfach von der westlichen Form zu unterscheiden ist. Wie letztere hat auch sie das dunkle Band zwischen Auge und Mundwinkel.

Die leicht gekielten Dorsalschuppen liegen in mehr oder weniger 25 Reihen; es gibt 195 bis 234 Ventralia und 63 bis 90 Subcaudalia. Das Analschild ist geteilt. Vom Präocularschild ist ein kleines unteres Präoculare abgeteilt, das teilweise zwischen die Supralabialia eindringt. Das Rostrale ist breit, von oben jedoch kaum zu erkennen.

Die typisch gestreifte Form *E. q. quatuorlineata* ist von Süditalien über den westlichen Balkan bis nach Griechenland verbreitet. Die ähnliche und kleinere Unterart *E. q. muenteri* kommt auf den griechischen Inseln der Ägäis vor. Die östliche Form, die das Jugendkleid behält, ist *E. q. sauromates* mit einer Verbreitung von Ostbulgarien bis in den nordwestlichen Iran. *E. q. sauromates* bleibt mit 1350 mm kleiner als die fast 2 Meter erreichende Nominatform.

Bei der Pflege sollte man immer daran denken, daß es sich um eine Schlange trockener und warmer Klimate handelt. Hierdurch werden eine zwölfstündige Beleuchtungsdauer und ein Wärmeplatz erforderlich; Temperaturen bis 30°C sind angebracht. Wie die meisten Kletternattern klettert die Art, ist jedoch nicht ausgesprochen arborikol. In freier Wildbahn macht sie allerdings auch Jagd auf Vögel und deren Eier. Die Paarung findet in freier Wildbahn zwischen Mai und Juli statt; die Eier werden zwischen Juli und August gelegt. Die 10 bis 15, manchmal mehr Eier benötigen bei 26 bis 27°C 30 bis 60 Tage bis zum Schlupf. In der Natur ernähren sich die Jungtiere hauptsächlich von Echsen, gewöhnen sich unter Terrarienbedingungen aber an nackte Mäuse. Es wird sogar berichtet, daß sie noch vor der ersten Häutung Futter annehmen. Eine Überwinterung ist für Zuchtversuche hilfreich, jedoch nicht zwingend notwendig. Die Art ist die Typusart der Gattung *Elaphe*.

Elaphe scalaris
Treppennatter

Hierbei handelt es sich um die einzige rein europäische Kletternatter mit einer Verbreitung, die auf die Iberische Halbinsel (Spanien und Portugal) und die Südküste Frankreichs sowie einige davorliegende Inseln beschränkt ist. Es ist eine äußerst deutlich definierte, einfach zu erkennende Art, bei der adulte Tiere eine aus

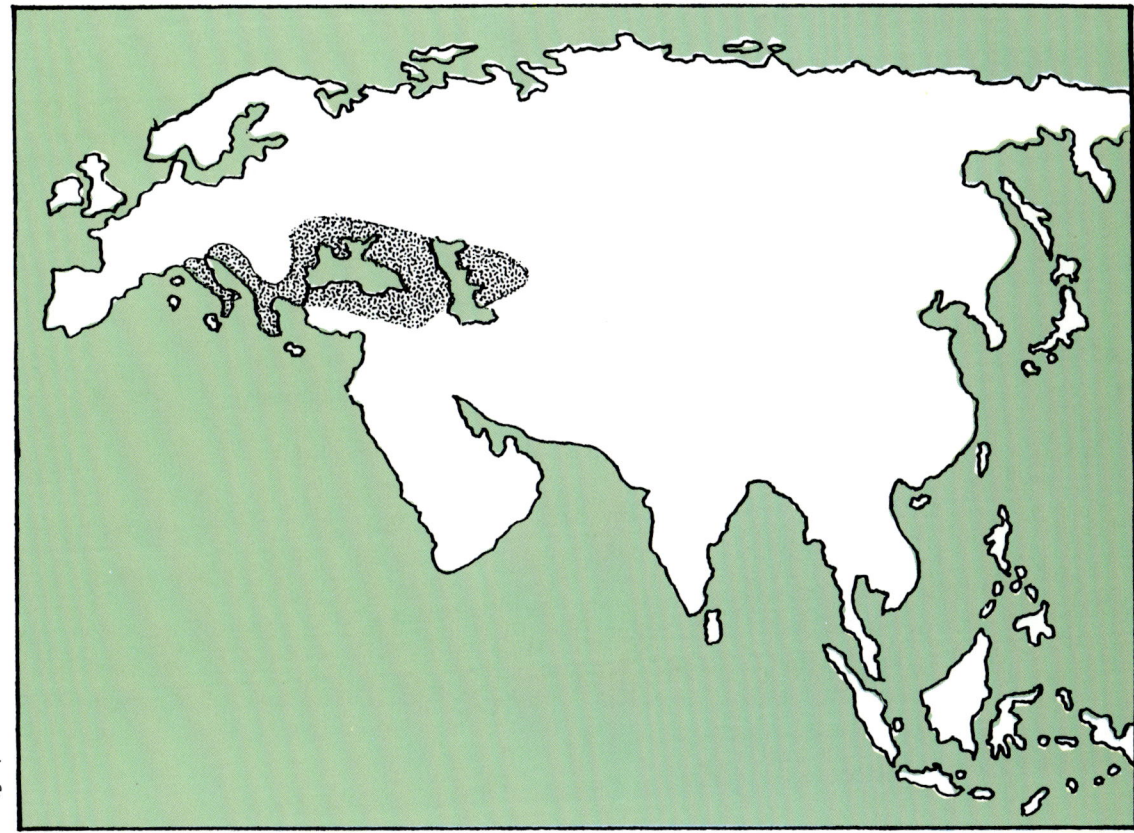

Gesamtverbreitung von Elaphe quatuorlineata

Eine adulte Vierstreifennatter (E. quatuorlineata quatuorlineata), die typische westliche Unterart. Foto: B. Kahl

Jungtiere der Vierstreifennatter (E. quatuorlineata) sind kaum einer der Unterarten zuzuordnen, es sei denn, es steht eine große Serie zur statistischen Auswertung der Schuppenwerte zur Verfügung. Bei Terrariennachzuchten weiß man natürlich, ob die Eltern gefleckt oder gestreift sind. Hier zu sehen sind E. q. sauromates. Fotos: R.D. Bartlett

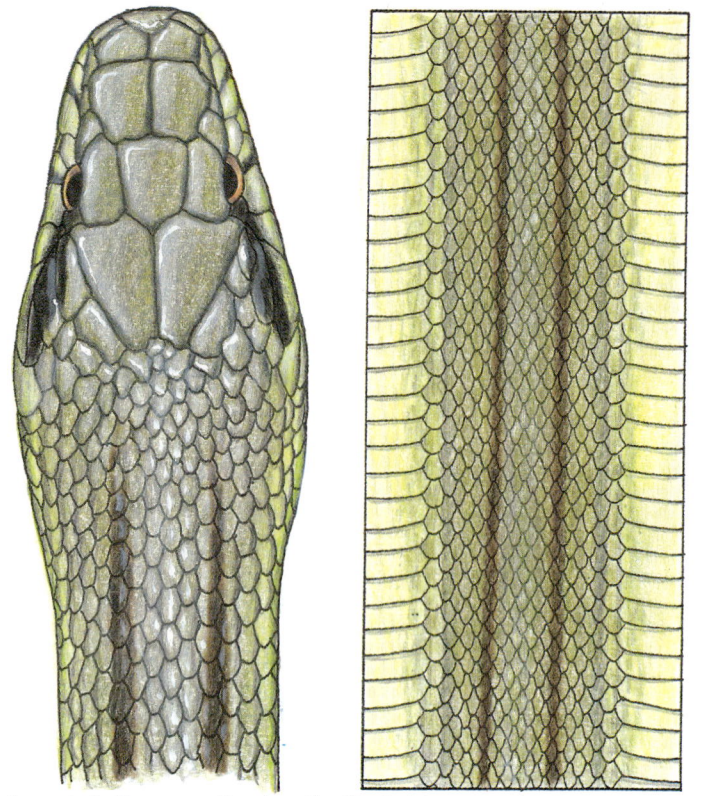

Elaphe scalaris, Treppennatter; Jungtier-Kopfzeichnung rechts

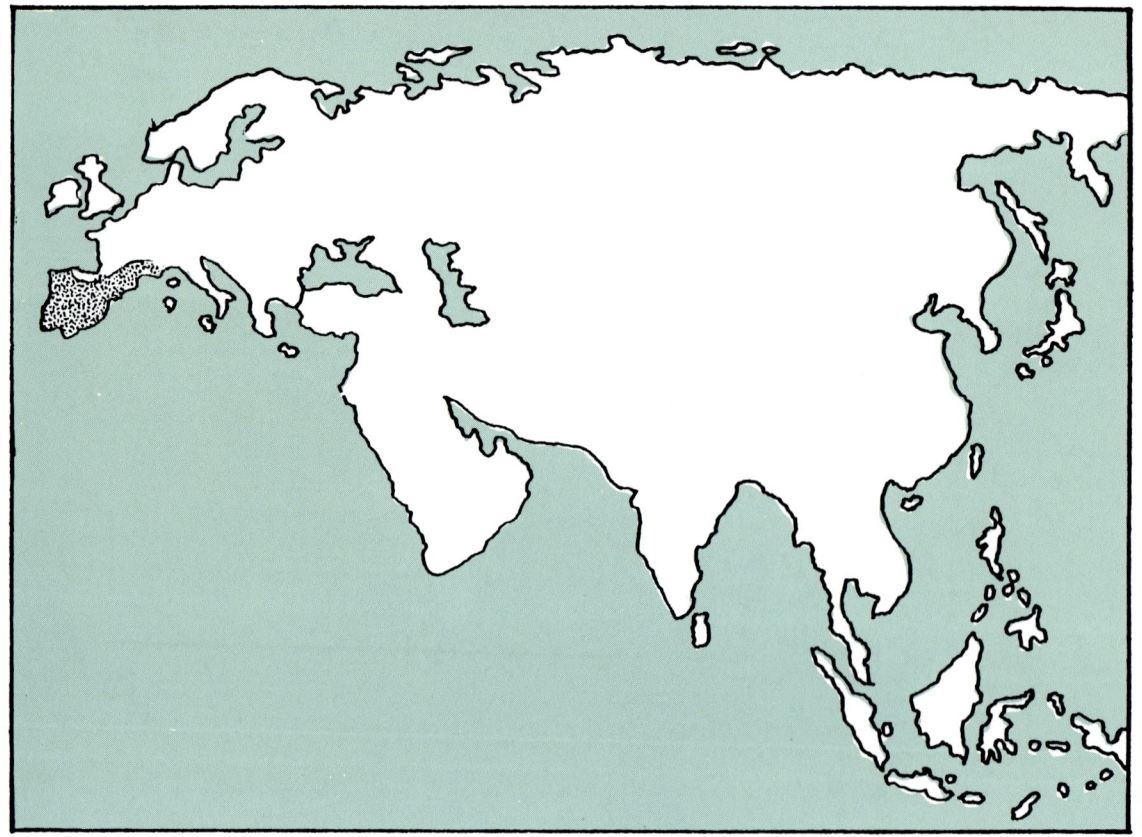

Gesamtverbreitung von Elaphe scalaris

zwei dunkelbraunen Streifen beiderseits der Vertebrallinie beste-hende Zeichnung aufweisen. Die Flanken tragen keine Streifen. Auch ist das Rostralschild ungewöhnlich hoch; es reicht weit genug auf die Kopfseite hinauf, um die Internasalia teilweise zu separie-ren und hängt am Maulspalt über. Die dominierende Farbe ist dorsal braun, ventral weißlich ohne nennenswerte Zeichnung. Alt-tiere behalten Teile der juvenilen Kopfzeichnung in Form eines dun-klen Streifens vom Augenhinterrand zum Mundwinkel und einem oder mehreren Flecken und Strichen auf den Lippenschildern bei.

Die Jungtiere sind für die Bezeichnung Treppennatter verant-wortlich, da sie ein sehr deutliches Muster aus etwa 50 schwärz-lichen Sattelflecken mit lateralen Ausläufern auf einer heller loh-braunen bis grauen Grundfärbung aufweisen. Die Flanken sind locker oder dicht mit schwärzlichen Flecken und Strichen in unre-gelmäßiger Anordnung bedeckt. Der Nackenfleck hat sehr häu-fig zwei nach vorne gerichtete Arme, die auf dem Hinterkopf direkt hinter den Parietalia verbunden sind. Die Schnauze kann von

einem Y-förmigen, ebenfalls schwärzlichen Fleck geziert sein. Ein breites schwarzes Band zieht sich in einem Bogen von der Ober-lippe durch das Auge zurück zum Mundwinkel. Mit zunehmen-dem Alter verbinden sich die Sattelflecken lateral und bilden Strei-fen, so daß die Leiterzeichnung entsteht. Gleichzeitig verblassen die lateralen Flecken dadurch, daß die Grundfarbe eindunkelt. Schließlich, unter Umständen nach mehreren Jahren, hat sich die Adultzeichnung durchgesetzt.

Die glatten Dorsalia liegen in 27 Reihen über die Körpermitte; die Ventralia zählen 201 bis 220, die Subcaudalia 48 bis 68; das Analschild ist gewöhnlich geteilt, seltener ungeteilt. Das Rostral-schild ist erheblich vergrößert, zugespitzt und überragt den Maul-spalt. Es hat eine spitze Verlängerung nach hinten, welche die Internasalia zur Hälfte voneinander trennt. Die Art ist mit etwa 1200 mm Länge vergleichsweise klein, kann aber in Ausnahme-exemplaren bis 1600 mm erreichen.

Die Schlange bewohnt trockene, sonnige Habitate, wo sie den

Dieses Jungtier wurde als junge Elaphe scalaris importiert. Es handelt sich jedoch wahrscheinlich um eine junge asiatische Stinknatter (Elaphe carinata).. Foto: R.D. Bartlett

größten Teil des Tages mit Sonnenbaden verbringt und nachts auf Jagd geht. Sie frißt kleine Säugetiere und auch Vögel, verschmäht jedoch anscheinend deren Eier. Die Haltungsbedingungen entsprechen ungefähr denen der Vierstreifennatter, jedoch wird sie selten im Terrarien nachgezogen. Die Haltungstemperaturen sollten nicht unter 21°C sinken und 36°C an Wärmeplätzen nicht übersteigen. Die Winterruhe in der Natur dauert von Oktober bis März oder April. In Frankreich erfolgen Paarungen dann zwischen Mai und Juni. Etwa einen Monat später legt das Weibchen 5 bis 10 (maximal 24) Eier, die in freier Wildbahn nach 5 bis 12 Wochen schlüpfen.

Elaphe situla
Leopardnatter

Die kleine, selten einen Meter Länge erreichende Schlange ist gleichzeitig eine der schönsten europäischen Arten, die demzufolge sehr gefragt, andererseits jedoch kaum erhältlich ist. In vielerlei Hinsicht ist sie der Kornnatter auf den ersten Blick ähnlich. Die Alttiere behalten die Jugendzeichnung bei, so daß die Schlange in jedem Alter eine Fleckenzeichnung hat. Die Flecken sind kräftig rotbraun bis dunkelbraun und kontrastieren mit einer hell loh-

brauen, gelblichen oder ansprechend grauen Grundfarbe. Allgemein sind die Flecken breit mit schwarzen Rändern, jedoch sind sie manchmal in der Mitte geteilt, so daß zwei Reihen von verbundenen oder separierten Flecken entstehen können. In seltenen Fällen verbinden sich die Flecken zu zwei deutlichen rötlichen Bändern mit schwarzen Rändern. Die Flanken tragen eine oder zwei weitere Reihen von kleinen Flecken. Im vorderen Bereich ist die Bauchseite weiß; sie wird jedoch im weiteren Verlauf dunkler und kann bei Erreichen des Kloakalspalts bereits schwarz sein. Der Kopf ist deutlich gezeichnet und trägt ein breites schwarzes Band oder ein Paar Flecken vor den Augen, ein deutliches schwarzes Band unter den Augen, ein breites schwarzes V-förmiges Zeichen ein Stück hinter den Augen, das gewöhnlich in der Spitze aufgebrochen ist und eine schmale spitze Verlängerung des ersten Dorsalflecks, der bis auf die Kopfmitte reicht, darstellt.

Man zählt 27 Reihen von glatten Dorsalschuppen, 220 bis 260 Ventralia und 68 bis 89 Subcaudalia; das Anale ist geteilt.

Die Schlange ist bodenbewohnend, begibt sich aber auf der Suche nach Beute auch in Hecken. Wie die meisten europäischen Arten ist sie in warmen, trockenen und felsigen Biotopen zu Hause, wo sie die meiste Zeit des Tages sonnenbadend verbringt. Das Ter-

Diese junge Treppennatter (Elaphe scalaris) zeigt sowohl Reste der Jugendzeichnung als auch die kräftigen Dorsalstreifen. Foto : R.D. Bartlett

rarium sollte daher warm (um 27°C) sein und einen Sonnenplatz aufweisen. Die Beleuchtung sollte für wenigstens 12 Stunden in Betrieb sein. In der Natur findet die Paarung zwischen Mai und Juni statt; Eiablagen werden dann im Juli oder August beobachtet. Die Inkubation der Eier benötigt 60 bis 70 Tage bei 27°C.

Die Art ist mitunter heikel, vor allem wegen der langen Phasen, in denen Futter verweigert wird. Mäuse werden allgemein angenommen. Da diese Art zu keinem Zeitpunkt häufig war, viel besammelt wurde und drastischen Veränderungen in ihren Lebensräumen ausgesetzt ist, unterliegt sie in vielen Staaten gesetzlichen Schutzmaßnahmen. Dem durchschnittlichen Terrarianer wird sie daher nur zur Verfügung stehen, wenn Terrariennachzuchten in vermehrtem Maße auf dem Markt erscheinen.

Die Leopardnatter hat eine vergleichsweise begrenzte Verbreitung, die Süditalien, Griechenland, den Süden des Balkans und einige Mittelmeerinseln abdeckt und ostwärts durch die Türkei bis zur Westküste des Kaspischen Meeres reicht. In großen Teilen dieses Raumes ist sie selten und nur punktweise verbreitet.

Elaphe situla, Leopardnatter

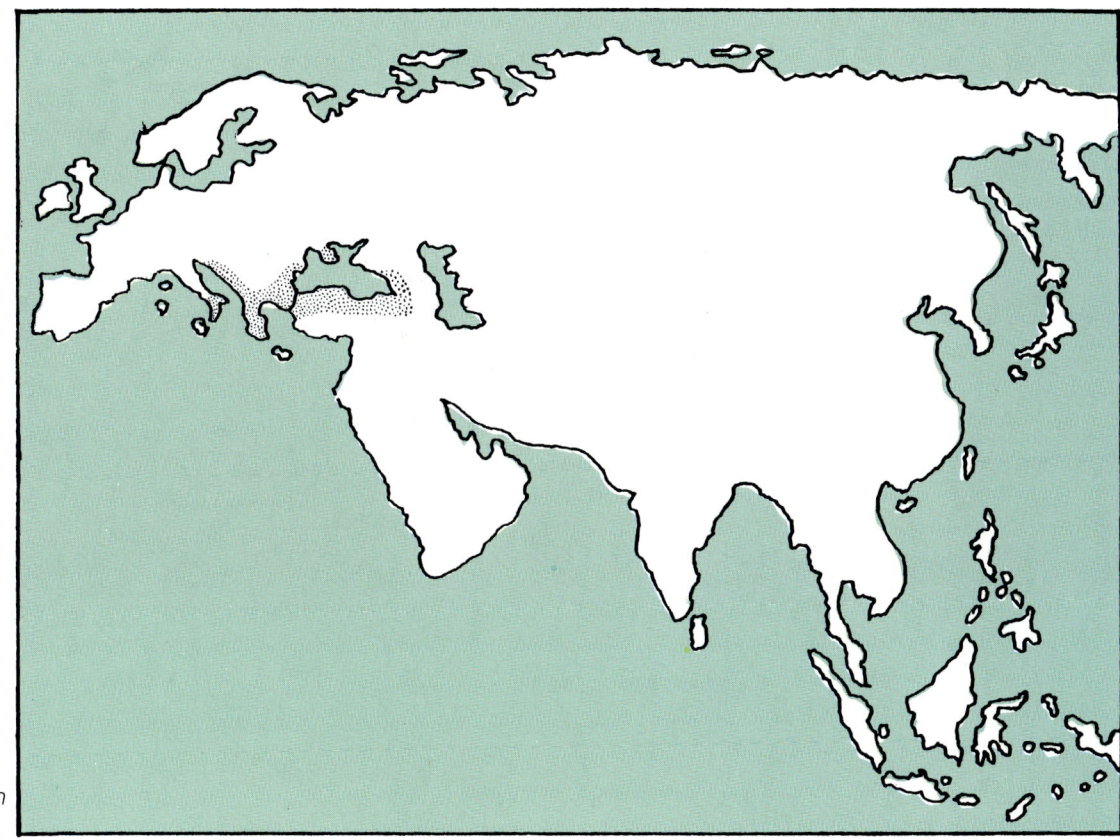

Gesamtverbreitung von Elaphe situla

Der nachfolgende Schlüssel soll die Bestimmung der vier europäischen Arten vereinfachen:

1a. Rostralschild groß, überlappt den Maulspalt vorne und reicht bis zwischen die Internasalia; adulte Exemplare mit nur zwei braunen Streifen und ohne laterale Streifen ... *E. scalaris*

1b. Rostrale normal groß, breiter als hoch und von oben kaum zu erkennen; es trennt die Internasalia nicht ... 2

2a. Adulti mit rötlichen Flecken, seltener Streifen, mit schwarzen Rändern; Kopfoberseite mit einem schwarzen V-förmigen Zeichen hinter den Augen und einer schmalen "Speerspitze" in der Mitte ... *E. situla*

2b. Adulti gefleckt oder gestreift, jedoch immer ohne schwarze Einfassungen; gewöhnlich keine ausgeprägte Kopfzeichnung, sondern lediglich ein schwarzer Streifen vom Auge zum Mundwinkel ... 3

3a. Ein Präorbitale, nicht geteilt; häufig Spuren eines gelben Flecks auf der Seite des Nackens, selbst bei erwachsenen Exemplaren; selten braune Streifen und wenn, dann undeutlich ausgeprägt ... *E. longissima*

3b. Präorbitale geteilt, die untere Hälfte kleiner und zwischen Supralabialia eingekeilt; keine gelben Flecken auf dem Nacken; vier dunkelbraune Streifen oder eine Reihe brauner Sattelflecken bei Adulti ... *E. quatuorlineata*

Die paarigen Dorsalflecken von Elaphe situla, der Leopardnatter, sind gewöhnlich zumindest teilweise miteinander vertebral verbunden. Foto: K. Knaack

Elaphe situla (Foto oben: P.H. Briggs, dank Lloyd Lemke) ähnelt in gewisser Weise Elaphe guttata (Foto unten: J. Iverson), jedoch vergleiche man die Lage der Bänder hinter den Augen bei den beiden Arten.

Die Asiatischen Arten

Von der Artenvielfalt her gibt es in Asien mehr Arten Kletternattern als im gesamten Rest der Welt. Nun, da heute einige dieser Formen im Terrarium vermehrt werden, werden die Asiaten zu einem zunehmend bedeutsamen Faktor in der Terraristik. Die meisten, nicht jedoch alle Arten haben ein vergleichbares Temperament und benötigen ähnliche Haltungsbedingungen wie die bekannteren nordamerikanischen und europäischen Kletternattern.

Bis heute können nur wenige asiatische Arten in der Terraristik als etabliert gelten. Die weitaus größere Anzahl wird nicht häufig bis selten oder so gut wie nie importiert. Einige sind selbst einheimischen Fängern wenig bekannt und auch in musealen Sammlungen kaum vertreten. Als Folge davon ist ihre Beschreibung in dem nun folgenden Abschnitt im Vergleich mit den amerikanischen Arten eher kurz gehalten. In den meisten Fällen werden, wie bei den europäischen Formen, die Unterarten nur am Rande erwähnt. Fast ausnahmslos sind diese schlecht definiert, haben ungeklärte geographische Verbreitungen, und bei vielen ist unklar, ob sie Synonyme oder gute Arten sind. Da verschiedene Arten im Leben unbekannt sind, und man nichts über die Variabilität ihrer Zeichnung weiß, sind Beschuppungsmerkmale und -werte der einzige Weg zu einer Identifikation. Von einigen Formen ist bekannt, daß sie hinsichtlich Beschilderung und Farbzeichnung je nach Herkunft sehr variabel sind; andere verändern ihr Aussehen mit zunehmendem Alter, und bei wieder anderen scheint es mehr als nur einen Adultzeichnungstyp zu geben. Letzterer Umstand könnte aber auch ein Hinweis darauf sein, daß mehrere Arten zusammengewürfelt wurden.

Man sollte nicht erwarten, daß dieses Kapitel alle asiatischen Arten ausreichend abhandelt. Es sollte dennoch genügend Informationen für eine halbwegs zuverlässige Identifikation besonders jener Arten liefern, die dem Terrarianer gegenwärtig zugänglich sind.

Ein Hinweis sei in Bezug auf die Gattungen angebracht. Die Bezeichnungen *Elaphe* und *Gonyosoma* werden hier verwendet, jedoch ist es wahrscheinlich, daß darin noch mehrere andere Gat-

Die Zweiflecknatter (Elaphe bimaculata) ist eine attraktive kleine Art, die seit kurzem in kleinen Stückzahlen gezüchtet wird.
Foto: P.H. Briggs, dank Lloyd Lemke

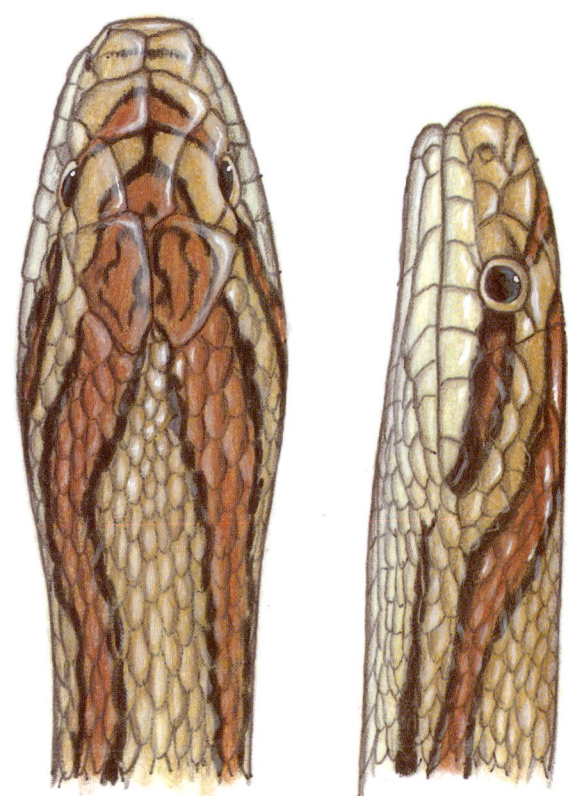

tungen verborgen sind. "*Elaphe*" *rufodorsata* zum Beispiel ist eher eine Wasserschlange als eine Kletternatter, und nach Meinung einiger Experten ist sie in der Gattung *Elaphe* deplaziert. Es besteht die Möglichkeit, daß zukünftige Bearbeiter aus dem hier als Kletternattern bezeichneten Komplex disharmonischer asiatischer Arten noch mehrere Gattungen abspalten werden.

Elaphe bimaculata
Zweifleckkletternatter
(Chinesische Zweistreifennatter)

Diese kleine Kletternatter wird seit kurzem kommerziell gezüchtet und wird dadurch künftig in der Terraristik eine weitere Verbreitung erfahren. Obwohl sie nur selten einen Meter Länge erreicht, ist sie in jeder Hinsicht eine typische Kletternatter. Die Zeichnung ist deutlich: auf einer lohbraunen bis gelblichen Grundfarbe befinden sich zwei Reihen aus etwa 40 eckigen, rotbraunen, schwarz gerandeten Flecken. Häufig reichen die inneren Ecken über den Rücken und verbinden sich mit dem Fleck auf der anderen Seite zu einem schmetterlingsähnlichen oder fliegenartigen Doppelfleck. Bei vielen Exemplaren sind jedoch die Flecken in einer

Elaphe bimaculata, Zweiflecknatter

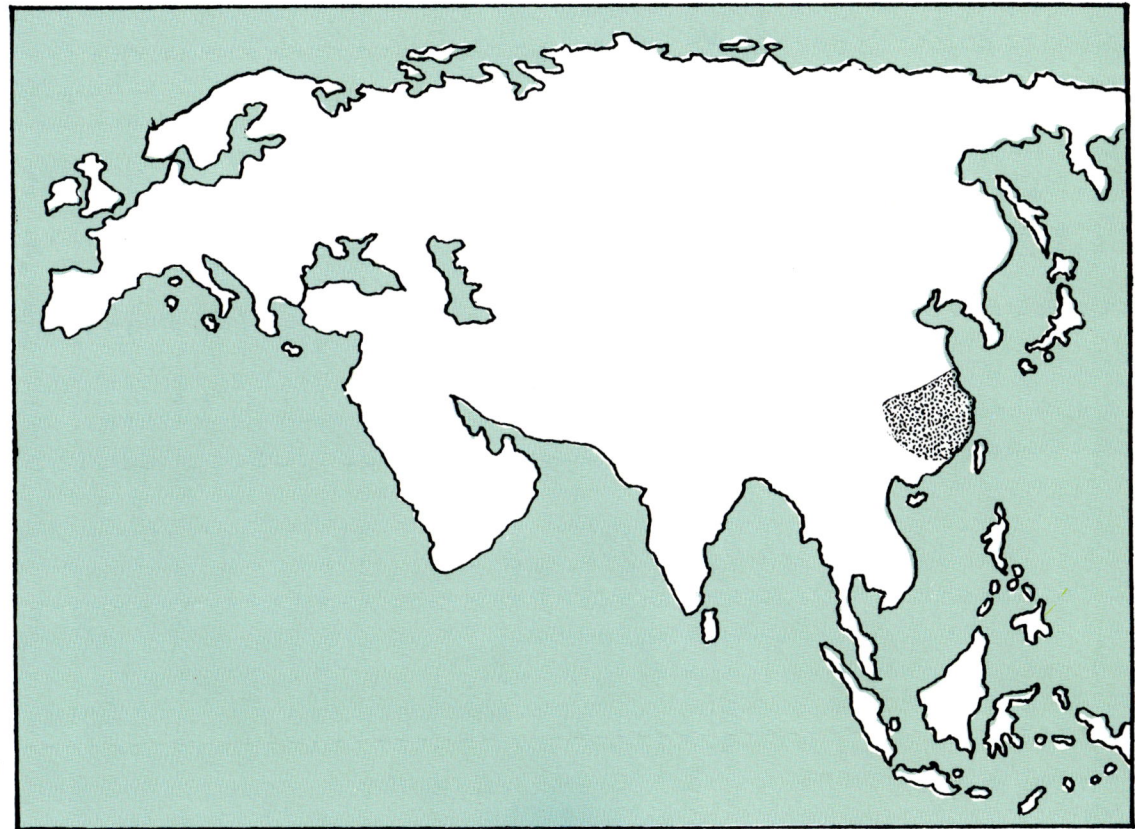

Gesamtverbreitung von Elaphe bimaculata

Die Zweiflecknatter (E. bimaculata) ist gewöhnlich nicht allzu farbenprächtig (Foto unten Susan und Hugh Miller). Die Dorsalflecken können zu unterbrochenen bis zu fast vollständigen Streifen verschmolzen sein. Einige Exemplare können jedoch wunderhübsche kleine Schlangen mit leuchtenden Farben und deutlichen Flecken sein (Foto oben: R.D. Bartlett). Es ist zu hoffen, daß die Züchter sich auf diese konzentrieren.

Reihe in Längsrichtung miteinander verbunden, so daß scharf abgegrenzte rotbraune Streifen mit schwarzen Rändern entstehen. Die lateralen Flecken sind weniger scharf abgesetzt, zeigen aber trotzdem auch eine Neigung zur Streifenbildung. Somit kann die Zweifleckkletternatter entweder zwei Reihen rotbrauner Winkelflecken mit jeweils einer schwächeren Reihe auf den Flanken haben oder zwei rotbraune Streifen mit jeweils einem begleitenden, schwächer ausgeprägten Lateralstreifen aufweisen. Die Streifung wird zum Schwanz hin intensiver. Die Bauchseite ist gelblich mit geringer dunkler Sprenkelung.

Im Nacken fließen die Flecken nahezu bei allen Exemplaren zu kurzen, schwarz eingefaßten Streifen zusammen und verbinden sich auf dem Kopf zu einer ornamentreichen "Speerspitze", deren Spitze bis zwischen die Augen reicht. Desweiteren befinden sich schwarz gesäumte rötliche Striche oder Flecken zwischen den Augen, und ein ebensolches Band verläuft von der Augenvorderkante über die Schnauze. Ein breiter schwärzlicher Streifen mit deutlichen Rändern zieht sich von der Hinterkante des Auges zum Mundwinkel und weiter auf die Seite des Halses, um schließlich in die laterale Reihe Flecken überzugehen.

Durchschnittliche Schuppenwerte sind 188 bis 207 Ventralia, 67 bis 73 Subcaudalia, gewöhnlich 10 Infralabialia und mehr als 23 Dorsaliareihen. Von der sehr ähnlichen *Elaphe dione*, die häufiger und weiter verbreitet ist, unterscheidet sie sich durch die geringere Anzahl Infralabialia (10 gegenüber 11 bis12) und durch die beiden beschriebenen Zeichnungstypen aus Flecken und/oder Streifen gegenüber einer klaren Jugendzeichnung, die mit zunehmendem Alter langsam zerfällt, wobei die Grundfarbe eindunkelt und sich zunehmend mit den dunkleren Zeichnungselementen vereinigt. *E. dione* hat weiterhin deutliche, schmale, dunkle Querbinden über den Rücken. Sie wird häufig mit "*E.*" *rufodorsata* verwechselt, die ein ähnliches Farbkleid hat und ebenfalls kleinwüchsig ist, jedoch weniger, d.h. 21, glatte Dorsaliareihen, 154 bis 182 Ventralia und 46 bis 63 Subcaudalia aufweist. Auch ist deren Schnauze augenfällig kürzer. Viele im Handel angebotene *bimaculata* erweisen sich trotzdem als *rufodorsata*, eine völlig andere Art mit gänzlich verschiedenen Haltungsansprüchen.

Die Zweifleckkletternatter stammt aus den Berggebieten des südöstlichen China. Sie fühlt sich bei vergleichsweise niedrigen Temperaturen von 20°C wohl, sofern Stellen zum Wärmetanken vorhanden sind. Für eine erfolgversprechende Nachzucht ist eine Überwinterung bei ungefähr 15°C für etwa drei Monate erforderlich. Paarungen können jederzeit stattfinden, jedoch werden Gelege in aller Regel im späteren Frühjahr produziert. Dieser Art ist eine sehr kurze Inkubationszeit eigen, die nur 25 Tage betra-

gen kann. Aus den durchschnittlich acht Eiern schlüpfen Jungtiere, die ihre ersten nackten Mäuse manchmal noch vor der ersten Häutung vertilgen. Unter Terrarienbedingungen kann die Geschlechtsreife bereits nach einem Jahr erreicht werden, während in der Natur wohl zwei Jahre normal sind.

Ihre geringe Größe, die ansprechende Farbzeichnung, relativ einfache Haltung und die Vermehrungsfreudigkeit in bereits frühem Alter macht diese Art zu etwas Überlegenswertem für jeden, der an Kletternattern interessiert ist. Mit zunehmend einfacher Beschaffbarkeit sollte sie sehr beliebt werden.

Elaphe cantoris
Cantors Schmucknatter

Verschiedene indische Kletternattern sind ziemlich einfarbig, d.h. gewöhnlich bräunlich ober- und gelblich unterseits ohne oder mit geringer Kopfzeichnung. Als Schmucknattern zusammengefaßt, stellen sie eine verwirrende Gruppe dar, die in den europäischen wie amerikanischen Terrarienerkreisen nur spärlich vertreten ist. Bei *Elaphe cantoris* handelt es sich ebenfalls um eine Art, die oberseits weitgehend bräunlich und unterseits gelblich ist. Das Braun

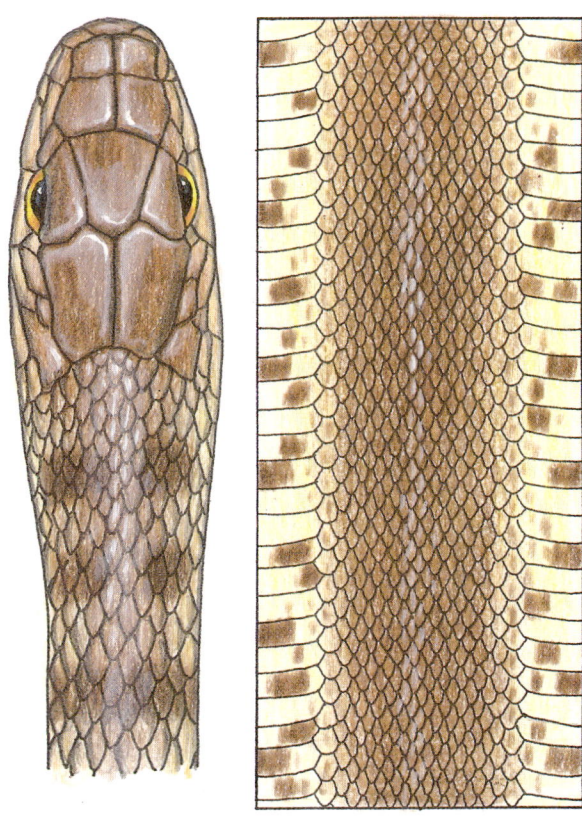

Elaphe cantoris, Cantors Kletternatter

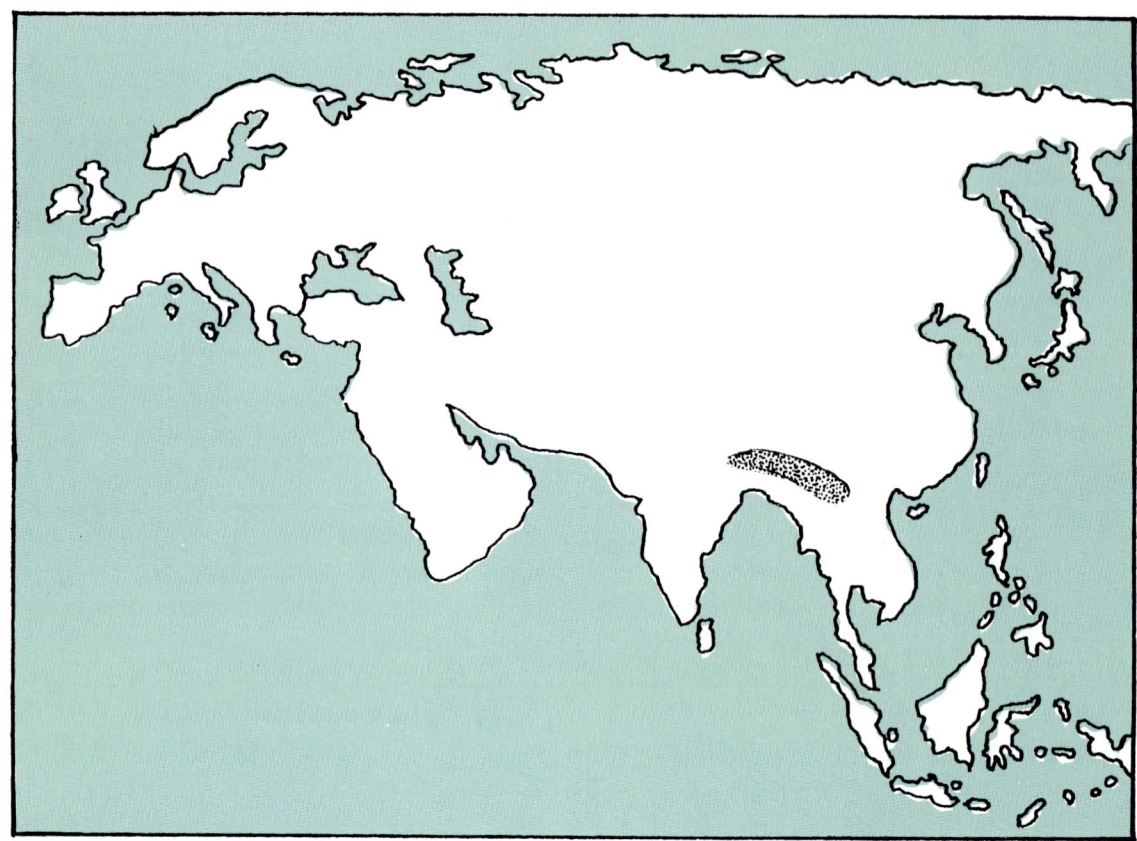

Gesamtverbreitung von Elaphe cantoris

des Rückens schlägt zum Hals hin nach Grau um und dunkelt posterior ein. Quadratische braune oder schwarze Flecken kurz hinter dem Kopf vereinigen sich auf dem Rücken zu Querbalken, die im weiteren Verlauf blaß rotbraun werden. Der Kopf ist ungezeichnet. Der gelbliche Bauch kann auf der Schwanzunterseite einen rosa Anflug haben und weist oftmals schwarze oder braune Sprenkel auf. Bisweilen kann der Bauch durchgehend dunkel sein. Diese Beschreibung trifft weitgehend auf die Jungtiere zu; die genannten Merkmale verblassen mit zunehmendem Alter und werden undeutlich. Ausgewachsene Tiere können dorsal einfach nur bräunlich und ventral schmutzig gelb sein.

Die Dorsalia sind schwach gekielt oder glatt und liegen in etwa 21 Reihen über die Körpermitte, von den 8 Supralabialia berühren zwei das Auge. Ventralia 213 bis 232, Subcaudalia 65 bis 88; das Analschild ist gewöhnlich ungeteilt, die Ventralia an den Seiten gekielt. Das Loreale ist etwas länger als hoch.

Typische *E. cantoris* messen etwa 1200 mm, mit einer maximalen Länge von fast 2 Metern. Als Bewohner des östlichen Himalayamassivs soll sie in Sikkim, Assam und den Berggebieten des nördlichen Burmas häufig sein. Vermutlich ernährt sie sich in der Natur von Kleinsäugern und Vögeln. Die kurze Inkubationszeit der Eier ist eine Anpassung an die kurzen Bergsommer in hohen Lagen. Hohe Temperaturen sind demzufolge unangemessen, nicht

jedoch ein Plätzchen zum Wärmetanken. Zur Fortpflanzung ist vermutlich eine längere Überwinterung notwendig.

"*Elaphe*" *carinata*
Stinknatter

Als eine der ungewöhnlichsten Kletternattern unterscheidet sich die Stinknatter von anderen Arten der Gattung *Elaphe* sowohl durch ihren Körperbau als auch durch ihr Verhalten. Sie wird dadurch zu einem erstklassigen Kandidaten für eine eigene Gattung (in der Tat steht *Phyllophis* GÜNTHER, 1864 dafür zur Verfügung). Sie besitzt stark gekielte Schuppen und eine aufrechtstehende ovale Pupille - ein Merkmal, das unter den Kletternattern wohl einzigartig ist. Ihr Verhalten ist sehr aggressiv; bei Störung bläht sie sofort den Körper auf.

Die Art ist von weiten Bereichen des südöstlichen Chinas und Taiwan bis auf die Ryukyu-Inseln - hier als eigene Unterart "*E.*" *carinata yonaguniensis* - verbreitet. Bewohner hoher Gebirgslagen ist die Unterart *E. c.degenensis*. Ihr Leben beginnt als 30 cm langes Jungtier mit hell olivfarbener Grundtönung und schlecht abgegrenzten schwarzen Bändern und Flecken auf dem Kopf und dem Rücken. Die Flanken können zwei dünne dunklere Streifen aufweisen. Die Ventralseite ist gelblich oder altweiß. Mit zunehmendem Alter verändert sich die Färbung, der Körper wird schwärz-

Die Stinknatter ("Elaphe" carinata) besitzt eine bestechende Kopfzeichnung aus schwarzen Rändern um jede Schuppe, ist anderenfalls aber hochgradig variabel in der Färbung. Man beachte das kleine, für die Art typische Präorbitalschild, das ein Supralabiale vom Auge separiert. Fotos: R.D. Bartlett

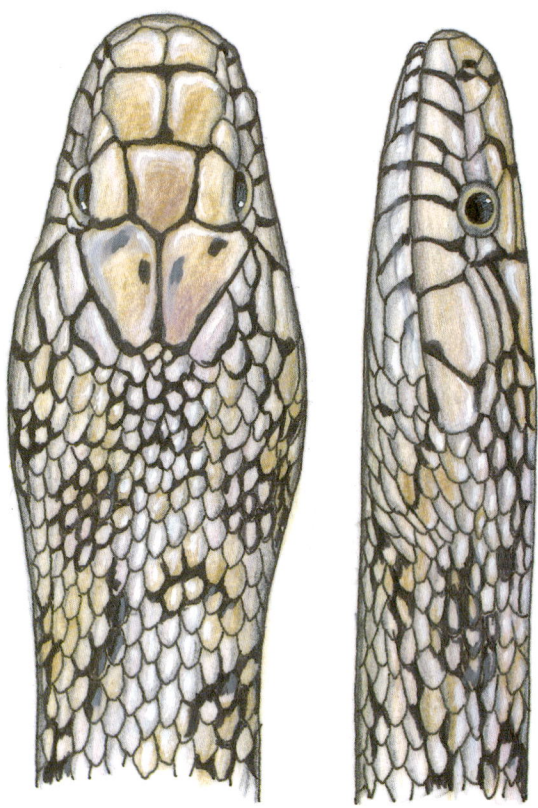

licher und die Bänder werden undeutlich. Schließlich kann daraus eine weitgehend bräunlich schwarze Schlange werden, bei der nahezu jede Schuppe ein gelbes oder olivfarbenes Zentrum besitzt. Die Kopfschuppen werden gelb oder oliv mit breiten schwarzen Rändern. Bei vielen erwachsenen Tieren ist jede Körperschuppe mit einem schwarzen Rahmen versehen, wobei dies im hinteren Körperbereich zu einer recht regelmäßigen schwarzen Netzzeichnung auf gelbem bis olivfarbenem Grund wird. Die Bauchseite bleibt in der Regel hell, jedoch können vereinzelte dunkle Flecken auftreten. Auch können die einzelnen Ventralschuppen schwarze Ränder haben.

Man zählt 209 bis 223 Ventralia und 80 bis 97 Subcaudalia; das Analschild ist geteilt. Die stark gekielten Dorsalia in etwa 23 Reihen in Kombination mit der deutlichen schwarzen Kopfzeichnung auf gelben oder olivfarbenem Grund machen ein Schuppenzählen in der Regel überflüssig.

Obwohl dieses braune Exemplar der Stinknatter "E." carinata sich von den vorher abgebildeten deutlich unterscheidet, sind die Kopfzeichnung und die Beschuppungsmerkmale identisch. Fotos rechts: R. Everhart

"Elaphe" carinata, Stinknatter

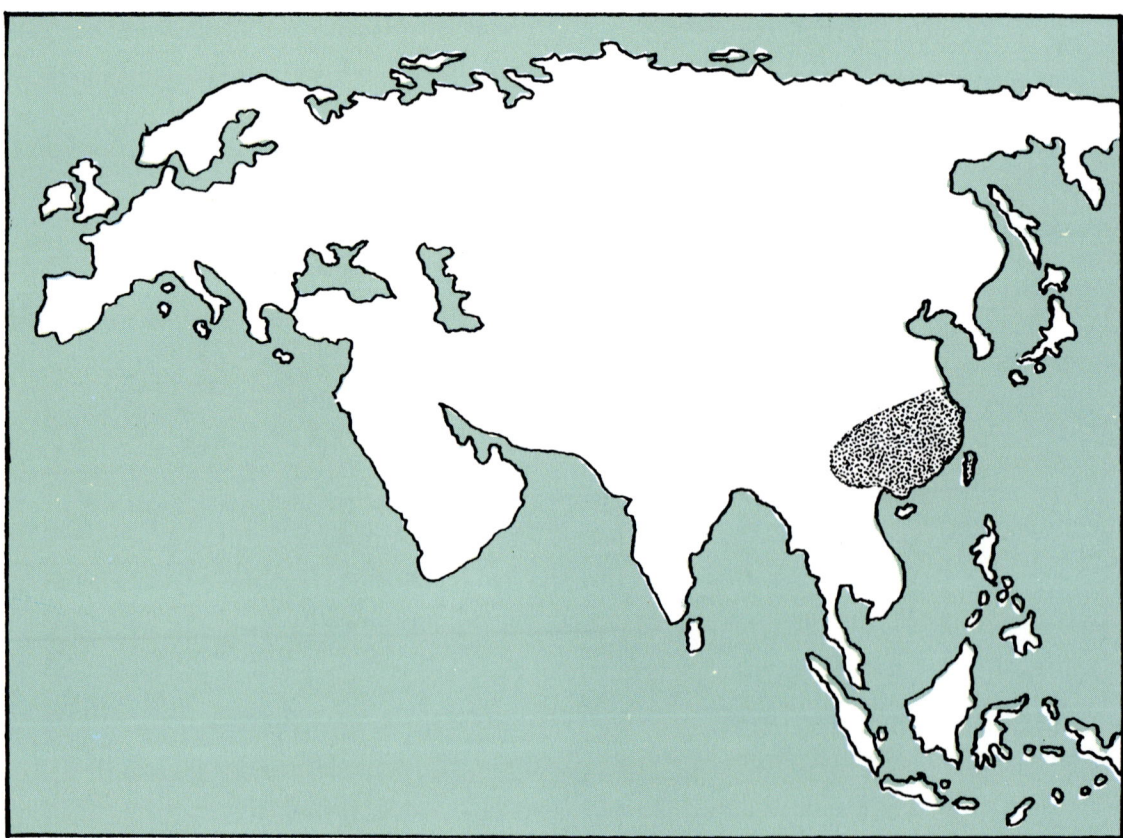

Gesamtverbreitung von "Elaphe" carinata

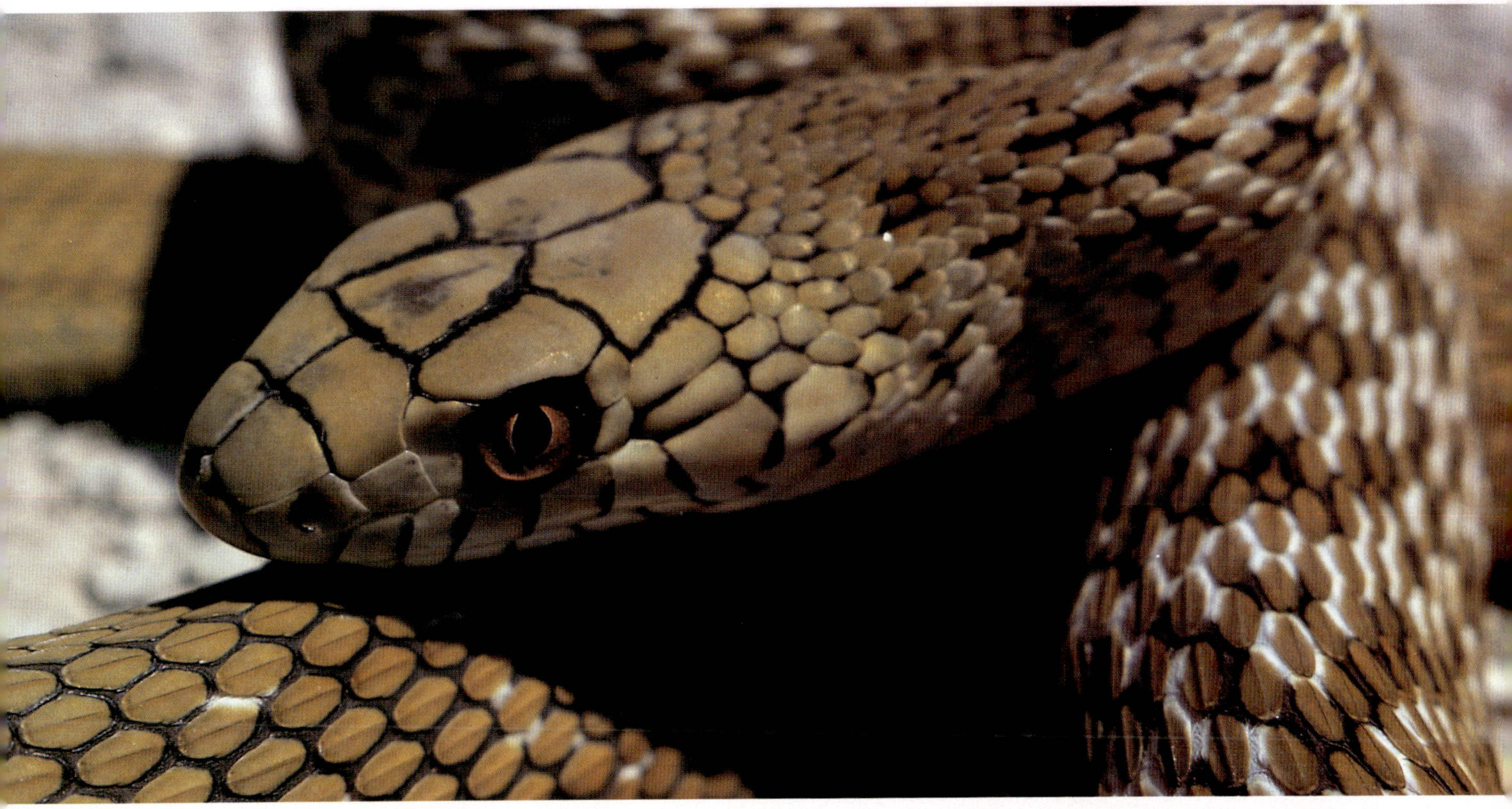

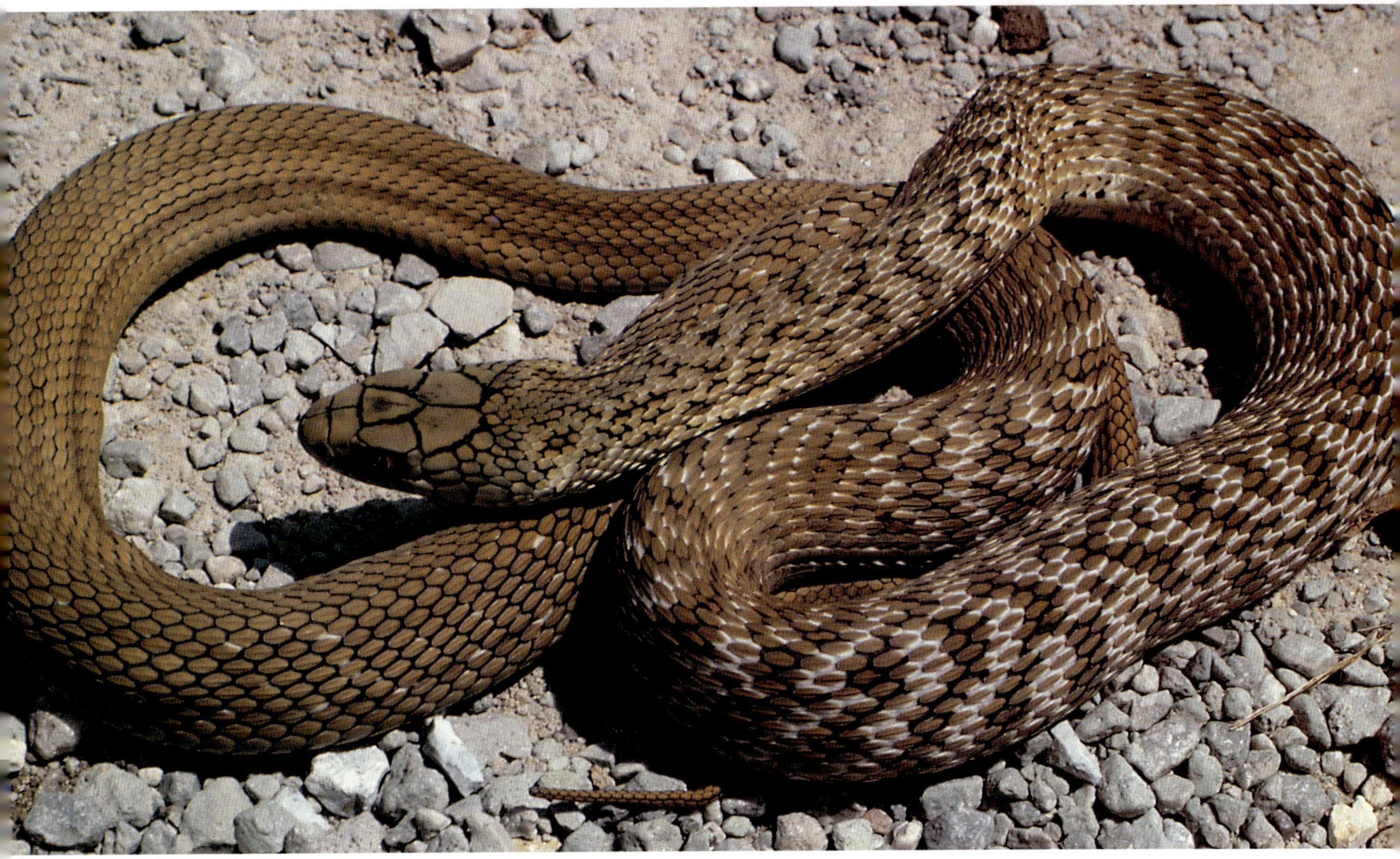

Ein interessantes Zitat aus "Reptiles of China" von POPE wirft etwas Licht auf die verwirrende Farbänderungen von *E. carinata* und einigen anderen Kletternattern: "Das bemerkenswert deutliche Jugendkleid von *E. carinata* ist bei einem Exemplar von 521 mm Kopf- Rumpf-Länge noch ziemlich unverändert, jedoch bei einem von 727 mm bereits weitgehend verschwunden. Diese Veränderung der Farben hat bereits nicht weniger als sechs Herpetologen, mich eingeschlossen, in die Irre geführt und ist dafür verantwortlich zu machen, daß *E. carinata* fünfmal umbenannt worden ist!"

Diese Form ist eine der wenigen Kletternattern, die sich im Terrarium häufig nicht besonders gut machen. Zunächst ist da ihr Name, der von einem äußerst streng riechendem Exkret aus den Analdrüsen herrührt, welches großzügig verteilt wird, wenn man die Schlange handhabt. Einige Feldforscher berichteten, daß man die Stinknatter in der Natur allein schon durch den Geruch finden könnte. Zweitens ist diese Art recht aggressiv und beißt bei Belästigung wiederholt kräftig zu, begleitet von einem Aufblähen des ganzen Körpers und lautem Zischen. Drittens fressen junge wie ältere Tiere in der Natur hauptsächlich andere Schlangen und gelegentlich Echsen, jedoch selten einmal ein Säugetier oder einen Vogel. Diese drei Wesenszüge ändern sich im Laufe der Zeit kaum, und selbst langjährig im Terrarium gehaltene Exemplare reagieren immer noch mit Aggression auf Körperkontakt mit dem Pfleger.

Die mäßig große Schlange erreicht im Mittel 1500 mm, in Ausnahmefällen über 2000 mm Länge. Der Biß jeder Schlange dieser Größenordnung ist beachtenswert. Als Bewohner von Berg- und Hügellandschaften meidet sie hohe Temperaturen. In der Natur scheint sie eher nachtaktiv zu sein, und auch im Terrarium kann sie sich tagsüber weitgehend versteckt halten. Bei einer Überwinterung vom späten Herbst bis ins Frühjahr bei etwa 8°C läßt sich die Stinknatter einfach in Gefangenschaft vermehren. Die Inku-

Ein Männchen der Inselnatter (Elaphe climacophora), genauer der als Kunasir-Inselnatter bekannten Varietät von der gleichnamigen Insel.
Foto: P.H. Briggs, dank Lloyd Lemke

bationsdauer der Eier beträgt 44 bis 52 Tage bei 26°C. Leider nehmen die Jungtiere nackte Mäuse nur sehr zögerlich an und müssen häufig zwangsernährt werden. Echsen wären als erstes Futter besser geeignet. Auch erwachsene Tiere verursachen beim Gewöhnen an Mäuse oder Küken mitunter Probleme. Vielleicht ist es das Beste, auf die Pflege dieser Art zu verzichten, falls man nicht unbedingt eine echte Herausforderung will.

Elaphe climacophora
Inselnatter

Diese Schlange ist ein Endemit der vier großen Japanischen Inseln, d.h. sie kommt nur dort vor. Ihre Färbung ist nicht besonders auffällig. Die Alttiere sind oberseits olivgrau mit vier undeutlichen dunklen Streifen auf dem Rücken. Der Kopf ist dunkelgrau und besitzt ein deutliches schwärzliches Band zwischen Augenhinterrand und Mundwinkel. Die Labialschilder sind ungezeichnet weißlich bis cremefarben, ebenso der Kehlbereich, während die Bauchseite einen olivgrauen Ton zeigt. Jungtiere sind ansprechender gezeichnet, wobei zwei Zeichnungsvarietäten auftreten.

Elaphe climacophora, Inselnatter

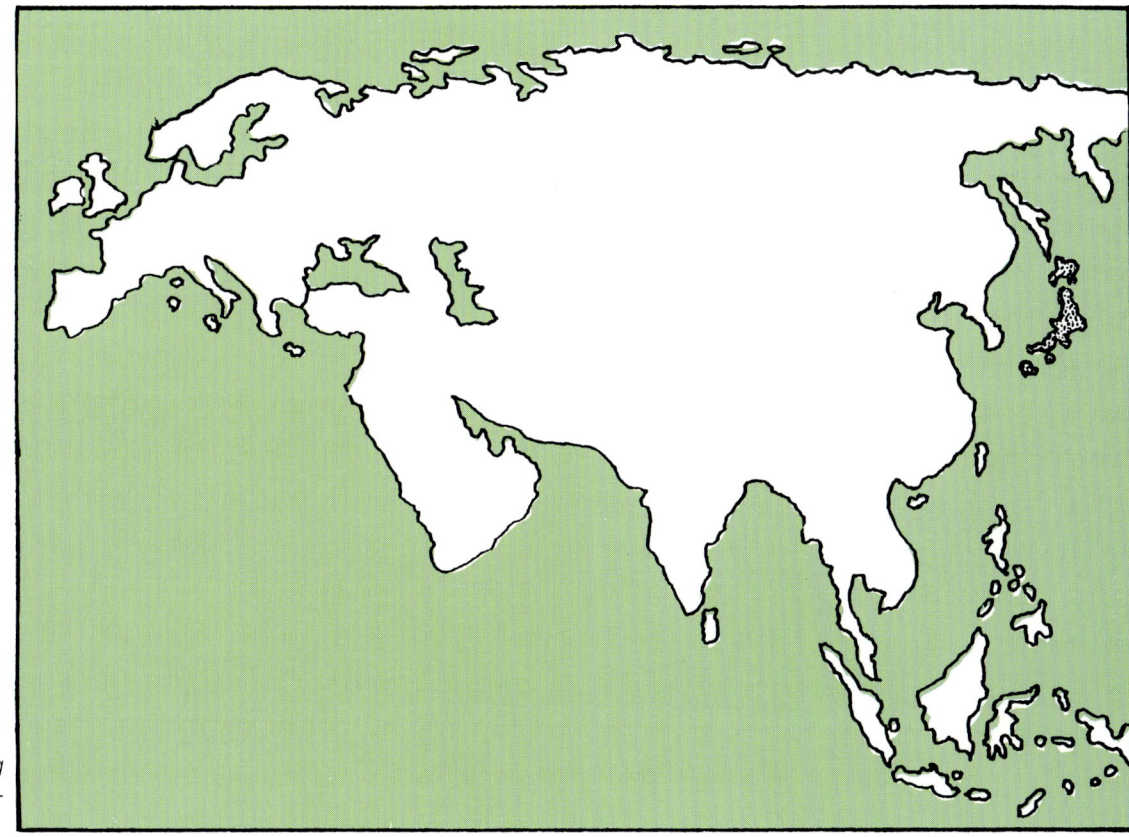

Gesamtverbreitung von Elaphe climacophora

Links: Eine adulte Inselnatter (E. climacophora) (Foto: S. Kochetov). Unten: Junge Inselnattern unterscheiden sich nicht wesentlich von adulten Exemplaren. (Foto: P.H. Briggs, dank Lloyd Lemke)

Gestreifte Exemplare besitzen vier dunkelbraune bis graue, etwa drei Dorsalia breite Streifen auf hellgrauer Grundfarbe. Gefleckte Tiere haben etwa 55 dunkelbraune Flecken, die 9 Dorsalia in der Breite und 5 in der Länge einnehmen und mehr oder minder deutlich schwarz eingefaßt sind, auf blaßgrauer Grundfarbe. Reihen von weißlichen Punkten über den Rücken können auftreten. Der Prozeß bis zur völligen Umfärbung kann langwierig sein.

Die Dorsaliareihen liegen in 23 Reihen, man zählt 224 bis 244 Ventralia mit deutlichen Kielen, 97 bis 123 Subcaudalia, und das Anale ist geteilt. Die maximale Länge liegt bei 1680 mm, jedoch sind die Tiere gewöhnlich erheblich kleiner.

Die Art ist in Japan in Feldern und Dörfern häufig und macht dort Jagd auf Mäuse und Ratten sowie auf Vögel und deren Eier. Einige Wirbel der Wirbelsäule sind zum Öffnen der Eier etwas modifiziert, schneiden jedoch nicht wie bei der Eierschlange (*Dasypeltis*) die Schale auf. Die gekielten Ventralia deuten darauf hin, daß

es sich um einen guten Kletterer handelt. Die Jungtiere fressen in der Natur häufig Echsen und Frösche. Die Art wird erst spät geschlechtsreif, und die ersten Eier sind nicht vor dem vierten Lebensjahr bei einer Länge von wenigstens einem Meter zu erwarten; die Lebenserwartung liegt bei wenigstens 15 Jahren. Die Gelegegröße schwankt zwischen 4 und 20 Paarungen werden zwischen Mai und Juni beobachtet, Eiablagen etwa sechs Wochen später im Juli, und die Schlüpflinge erscheinen dann im September. Geschlechtsreife Weibchen legen jedes Jahr. Die Jungtiere akzeptieren nackte Mäuse (etwa eine Maus pro Woche), ebenso die Alttiere. Eine Überwinterung von Dezember bis April bei 5 bis 10°C ist angezeigt.

Ein ungewöhnlicher Aspekt dieser Schlange ist die Existenz einer fast ausschließlich aus Albinos bestehenden kleinen Population nahe der Stadt Iwakuni in der Präfektur Yamaguchi. Die dortige Population genießt den einzigartigen Schutzstatus eines "Natio-

Dieses Weibchen der Inselnatter (E. climacophora) ist typisch für die Art und hat keine deutliche Fleckung mehr, sondern nur noch den Streifen hinter dem Auge. In Japan genießt die Schlange großen Respekt und kommt in einer Reihe verschiedenartiger Lebensräume vor. In der terraristischen Literatur wurde sie verschiedentlich mit Elaphe dione verwechselt.
Foto: P.H. Briggs, dank Lloyd Lemke

Elaphe conspicillata, Japanische Waldnatter

nal Monument". Albinos sind durchscheinend rosa beim Schlupf mit grauen Flecken oder Streifen auf dem Rücken und werden später undurchsichtig weiß ohne Zeichnung; die Augen sind rot. Zumindest im Terrarium unterliegen albinotische Schlüpflinge anscheinend einer hohen Sterblichkeitsrate. Kreuzungen zwischen Albinos und normal gezeichneten Tieren ergeben normal gefärbte Nachkommen, so daß dieser Albinismus offenbar einfach rezessiv ist.

Elaphe conspicillata
Japanische Waldnatter (Brillennatter)

Auch hierbei handelt es sich um eine für Japan endemische Schlange, die sich erheblich von *E. climacophora* unterscheidet. Jungtiere sind überwiegend rot, nehmen jedoch später eine bräunliche Farbe mit einer Zeichnung aus kleinen schwarzen Punkten oder schwarzen, weiß eingefaßten Balken an. Ein schwarzer Streifen zieht sich über die vordere Schnauze, ein weiterer verbindet die Augen, und ein dritter beginnt auf dem Frontale und breitet sich V-förmig auf den Hinterkopf aus. Eine schwarze Linie verläuft entlang der Mitte des Hinterkopfes. Mit zunehmendem Alter verblaßt diese Zeichnung wieder und kann bei alten Tieren gänzlich

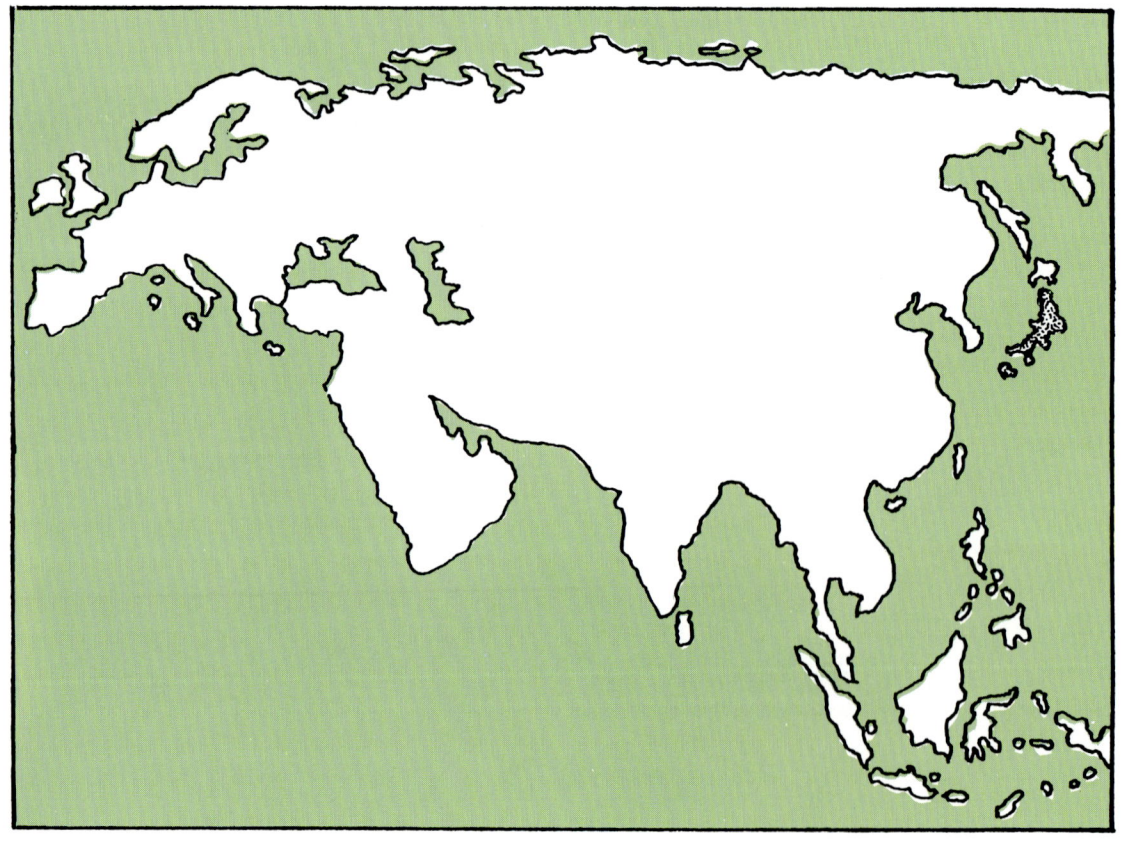

Gesamtverbreitung von Elaphe conspicillata

verschwunden sein. Die Bauchseite ist weiß mit schwarzen Flecken. Sehr alte Exemplare können fast einfarbig olivbraun aussehen.

Bei *Elaphe conspicillata* sind die Ventralia gekielt und zählen etwa 220 bis 224. Es gibt 60 bis 76 Subcaudalia, und das Anale ist geteilt. Die Art ist kleinwüchsig und erreicht im Mittel nur etwa 800 mm. Es wurde vorgeschlagen, die Populationen nördlich der Insel Hokkaido als Unterart *E. c. japonica* zu betrachten, da die südliche Form dort nicht vorkommt. Über eine erfolgreiche Terrarienhaltung ist nur wenig bekannt.

Elaphe davidi
Davids Kletternatter

Diese Schlange ist eine der am wenigsten erforschten Kletternattern überhaupt. Sie ist vom Nordosten Chinas bis Korea zu Hause. Die Grundfarbe der Oberseite ist gelblich bis lohbraun mit einer Reihe von dunkelbraunen Flecken, die schwarz eingefaßt sind. Kleinere Flecken sind auf den Flanken vorhanden. Ein geschwungenes dunkles Band zieht sich vor den Augen über den Kopf und setzt sich dahinter bis zum Mundwinkel fort. Weitere dunkle Zeichnungselemente in komplexer Anordnung sind bei Jungtieren auf dem Kopf vorhanden, verlieren sich aber zunehmend bei den Alt-

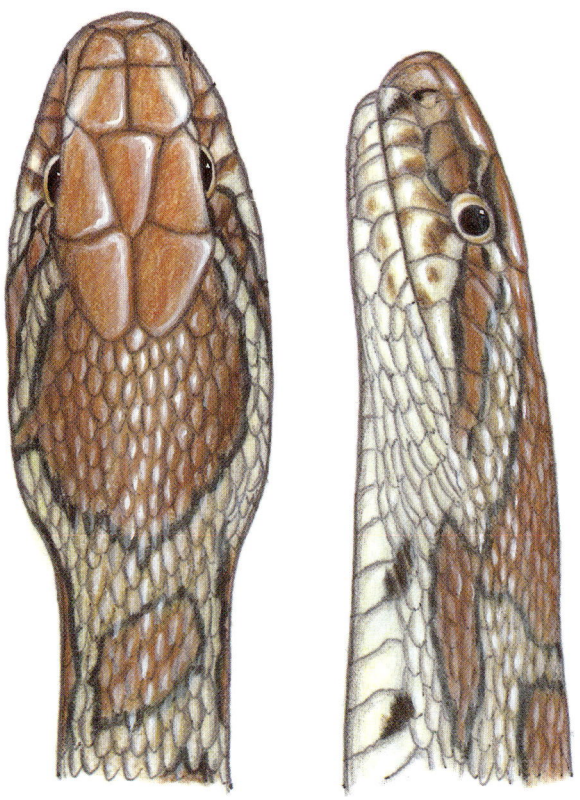

Elaphe davidi, Davids Kletternatter

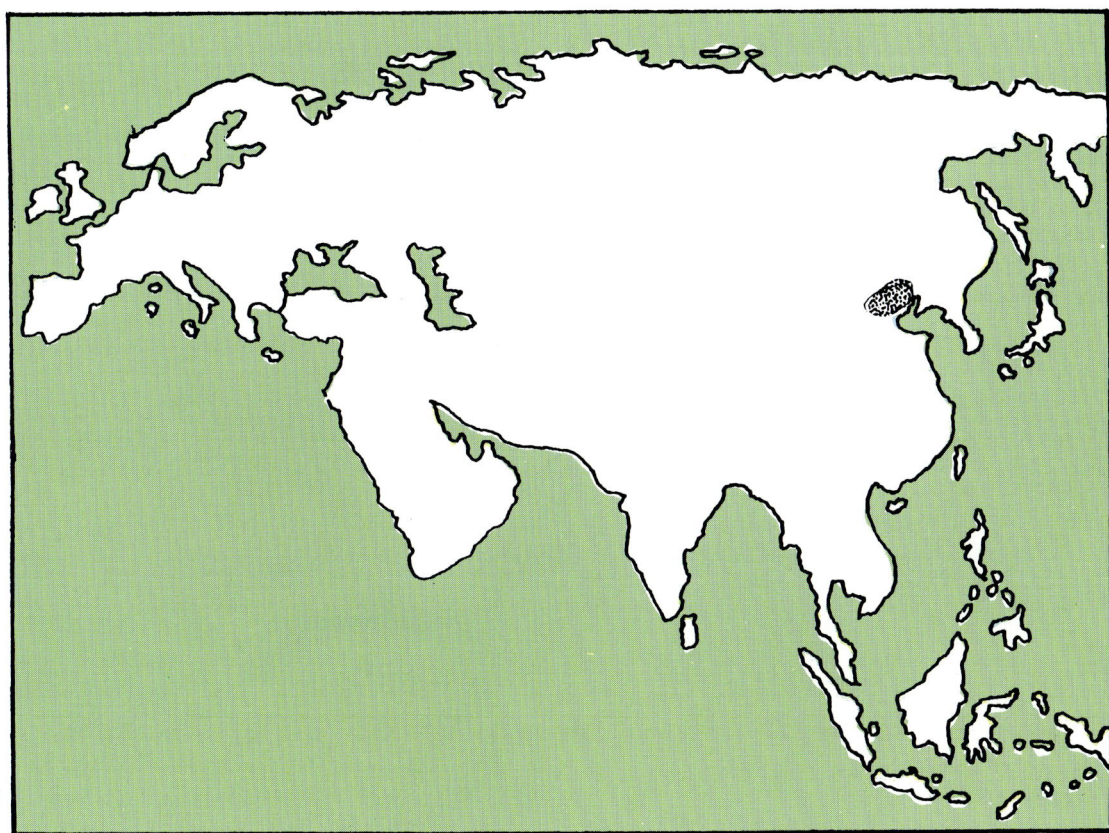

Gesamtverbreitung von Elaphe davidi

tieren. Die Ventralseite ist hellgrau marmoriert, und auf jeder zweiten oder dritten Schuppe liegt ein dunklerer Fleck auf jeder Seite.

Angaben zur Beschuppung existieren nur von wenigen Exemplaren, jedoch scheinen 172 bis 185 Ventralia, 58 bis 70 Subcaudalia und ein geteiltes Analschild typisch zu sein. Die Dorsalschuppen sind stark gekielt und deuten möglicherweise auf eine nähere Verwandtschaft mit "*E.*" *carinata* hin. Von *E. davidi* wird angenommen, daß sie eine gute Kletterin ist, und man weiß, daß sie, ebenso wie "*E.*" *carinata*, auch andere Schlangen frißt. Über eine Terrarienhaltung liegen keine Informationen vor.

Elaphe dione
Steppennatter

Diese Kletternatter hat eine riesige Verbreitung, die von den Ufern des Kaspisees ostwärts bis in den Nordosten von China und nach Korea reicht und sich über weite Teile des südlichen Rußlands erstreckt. Die Art ist hochgradig anpassungsfähig und lebt sowohl in Berggebieten wie im Tiefland. Man begegnet ihr häufig in der Nähe von Häusern und in Feldern, wo sie Jagd auf Mäuse und Ratten macht.

Elaphe dione ist oberseits hellbraun bis gelblich und dunkelgrau

mit schwarzen Flecken unterseits. Die Kopfzeichnung bei Jungtieren - bei adulten Tieren verblaßt sie häufig - ähnelt jener der nahestehenden *E. situla* und besteht ebenfalls aus einem dunklen, hufeisenförmigen oder abgerundeten, speerspitzenartigen Zeichen, welches sich vom Nacken bis zum Frontalschild ausbreitet. Ein weiteres dunkles Band verläuft von Auge zu Auge und setzt sich bis zu den Mundwinkeln fort. Die Körperzeichnung besteht im Normalfall aus einer Kombination von schwach abgegrenzten dunklen Streifen und schmalen dunklen und hellen Bändern. Die Zeichnungselemente können deutlich sein und schwarze Ränder haben oder in der Grundfarbe untergehen. Alttiere sind häufig mit einer hellen und dunklen Netzzeichnung versehen, während Jungtiere wie gewöhnlich kräftiger und deutlicher gezeichnet sind.

Man zählt 25, manchmal nur 23 Dorsaliareihen, wobei die Schuppen glatt und glänzend oder schwach gekielt sind. Die 171 bis 214 Ventralia - mehr als 204 sind bereits Ausnahmen - sind nicht gekielt. 51 bis 78 Subcaudalia; das Analschild ist geteilt, selten ungeteilt. Man vergleiche *Elaphe bimaculata* als sehr ähnliche Art.

Die Schlange ist ausgezeichnet für die Terrarienhaltung geeig-

Die Steppennatter (Elaphe dione) ist sowohl E. bimaculata als auch E. situla und E. hohenackeri sehr ähnlich. Foto: P.H. Briggs, dank Lloyd Lemke

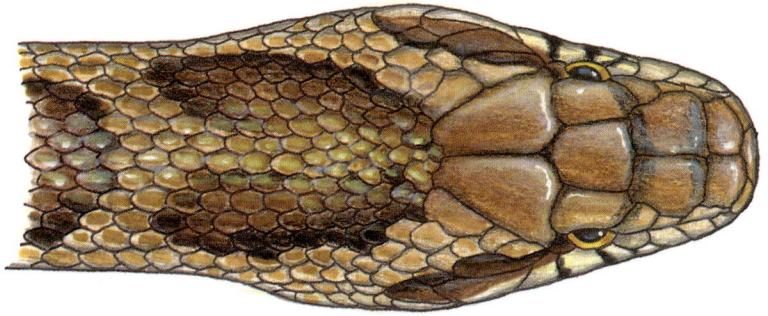

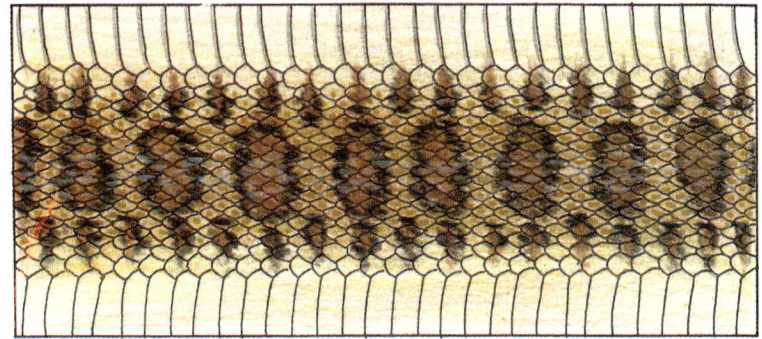

Elaphe dione, Steppennatter

net und pflanzt sich willig fort. Sie frißt problemlos Mäuse, und selbst die Jungtiere gehen schon bereitwillig an Mäusebabies. Die Haltung sollte Temperaturen um 27°C, eine etwa zwölfstündige Beleuchtung, einige Kletteräste zum Sonnenbaden und eine Bodenheizung berücksichtigen. Zur Vermehrung ist eine Überwinterung bei maximal 10°C für wenigstens vier Monate erforderlich.

Wie üblich läuft die Paarung im Frühjahr ab, und die Eier werden im Sommer gelegt. Auch dieser Art ist eine kurze Inkubationszeit eigen; die ungefähr 10 Eier benötigen bei 27°C nur zwei Wochen, selten jedoch mehr als einen Monat zum Schlupf. *Elaphe dione* zählt zu den am einfachsten zu vermehrenden und aufzuziehenden Kletternattern.

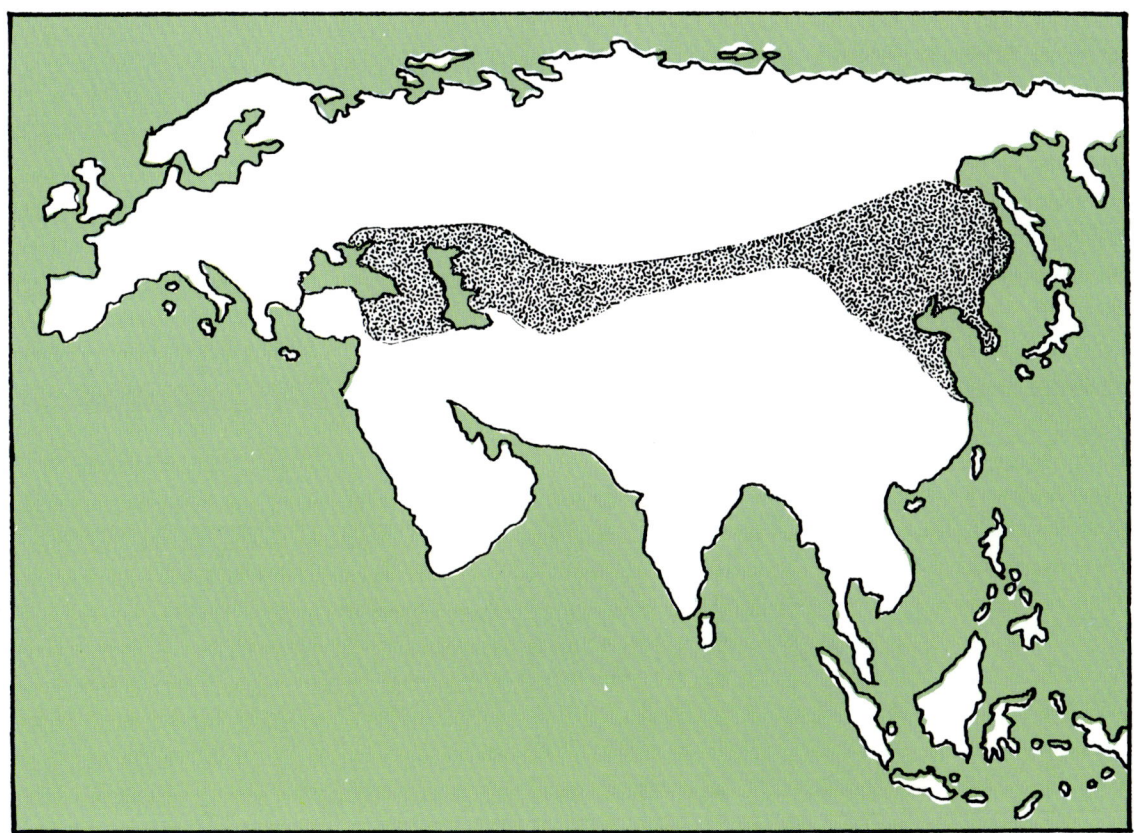

Gesamtverbreitung von Elaphe dione

143

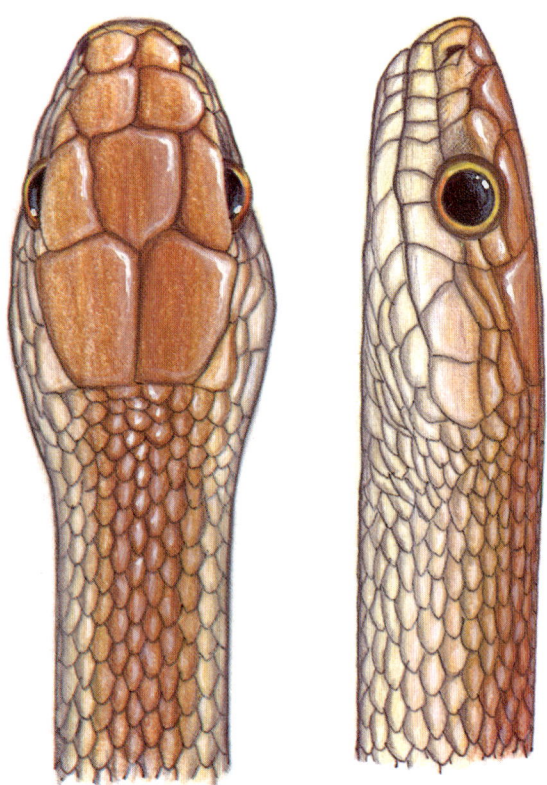

Elaphe erythrura
Philippinenkletternatter

Bei dieser über weite Teile der Philippinen und auf Celebes (Sulawesi) verbreiteten Art sind erwachsene Tiere fast einfarbig. Wenngleich die Färbung von Insel zu Insel variiert, besteht die typische Farbgebung aus einem blassen Rotbraun bis Oliv in der vorderen und einem dunkleren Rot- bis Graubraun in der hinteren Körperhälfte mit einem fließenden Übergang. Der Schwanz ist hingegen häufig deutlich rötlich. Spuren von zwei schwachen dunklen Linien können am Hals erkennbar sein, ebenso ein paar Flecken auf den unteren Flankenbereichen. Der Kopf ist oberseits dunkler braun, hat jedoch selten eine Zeichnung. Die Bauchseite ist gedämpft gelblich im vorderen und grau, manchmal sehr dunkel im hinteren Abschnitt.

Gegenwärtig werden fünf Unterarten anerkannt (vgl. LEVITON 1979): *E. e. erythrura* von Bohol, Mindanao, der Sulu-Gruppe und anderen Inseln mit einem roten Schwanz, der deutlich heller als der hintere Teil des Körpers ist, *E. e. philippina* von Palawan, Balabac u.a., die eine deutliche Zeichnung aus weißen

Elaphe erythrura manillense, Manilakletternatter

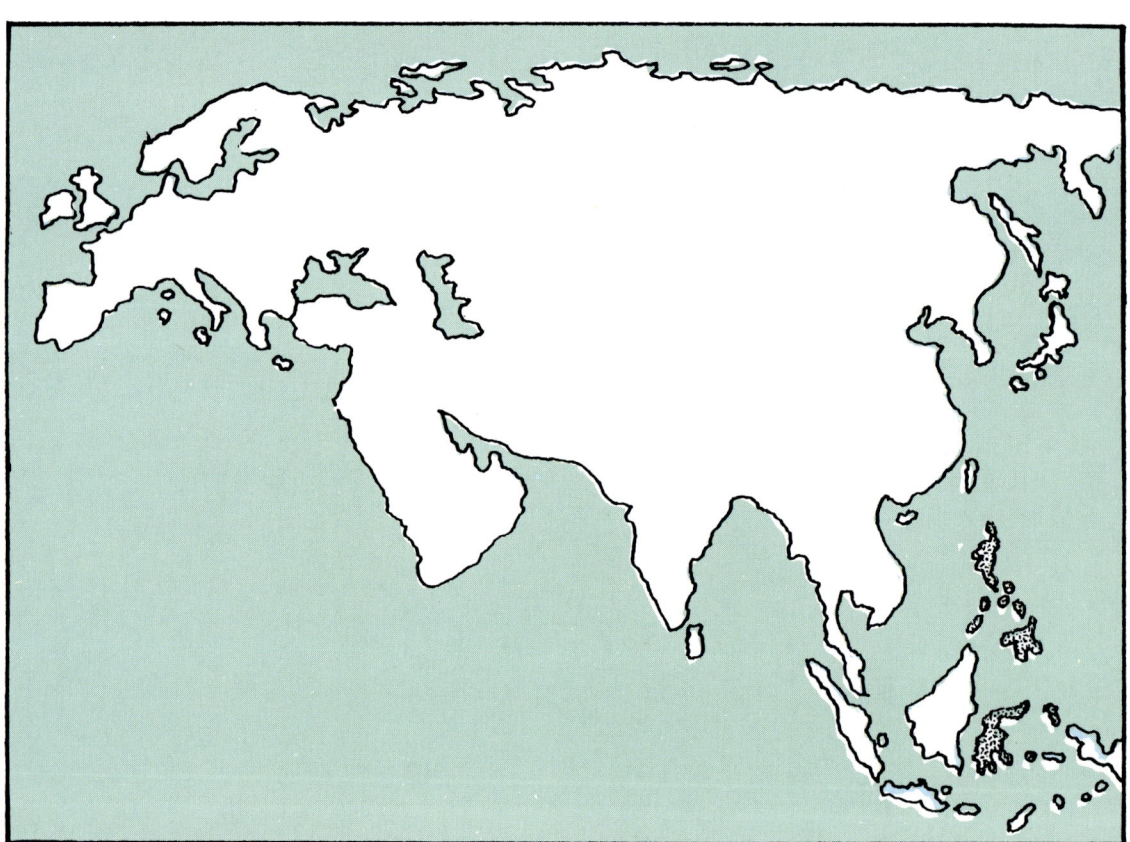

Gesamtverbreitung von Elaphe erythrura

Die Unterart der Philippinenkletternatter aus Manila (Elaphe erythrura manillense).
Foto: R.D. Bartlett

Auf den ersten Blick kann man eine Philippinenkletternatter beinahe für eine Ptyas-Art halten, jedoch ist das
Loreale ein einzelnes, quadratischen Schild im Gegensatz zu den zwei oder drei kleinen Schuppen bei Ptyas.
Elaphe erythrura wird selten einmal angeboten obwohl sie auf den Philippinen nicht selten ist.
Foto: R.D. Bartlett

Flecken mit schwarzen Rändern auf den vorderen, unteren Flanken und Streifen in der Nähe der Augen hat, E. e. manillensis von Luzon und Mindoro, die einfarbig bräunlich bis rötlich ist, *E. e. psephenoura* von Cebu, Negros u.a., die in der hinteren Körperhälfte deutlich dunkler als in der vorderen ist sowie *E. e. celebensis* von Celebes, die ebenfalls in hinteren Körperabschnitt dunkler ist, jedoch ein deutliches, schwarzes, V-förmiges Zeichen im Nacken besitzt.

Die Jungtiere sind einheitlich braun mit einer undeutlichen weißen Netzzeichnung, die durch die zwischen den Schuppen sichtbare Unterhaut hervorgerufen wird. Häufig finden sich sehr zahlreiche weißliche Balken auf dem Rücken, die mit der Netzzeichnung zu verschmelzen scheinen. Ein schwacher dunkler Fleck kann vor dem Auge, ein ebensolcher dahinter auftreten. Jungtiere von der Insel Negros sind im vorderen Bereich dunkelbraun, im hinteren nahezu schwarz, weisen aber ebenfalls Spuren einer weißen Netzzeichnung auf dem Rücken auf.

Die Dorsalia liegen in 21 Reihen über die Körpermitte und sind gekielt; 210 bis 242 Ventralia, 87 bis 117 Subcaudalia; Analschild ungeteilt.

Wie die meisten Kletternattern ernährt sich diese Art von Kleinsäugern und Vögeln und verschmäht auch eine gelegentliche Echse nicht. Generell ist über ihre Lebensweise wenig bekannt. Sie ist mit durchschnittlich einem Meter Länge mittelgroß und kann maximal bis 1670 mm erreichen. Die Haltung dürfte der von *E. radiata* und anderen tropischen Kletternattern entsprechen. Die Art taucht nur selten im Handel auf und wird bislang nicht regelmäßig vermehrt.

Elaphe flavolineata
Gelbstreifennatter (Schwarzschwanznatter)

Diese deutlich gezeichnete Kletternatter hat in Südasien eine weite Verbreitung, die von den zu Indien gehörenden Andaman- und Nikobar-Inseln über Burma, Thailand, Malaysia und den größten Teil von Indonesien einschließlich Borneo und Celebes reicht. Allgemein ähnelt sie den anderen, *E. radiata* nahestehenden Arten. Sie ist kräftig lohbraun mit einem deutlich Hauch Kupfer auf dem Kopf, kräftig bis gedämpft braun im vorderen Bereich des Körpers, und am Ende des ersten Körperviertels beginnen zwei schmale, jedoch gut erkennbare schwarze Streifen jederseits der Verte-

Trotz ihrer weiten Verbreitung wird die Gelbstreifennatter nur selten gehalten. Foto: P.H. Briggs, dank Lloyd Lemke

brallinie. Häufig ist der dazwischenliegende Streifen leuchtend gelb, so daß der Eindruck einer Schlange mit einem schwarz eingefaßten, gelben Vertebralstreifen und lohbraunen Flanken entsteht. Etwa ab der Körpermitte dunkelt die Grundfarbe ein, und die schwarzen Streifen verlieren sich darin. Ebenso wird der gelbe Vertebralstreifen dunkler. Der hintere Körperbereich kann auch tiefschwarz werden. Die Flanken haben im vorderen Abschnitt Spuren von dunklen Balken, die weiße oder gelbe Schuppenränder beinhalten.

Der Kopf ist oberseits kupferlohbraun mit einem kurzen schwarzen Balken unterhalb des Auges und einem breiteren Band, das vom Augenhinterrand bis zum Mundwinkel verläuft. Ein weiteres, jedoch schmaleres Band zieht sich beiderseits vom Rand des Parietalschildes schräg hinter den Kiefern über den Hals bis auf die Bauchseite. Die Ventralia sind weißlich; im vorderen Bereich haben sie häufig schwarze Flecken auf den Seiten. Insbesondere bei jungen Tieren können diese auch noch ein gelbes Zentrum aufweisen.

Die Dorsalia sind gekielt, auf Höhe der Kloake sehr kräftig gekielt, und sind in 19 Reihen angeordnet. 193 - 234 Ventralia

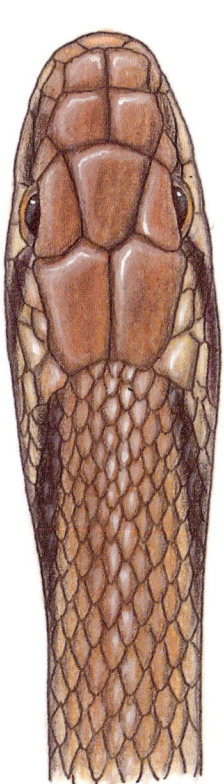
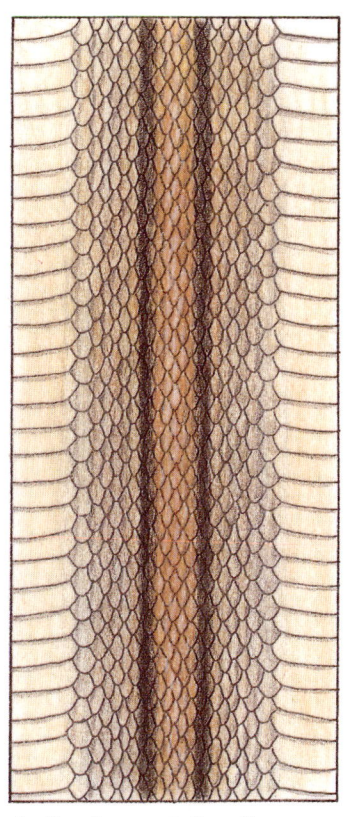

Elaphe flavolineata, Gelbstreifennatter

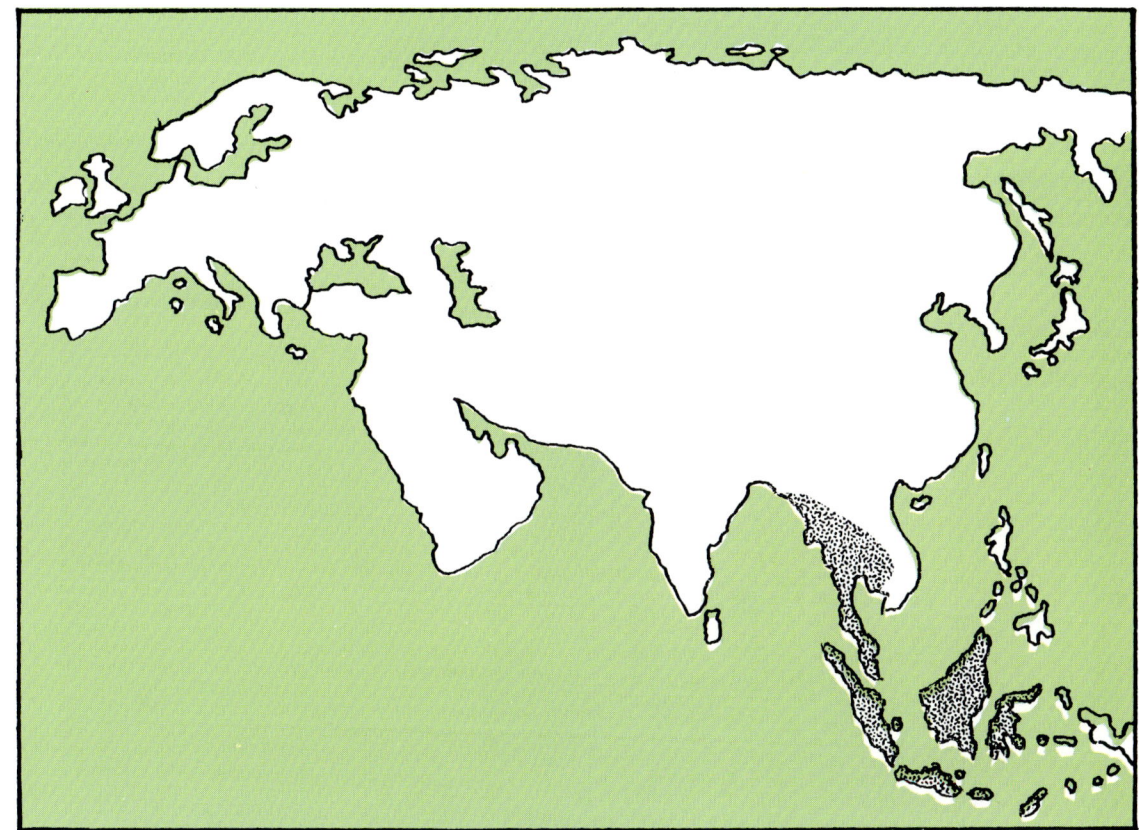

Gesamtverbreitung von Elaphe flavolineata

werden ermittelt, 89 bis 115 Subcaudalia, und das Analschild ist ungeteilt. Diese Art erreicht wenigstens 1500 mm; Exemplare von 2 Metern Länge sind bekannt.

Wie die meisten Kletternattern des tropischen Asiens frißt auch diese Art Vögel und Kleinsäuger und gewöhnt sich gut an das Leben im Terrarium. Gegenwärtig wird sie jedoch selten angeboten und daher auch nur gelegentlich nachgezogen.

Elaphe frenata
Zügelnatter (Kleine Spitzkopfnatter)

Diese interessante, überwiegend arborikole Kletternatter ist eine der beiden asiatischen Arten von *Elaphe*, die grün ist - die andere ist *E. prasina*). Sie kommt in den Bergen Nordindiens (Assam) und Südwestchina bis ins nördliche Vietnam vor. Mit 1500 mm oder mehr ist es nicht gerade eine kleine Schlange, jedoch mißt das durchschnittliche Exemplar eher um die 800 mm. Die Art ist

Die Gelbstreifennatter (E. flavolineata) ist eine der schmalköpfigen Kletternattern. Wie bei den anderen Mitgliedern dieser Gruppe verändert sich die Zeichnung erheblich mit zunehmendem Alter sowie individuell und abhängig von der geographischen Herkunft.
Fotos: M.J. Cox (oben) und R.D. Bartlett(unten)

wenig bekannt und wird gewöhnlich als nicht häufig bis selten betrachtet. Politische wie geographische Probleme stehen ihrer Verfügbarkeit meistens im Wege. Adulte Tiere sind weitgehend grün, d.h. leuchtend grün auf dem Rücken, blasser grün auf den Seiten des Kopfes und auf dem Bauch. Die Haut zwischen den Schuppen besitzt häufig ein Netzmuster aus Weiß und Schwarz. Ein schwarzer Streifen zieht sich oberhalb der Labialia durch das Auge; dieser fehlt bei *E. prasina*. Im Vergleich mit anderen Kletternattern sind die Augen groß und die Schnauze lang. Jungtiere - sie wurden irrtümlich als *E. melli* beschrieben - sind oberseits grau mit zahlreichen unregelmäßigen, schrägen, schwarzen Balken.

Die schwach gekielten Dorsalia liegen in 19 Reihen; die 201 bis 235 Ventralia sind gekielt (die Kiele können weiß sein), und man ermittelt 120 bis 145 Subcaudalia; das Anale ist geteilt. Es gibt kein Lorealschild; es ist mit dem Präfrontale verschmolzen. Die Nasalschilder sind ungeteilt.

Es sollte vermutet werden, daß sich diese Art in einem mäßig beheizten Terrarium gut macht und wie ihre Verwandten Mäuse frißt. Zur Vermehrung ist vermutlich eine Winterruhe angezeigt. Die Inkubationsdauer sollte kurz sein.

Elaphe frenata, Zügelnatter

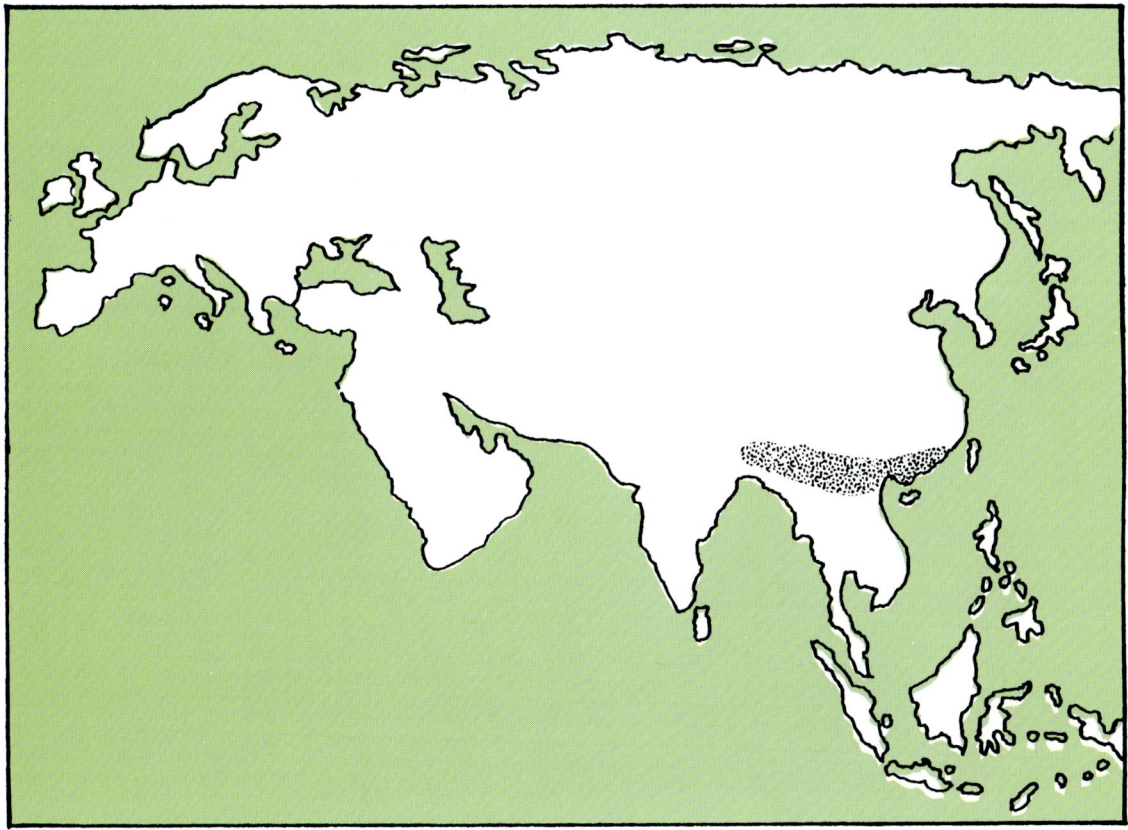

Gesamtverbreitung von Elaphe frenata

Elaphe helena
Indische Schmucknatter

Diese wunderhübsche Kletternatter aus Indien taucht gelegentlich auf dem Markt auf und wird als Nachzucht angeboten. Sie ist mäßig häufig in weiten Teilen von Pakistan, im gesamten Indien, auf Sri Lanka und kommt noch in Nepal vor. Wie bei vielen Kletternattern ist die Zeichnung zweigeteilt. Im vorderen Bereich findet man auf lohbraunem bis gelbem Grund zahlreiche bräunliche Querbänder, die häufig weiße Flecken beinhalten. Weiter hinten werden die Bänder unvollständig und lösen sich schließlich ganz auf, um von zwei dunkelbraunen Streifen beiderseits der Vertebrallinie auf einer bräunlichen Grundfarbe ersetzt zu werden. Die zwischen den Schuppen erkennbare Unterhaut kann weiß sein. Der Bauch ist weiß bis gelblich, einfarbig oder hell gezeichnet. Eine deutliche Zeichnung findet sich im vorderen Abschnitt. Kopf und Hals haben eine helle, oftmals gelbliche Grundfarbe; die Kopfoberseite ist ungezeichnet. Ein schwarzer Streifen verläuft gewöhnlich unter dem Auge, ein weiterer verbindet den Augen-

hinterrand mit dem Mundwinkel. Ein Paar kurzer, aber kräftig schwarzer Streifen beiderseits der Vertebrallinie ziert den Nacken. Oftmals setzen sie sich in Form dünner schwarzer Linien auf dem Rücken fort. Auf beiden Seiten des Nackens liegt normalerweise je ein weiterer schräger schwarzer Streifen. Die Jungtiere gleichen den erwachsenen, sind aber kontrastreicher gefärbt. Bei ihnen ist das Braun des hinteren Körpers leuchtend gelblich, und die vorderen Querbalken sind mit großen weißen Flecken durchsetzt. Im vorderen Flankenbereich können weit auseinander liegende schwarze Flecken vorhanden sein.

Die in 25 bis 29 Reihen angeordneten Dorsalia sind gewöhnlich glatt und glänzend mit Ausnahme des Bereichs auf Kloakenhöhe und des Schwanzes, wo die Kielung sehr stark sein kann. Die Ventralia sind gekielt und zählen 217 bis 265; Subcaudalia 73 bis 100; Anale ungeteilt. Die meisten Exemplare messen ungefähr 700 mm; Ausnahmetiere können bis 1500 mm lang werden.

Der erste Eindruck beim Fang eines wildlebenden Exemplares ist der einer beißfreudigen Schlange, die ihren Hals aufbläht, zischt,

Die Indische Schmucknatter (Elaphe helena) ist eine der indischen Kletternattern, die sich im Terrarium regelmäßig vermehrt.
Foto: P.H. Briggs, dank Lloyd Lemke

Der kurze schwarze Streifen unten auf der Flanke ist für E. helena charakteristisch.
Foto: S. Kochetov

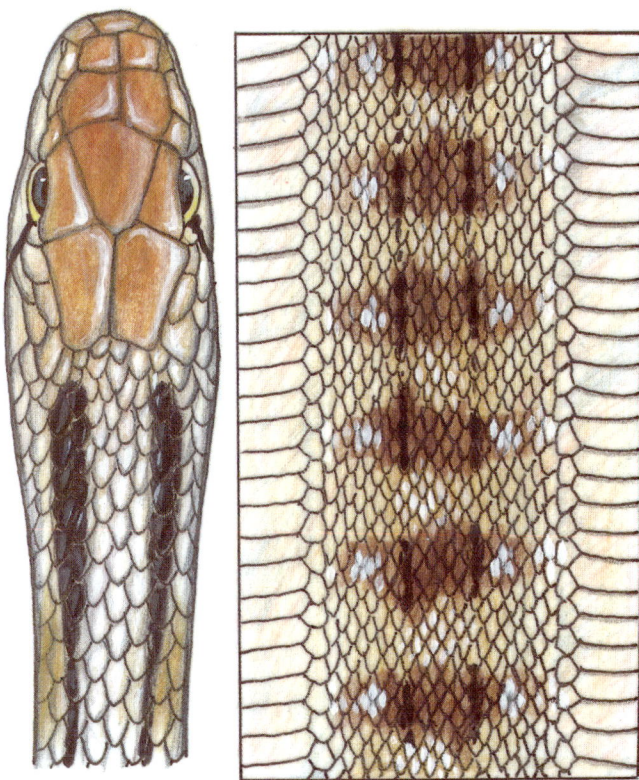

Elaphe helena, Indische Schmucknatter

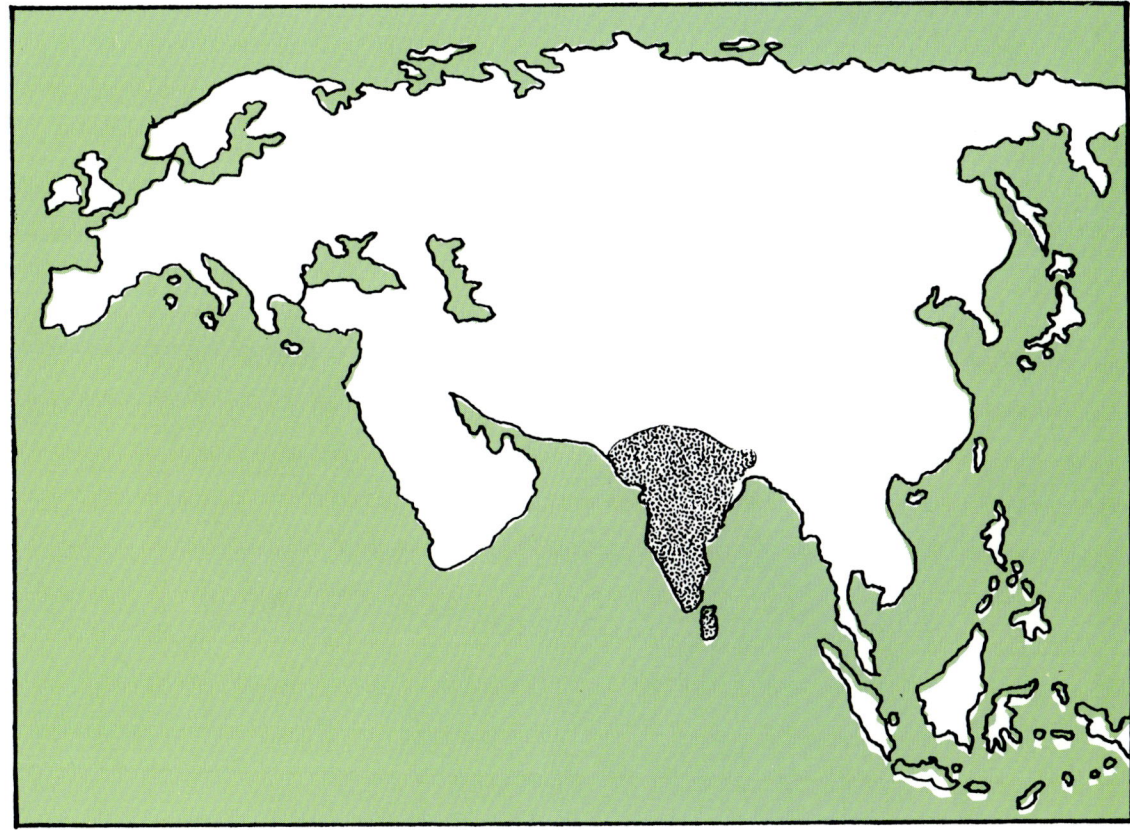

Gesamtverbreitung von Elaphe helena

151

mit dem Schwanz vibriert und wiederholt zuschlägt. Im Terrarium beruhigt sie sich jedoch schnell und wird zu einem empfehlenswerten Pflegling. Da es sich um eine kletterfreudige Art handelt, sind reichlich Äste erforderlich. In der Natur finden Paarungen und Eiablagen zu allen Jahreszeiten statt. Eine Winterruhe ist daher meistens nicht notwendig, jedoch richten ein oder zwei Monate bei 15°C auch keinen Schaden an. Die Weibchen legen 6 bis 8 Eier, die nach etwa 60 Tagen schlüpfen. Tiere allen Alters fressen willig Mäuse; in der Natur werden darüberhinaus auch Echsen und selbst Insekten gefressen.

Links: Die Kopfzeichnung ist bei Kletternattern häufig ein gutes Unterscheidungsmerkmal. Diese junge Indische Schmucknatter (E. helena) hat einen schmalen dunklen Streifen zwischen den Parietalschildern und auf dem Hinterkopf. Dieser ist bei adulten Tieren nicht immer erhalten, bei Jungtieren aber meistens vorhanden (Foto: P.H. Briggs, dank Lloyd Lemke).
Unten: die Intensität der weißen Fleckung auf dem Körper ist bei E. helena hochgradig variabel (Foto: S. Kochetov).

Nun da die Indische Schmucknatter mit einiger Regelmäßigkeit nachgezogen wird - obwohl sie bei weitem noch nicht häufig zu sehen ist- sollten die Züchter in der Lage sein, gezielt Farbschläge wie den spektakulären oben zu züchten. Dieses Jungtier steht in krassem Kontrast zu dem eher normal braunen unten. Fotos: R.D. Bartlett

Elaphe hodgsoni, Nepalkletternatter

Elaphe hodgsoni
Nepalkletternatter

In den guten alten Zeiten konnte ein Naturforscher, Soldat oder Biologe noch über eine neue Schlange stolpern und damit seinen Namen verewigen - zumindest im Bereich der Wissenschaft. HODGSON lebte mehr als 20 Jahre lang in Nepal (1821 - 1843) und zog dann nach Indien um, wo er weitere 15 Jahre verbrachte. Obwohl er hauptsächlich Vögel sammelte, sandte er auch anderes Material an das Britische Museum, darunter auch die Schlange, die noch immer seinen Namen trägt. Auch sie ist eine dieser "Olivbraunen-mit-gelbem-Bauch" Arten und ähnelt auf dem ersten Blick einer Äskulapnatter. Sie besiedelt das Himalaya-Massiv von Kaschmir bis Sikkim und Assam. Die braunen Rückenschuppen haben häufig schwarze Ränder, und die Ventralia können schwarze Flecken an den Rändern aufweisen. Jungtiere besitzen gewöhnlich schwarze Querbänder.

Die hinteren Dorsalia sind schwach gekielt, die übrigen sind glatt. Über die Rumpfmitte zählen sie ungefähr 23 Reihen; Ventralia 229 bis 247; Subcaudalia 79 bis 92. Das Anale ist geteilt, wodurch sie sich einfach von der ähnlichen, jedoch stärker gezeichneten *E. helena* unterscheiden läßt. *E. hodgsoni* besitzt darüberhinaus keine Kopfzeichnung. Die Gesamtlänge liegt bei etwa 1500 mm. Im Terrarium werden Mäuse willig angenommen.

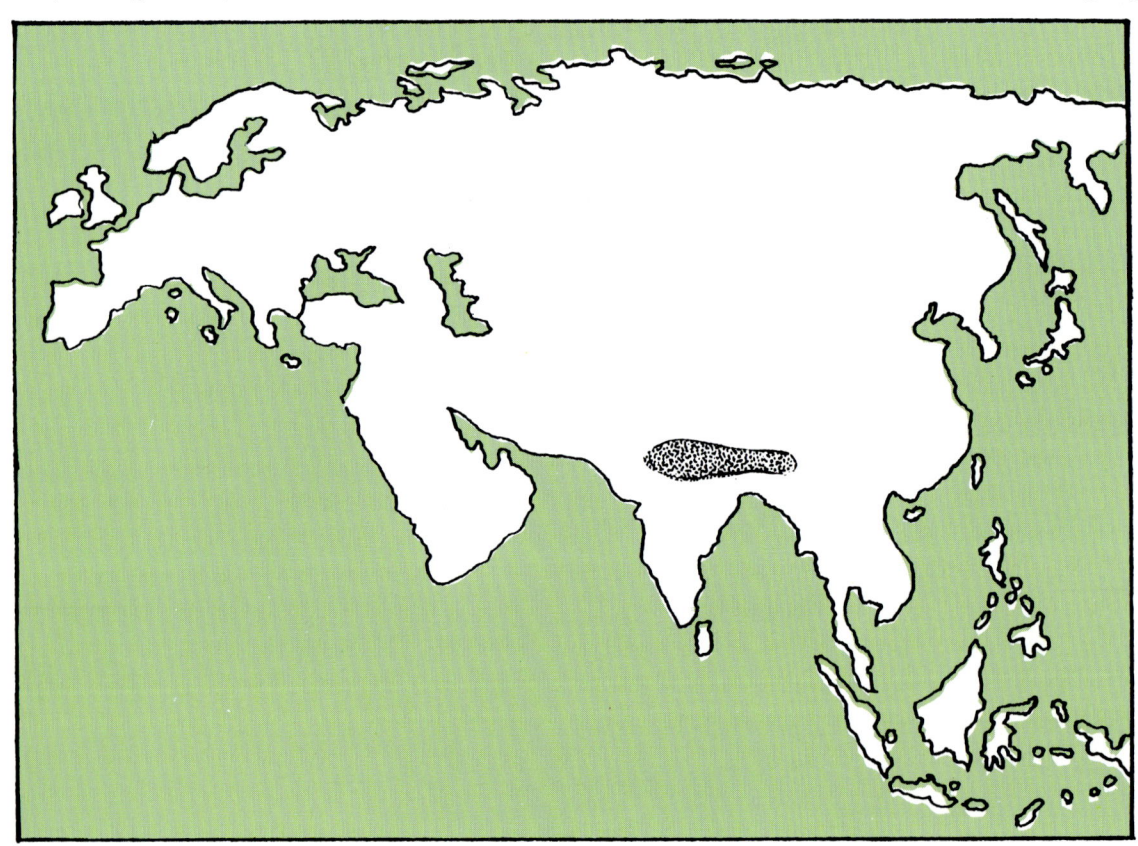

Gesamtverbreitung von Elaphe hodgsoni

Elaphe hohenackeri
Transkaukasische Kletternatter

Diese kleine, maximal 750mm lang werdende, aber auffällige Art aus Transkaukasien und den türkischen Steppen wird selten im Terrarium gehalten und ist anscheinend noch nicht nachgezogen worden. Ihr kleines Verbreitungsgebiet von der Türkei in den Iran nördlich der Westküste des Kaspischen Meeres ist eine trockene Felslandschaft mit heißen Sommern und kalten Wintern.

In gewisser Hinsicht sieht die Schlange wie eine düstere *Elaphe situla* aus. Auf gräulichem bis lohbraunem Grund liegen zwei Reihen schwarz eingefaßter, tiefbrauner Flecken beiderseits der farblich nicht hervorgehobenen Vertebrallinie. Die Flecken sind unregelmäßig geformt und verschmelzen häufig zu unförmigen Sattelflecken. Bei der Unterart aus der Südtürkei (*E. h. taurica*) sind die Flecken oftmals teilweise zu tief braunen Zickzackstreifen verbunden und ähneln damit einigen *E. flavirufa* aus Mexiko. Die Flanken sind mit weiteren, kleineren, braunen Flecken versehen. Der Nackenfleck hat zwei nach vorne gerichtete Ausläufer, die sich auf dem Kopf zu einem schmalen Hufeisen oder einer Speerspitze schließen. Unterhalb des Auges liegt ein kurzer brauner Streifen oder Fleck. Ein weiterer, deutlicher Streifen verläuft von Augenhinterrand zum Mundwinkel. Die Ventralseite ist rötlich gelb mit kleinen schwarzen oder grauen Flecken.

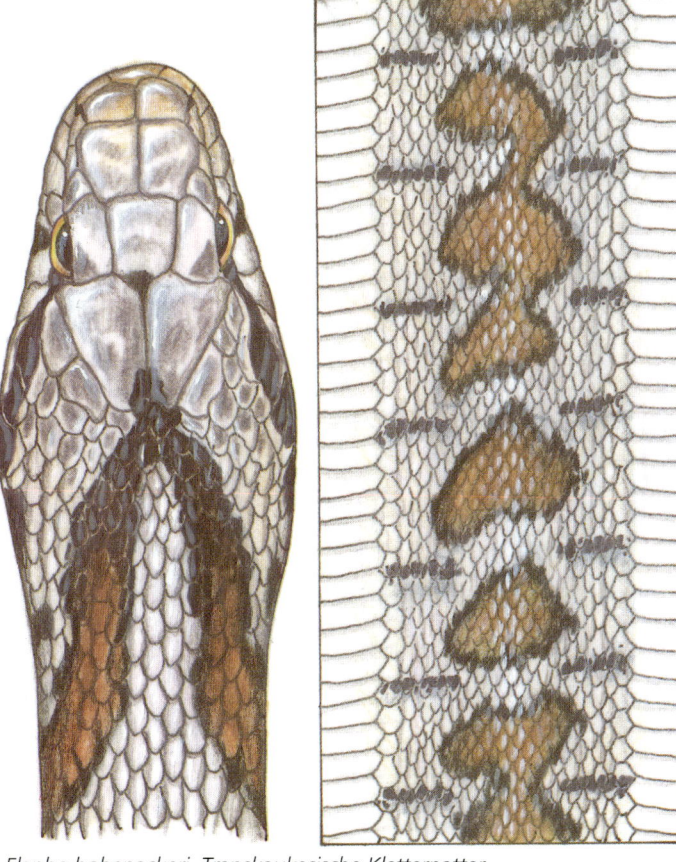

Elaphe hohenackeri, Transkaukasische Kletternatter

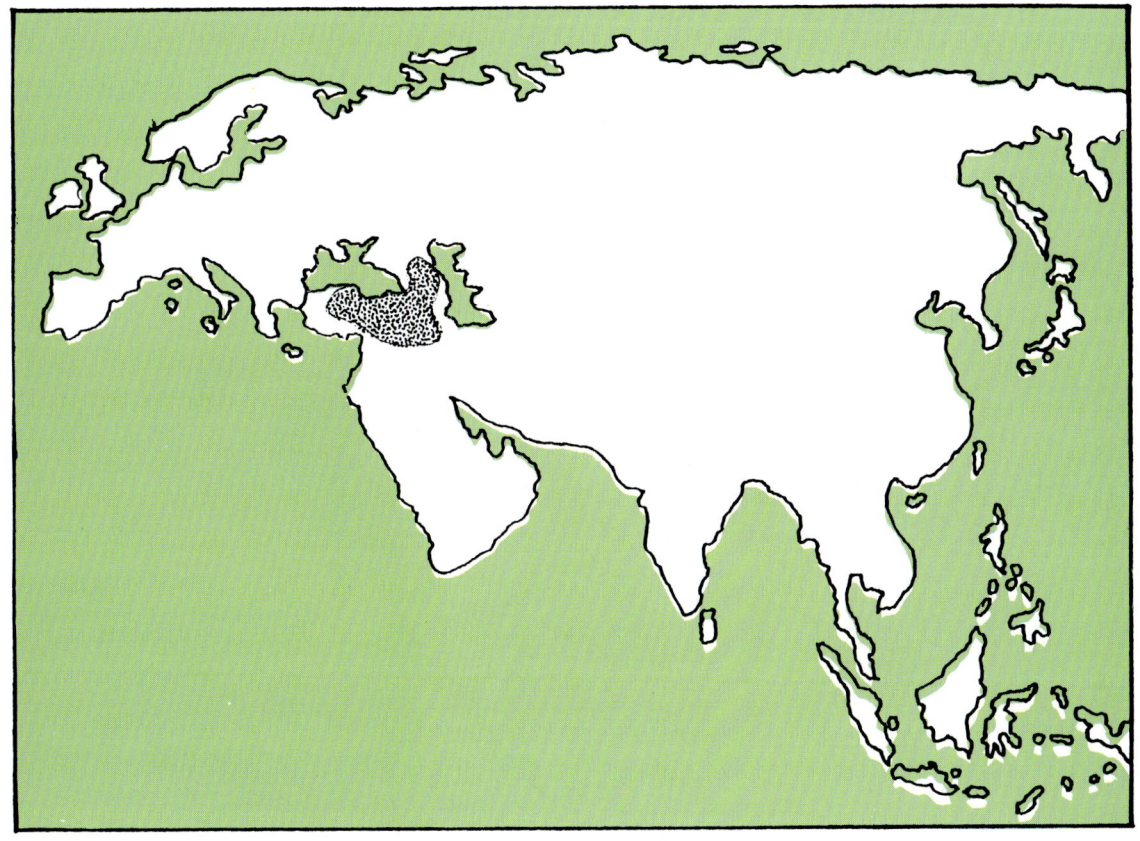

Gesamtverbreitung von Elaphe hohenackeri

155

Elaphe japonica, Rote Waldnatter

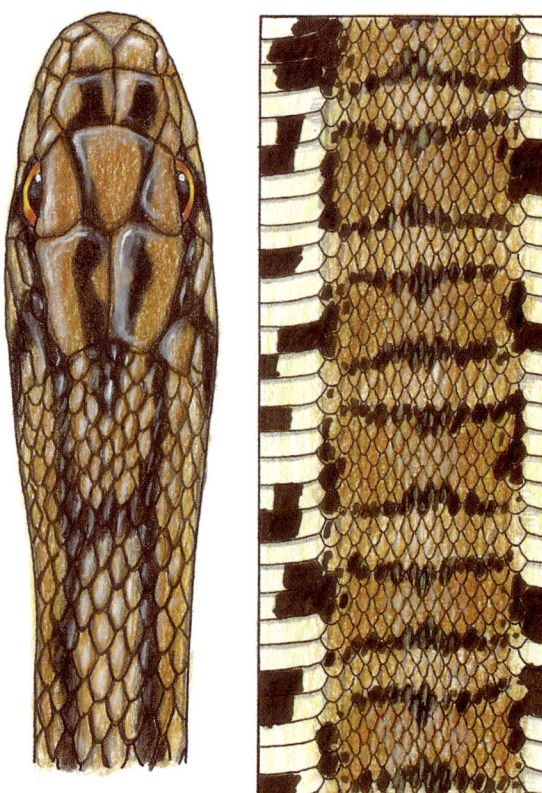

Elaphe leonardi, Burmesische Kletternatter

Die Dorsalia sind glatt und liegen in 21 bis 25 Reihen. Man zählt 195 bis 226 ungekielte und nicht abgewinkelte Ventralia sowie 57 bis 74 Subcaudalia. Das Analschild ist geteilt.

Wie bereits angemerkt, ist dies eine Schlange der trockenen, heißen Felsplateaus, so daß ein trockenes Terrarium mit wenigstens 12 Stunden Beleuchtung und einer zusätzlichen Bodenheizung vonnöten ist. Zwischen Juni und Juli werden 3 bis 7 Eier gelegt, die vermutlich nur eine kurze Inkubationszeit haben. Jungtiere müssen möglicherweise anfangs mit Echsen ernährt werden, da auch die Alttiere selbst bei nackten Mäusen wählerisch sein können. Eine Überwinterung unter 10°C für wenigstens vier Monate ist notwendig. Die Art ist schwierig, und Terrariennachzuchten sind nicht erhältlich.

Elaphe japonica
Rote Waldnatter

Wenig ist bekannt über diese obskure japanische Schlange, die nur auf den Inseln nördlich von Hokkaido und Honshu vorzukommen scheint und häufig als Unterart von *E. conspicillata* behandelt wird. Wie bei dieser sind Alttiere einfarbig, rötlich braun in diesem Fall, mit helleren Flanken. Ein schwarzer Streifen liegt hinter dem Auge. Der Bauch ist gelblich.

Die Dorsalia sind glatt und liegen in 21 Reihen; es gibt 205 bis 221 Ventralia und 66 - 74 Subcaudalia; das Anale ist geteilt. Die Gesamtlänge liegt bei 700 mm mit einem Maximum von 875 mm. Vermutlich ernährt sie sich wie ihre Verwandten von Kleinsäugern und Vögeln.

Elaphe leonardi
Burmesische Kletternatter

Auch hierbei haben wir es mit einer kaum bekannten und für den Terrarianer wohl nicht erhältlichen Kletternatter zu tun, die vermutlich auch noch nie im Terrarium gehalten worden ist. Sie kommt aus einer sowohl geographisch als auch politisch schwer zugänglichen Gegend im Norden Burmas und Vietnams. Unter den Kletternattern fällt sie dadurch auf, daß ihr das Lorealschild fehlt, so daß das Nasale mit dem Präoculare in Kontakt steht. Generell hat sie niedrige Schuppenwerte, d.h. 7 Supralabialia, 19 glatte Dorsaliareihen, 201 bis 226 schwach abgewinkelte Ventralia und 53 bis 60 Subcaudalia. Das Anale ist geteilt. Alttiere erreichen mindestens 810 mm Länge.

Die Zeichnung ist ziemlich auffällig und besteht bei der Nominatunterart (*E. l. leonardi*) aus Burma aus einer olivbraunen Grundfarbe mit einer Reihe paariger, ledergelber, schwarz geränderter, unregelmäßig geformter Flecken oder Bänder, die sich häufig mit

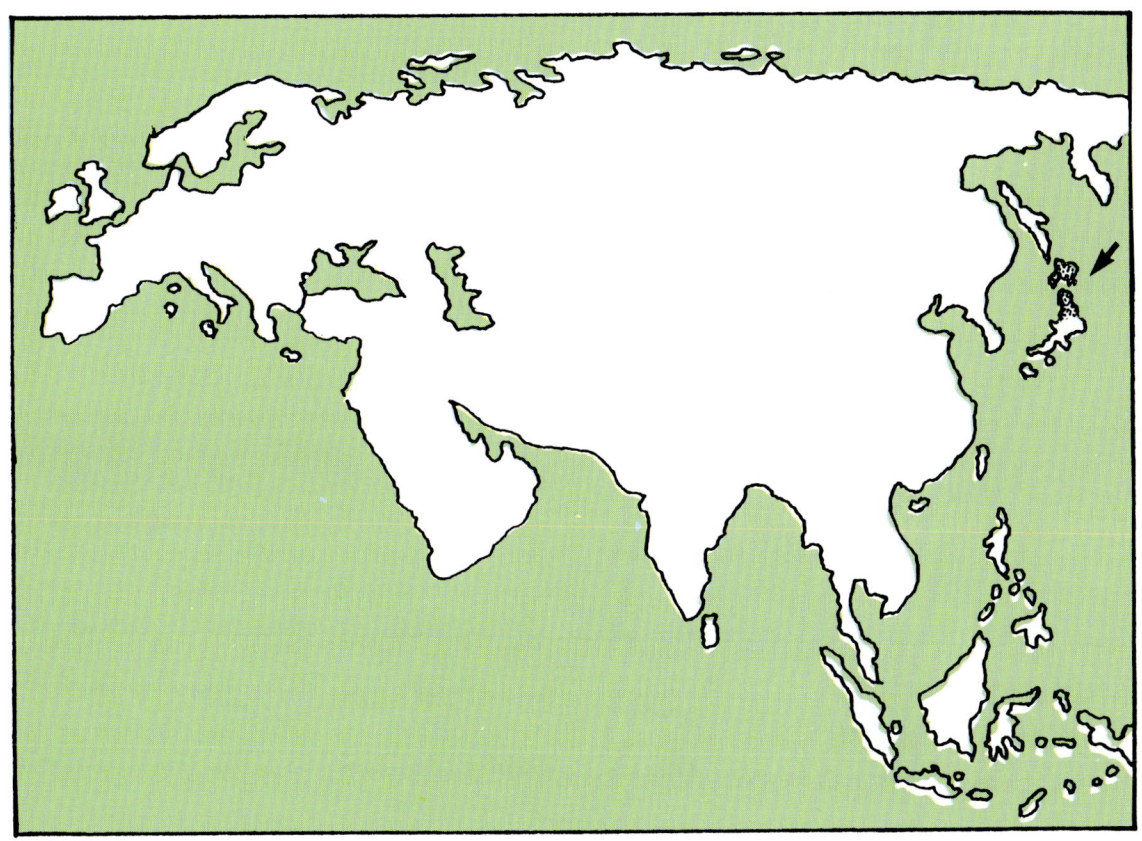

Gesamtverbreitung von Elaphe japonica

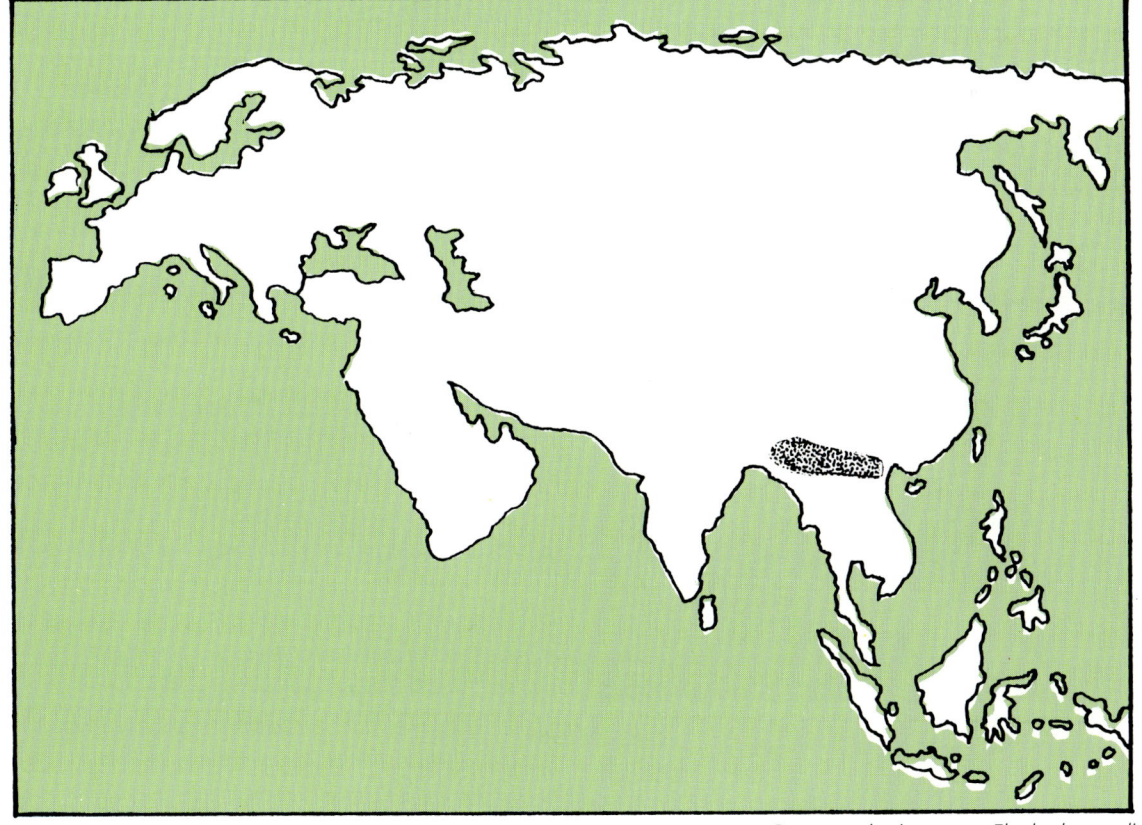

Gesamtverbreitung von Elaphe leonardi

Elaphe mandarina, Mandarinnatter

Die Mandarinnatter gehört mit Sicherheit zu den schönsten in Terrarien gepflegten Schlangen überhaupt.
Foto: P. Freed

kleinen Flecken auf den unteren Flanken verbinden. Die Rücken-schuppen haben häufig schwarze Ränder. Die Ventralia sind gelb-lich mit großen schwarzen Flecken. Der hell- bis dunkelbraune Kopf verfügt über ein schwarzes V-förmiges Zeichen, das sich vom Nacken bis zu den Präfrontalia ausdehnt, einen dunklen Streifen unter dem Auge, einen weiteren hinter dem Auge und "zwei weitere, die vom Auge nach hinten verlaufen und sich mit der Zeichnung des Nackens verbinden", wie SMITH (1943) es for-mulierte. Die Unterart aus Vietnam (*E. l. chapaensis*) besitzt brau-ne Querbalken auf dem Rücken, die sich lateral verbreitern und manchmal einen schwarzen Fleck einschließen. Es ist dabei zu bedenken, daß nur wenige Exemplare überhaupt beschrieben wor-den sind und dadurch die Variationsbreite eine unbekannte Größe ist. Die Unterarten können unter Umständen ungerechtfertigt sein oder andererseits gute Arten darstellen. Auch könnte man ohne Probleme die Zuordnung von *E. leonardi* zur Gattung *Elaphe* in Zweifel ziehen.

Elaphe mandarina
Mandarinnatter

Diese Art ist eine der spektakulärsten Bereicherungen der Ter-raristik in den letzten Jahrzehnten. Beheimatet in den Bergwäl-dern des nördlichen Burmas und Vietnams sowie weiteren Teilen Südchinas, war sie früher eine Schlange, die der Terrarianer selbst als Foto nur sehr selten zu sehen bekam. Dabei ist sie äußerst friedfertig und besitzt eine Färbung, nach der man unter allen Schlangenarten lange suchen muß.

Die Grundfarbe ist lohbraun bis grau, wobei häufig auf jeder Schuppe ein roter Strich erkennbar ist. Den Rücken zieren 22 bis 30 schwarze Sattelflecken, die alle einen großen, d.h. wenigstens 2 bis 3 Dorsalia langen, rundlichen, leuchtend gelben Innenhof besitzen. Weiterhin ist jeder Fleck mit einer schmalen gelben Linie umgeben und gewöhnlich mit einem kleinen Fleck weit unten auf der Flanke verbunden. Auf dem Schwanz brechen die Sat-telflecken gewöhnlich in unregelmäßige schwarze und gelbe Bän-der auf. Die Flanken können eine bis drei Reihen unregelmäßiger, kleiner bis mittelgroßer Flecken tragen. Der erste Sattelfleck des Rückens, d.h. der im Nacken, ist nach vorne verlängert und reicht in Form einer "Speerspitze" bis auf den Rand des Hinterkopfes. Der Kopf selbst ist leuchtend gelb mit drei breiten schwarzen Bän-dern, wovon eines über die Schnauzenspitze, ein breites geschwun-genes über die Augen und ein sehr breites V-förmiges von der Mitte des Kopfes über die Augenmitte bis auf die unteren Flan-kenbereiche weit hinter dem Kopf verläuft. Ein kurzer, breiter, schwarzer Streifen liegt unterhalb des tiefschwarzen Auges. Der

Die bestechende Kopfzeichnung und herrliche Körperfärbung der Mandarinnatter (Elaphe mandarina) machen sie äußerst begehrt. Man muß beachten, daß sie nachtaktiv und streßempfindlich ist und keine allzu warme Umgebung mag. Terrariennachzuchten fressen williger als Wildfänge. Fotos: R.D. Bartlett

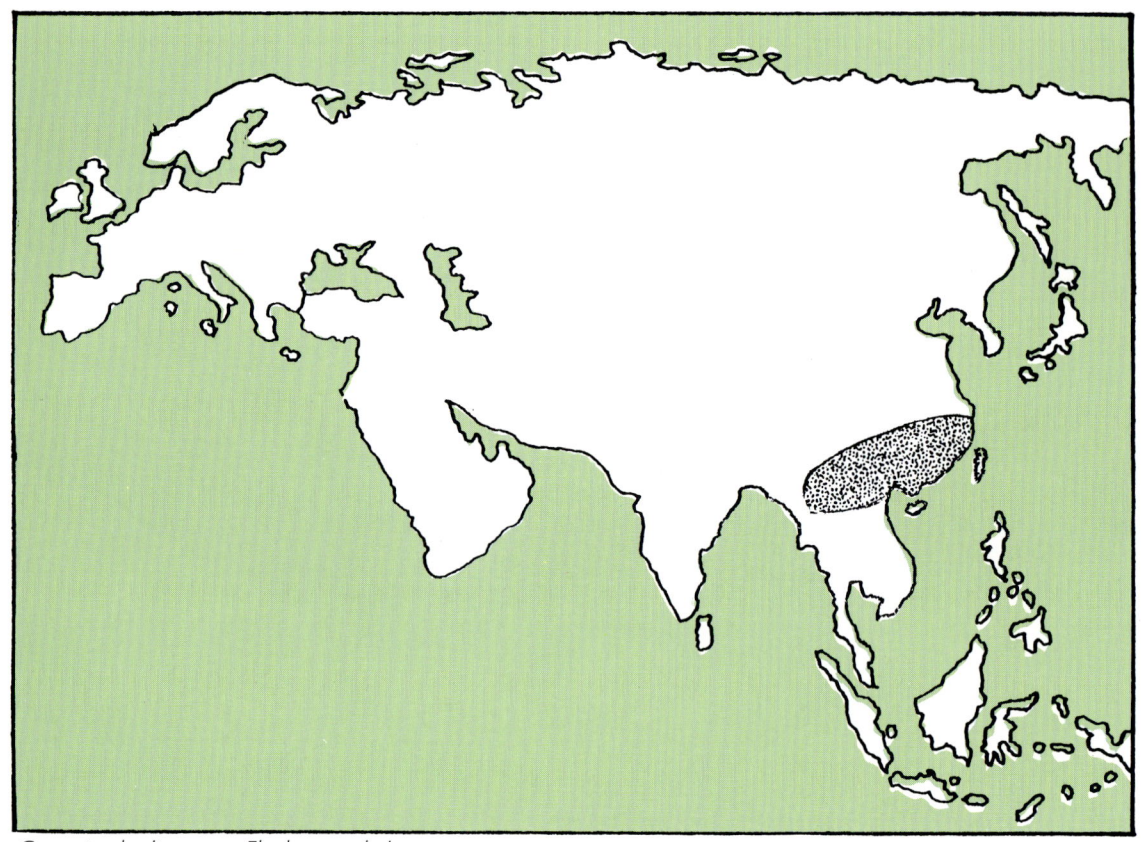

Gesamtverbreitung von Elaphe mandarina

Diese E. mandarina hat eine merkwürdig zerrissene Zeichnung, die stark an E. perlacea erinnert. Letztere Art kommt auch aus dem gleichen Großraum. Foto: R.D. Bartlett

Kurze rote Striche auf den Schuppen sind eine übliche Erscheinung bei adulten E. mandarina, jedoch variiert ihre Ausbildung von Tier zu Tier.
Foto: S. Kochetov

Bauch ist gelb mit großen schwarzen Flecken und Querbändern.

Über die Körpermitte zählt man 21 oder 23 Dorsaliareihen, ebenso 210 bis 240 Ventralia und 62 bis 80 Subcaudalia. Das Analschild ist geteilt. Das Loreale ist sehr klein oder fehlt völlig; es ist teilweise oder vollständig mit dem Präfrontale verschmolzen. Obwohl ein Maximum von 1600 mm erreicht werden kann, überschreiten nur wenige Exemplare einen Meter in der Länge. Die Schlange ernährt sich in der Natur von Mäusen, Vögeln und deren Eiern und verursacht diesbezüglich im Terrarium keine Probleme. Importierte Wildfänge sind leider zum Teil immer noch Problemtiere. Bei Temperaturen um 24°C während des Tages, nachts kühler, 12 Stunden Beleuchtung und einem Platz zum Aufwärmen macht sie sich in einer mäßig trockenen Umgebung gut. Obwohl friedfertig, mag sie keine Betriebsamkeit vor ihrem Terrarium oder häufiges Anfassen. Zu bedenken ist, daß die Art nachtaktiv ist. Sie wird heute in kleinen Stückzahlen vermehrt.

Elaphe moellendorffi
Blumennatter

Als eine der auffälligsten Kletternattern mit einer interessanten Färbung wird die Blumennatter mit einiger Regelmäßigkeit importiert, stellt sich jedoch meistens bei der späteren Pflege als

Problemfall heraus. Frischimporte sind häufig stark von Parasiten befallen, stehen unter Streß und bedürfen dringend einer tierärztlichen Versorgung. Die Art kommt aus Südchina und dem Norden Vietnams, wo sie anscheinend niedrige Lagen bevorzugt. Mit über 2 Metern ist sie eine große, aber wenig massige Schlange.

Färbung und Zeichnung sind auffällig. Auf einer gräulichen Grundfarbe liegen 28 bis 32 große, unregelmäßig geformte, rotbraune Sattelflecken mit schwarzer Einfassung. Die meisten Sattelflecken sind ungefähr rechteckig, einige können jedoch aufgelöst oder vieleckig sein. Auf den unteren Flanken findet sich eine Reihe kleinerer rotbrauner Flecken, und vereinzelte Lateralschuppen haben dunkle Ränder. Die Ventralseite ist gelblich weiß mit schwarzen Flecken. Kopf und Hals sind ungezeichnet; der Kopf selbst ist groß und sehr deutlich vom Hals abgesetzt. Die gesamte Oberseite des Kopfes ist leuchtend bis kupferrot und geht in grau auf dem Hals und in Weiß auf den Labialschuppen über. Am entgegengesetzten Ende ist der Schwanz mit bräunlichen grau-en Bändern auf rosa- bis grellroter Grundfarbe versehen, so daß eine rote Ringelzeichnung entsteht. Ein lebendes Exemplar ist daher kaum mit einer anderen Art zu verwechseln.

Die Dorsalia sind gekielt und liegen in 27 (selten in 31) Reihen über die Rumpfmitte. Die 268 bis 274 stark abgewinkelten Ventralia werden von 97 bis 99 Subcaudalia unter einem sehr langen Schwanz abgelöst. Das Analschild ist geteilt. Das Loreale ist aufgrund der langgestreckten Schnauze doppelt so lang wie hoch. Seltsamerweise berühren die Supralabialia 5 und 6 das Auge, was eigentlich ein Merkmal von *Gonyosoma* ist. Sicherlich kann man wenigstens von einer oberflächlichen Ähnlichkeit zwischen *E. moellendorffi* und *Gonyosoma oxycephala* sprechen, die beide große, langschwänzige Schlangen mit langer Schnauze, langgestrecktem Loreaschild und vergleichbaren Supralabialia in Augenkontakt sind. Dabei handelt es sich zwar vermutlich um eine Parallelentwicklung, jedoch zeigt es erneut, daß die Gattung *Elaphe* ein künstliches Gebilde ist, bei dem die asiatischen Arten wahrscheinlich mehreren Gattungen angehören.

Blumennatter (Elaphe moellendorffi) ist eine prächtig gefärbte Schlange, die kaum mit einer anderen Kletternatter zu verwechseln ist. Foto: R.D. Bartlett

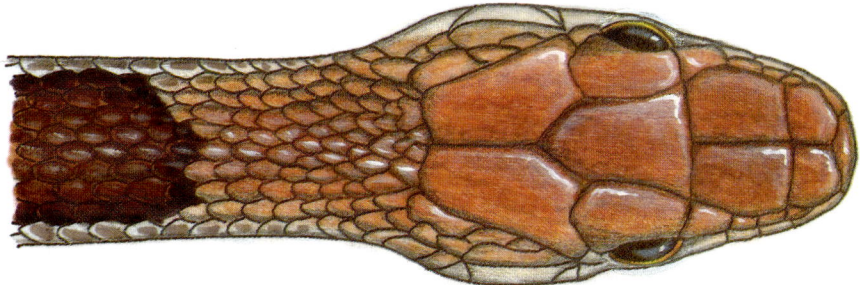

Die Terrarienhaltung dieser Kletternatter wird gewöhnlich als schwierig angesehen. Die Blumennatter scheint eine kühle Umgebung mit etwa 21°C zu bevorzugen. Es werden wenigstens 6 Eier gelegt, die bei 27°C nach etwa 80 Tagen schlüpfen. Die Jungtiere sind Abbilder ihrer Eltern. Mäuse bilden das Standardfutter.

Elaphe perlacea
Chinesische Perlennatter

Hierbei haben wir es mit einer weiteren farbenprächtigen Kletternatter aus China zu tun, die leider äußerst selten und aus dem Leben nahezu unbekannt ist. Anhand eines Einzeltieres aus der Szechwan Provinz, vor 60 Jahren beschrieben, scheint sie in Terrarianerkreisen gänzlich unbekannt zu sein. Ihre Farbzeichnung erinnert an die Mandarinnatter, und ihr Einzug in die Welt der Terrarienhaltung wäre mit Sicherheit interessant.

Elaphe moellendorffi, Blumennatter

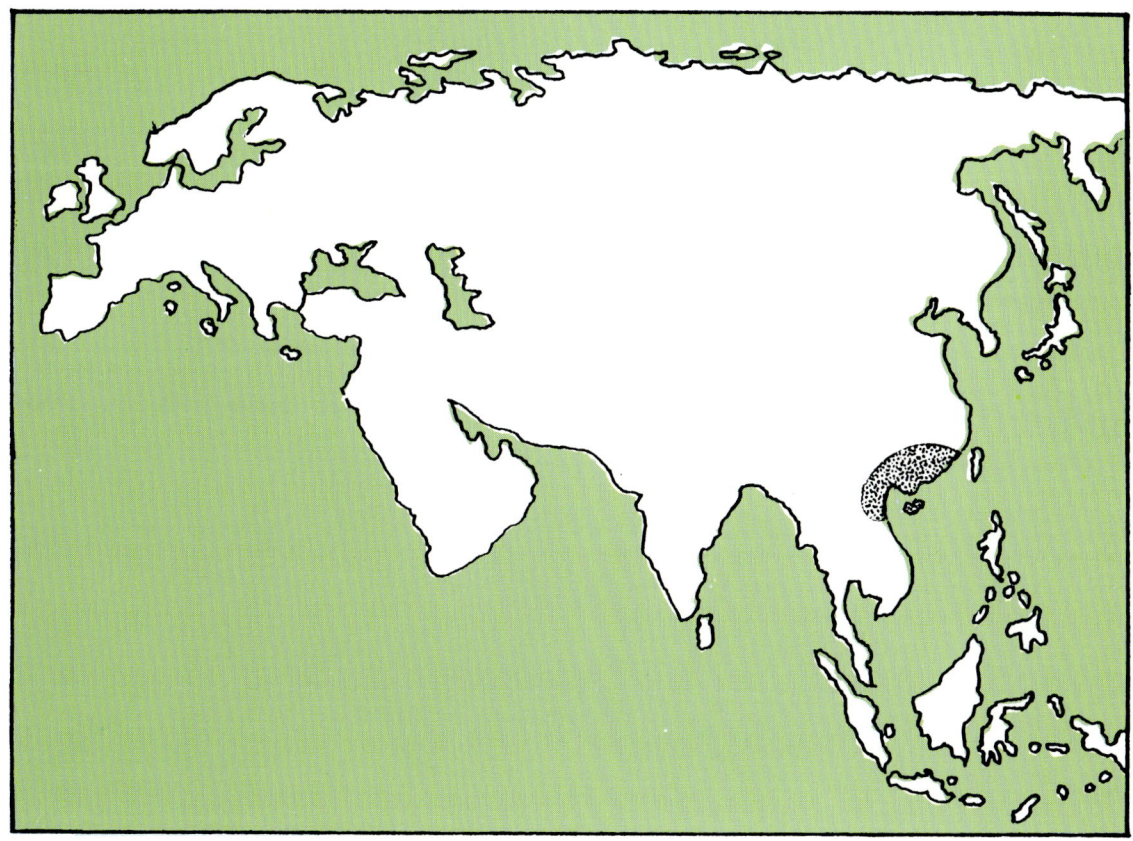

Gesamtverbreitung von Elaphe moellendorffi

Alle Schlangen unterscheiden sich zumindest ein wenig in der Färbung. Die relativ düstere Blumennatter links kann sich kaum mit der außergewöhnlich kontrastreichen rechts messen. Die Terrarianer sollten sich daher auf schöne Farben konzentrieren und nicht einfach alles vermehren, was ihnen in die Quere kommt.
Fotos: K.H. Switak (links), R.D. Bartlett(rechts)

In der Nahaufnahme sieht der Kopf von E. moellendorffi dem von Senticolis triaspis und Gonyosoma oxycephala ähnlich. Man beachte das kleine, zwischen zwei Supralabialia eingekeilte Präorbitale.
Foto: R.D. Bartlett

Es ist eine hell lohbraune bis gräuliche Schlange mit mehr als 30 (37 beim Typusexemplar) Paaren von schwarzen Binden, die etwa 2 Dorsalia breit sind und den Rücken von Ventralia zu Ventralia überqueren. Jedes Paar berührt sich oder berührt sich fast an den Ventralia, wodurch breite Ovale in Grundfärbung mit schwarzen Rändern entstehen. Innerhalb jedes schwarzen Bindenpaares haben die einzelnen Schuppen weiße Zentren, die im Leben vielleicht gelb sind und für den Trivialnamen verantwortlich sind. Die Bauchseite ist gräulich mit großen schwarzen Flecken.

Die Kopfzeichnung ist deutlich und entspricht weitgehend der von *E. mandarina* und *E. conspicillata*. Ein breites schwarzes Band zieht sich über den hinteren Schnauzenbereich. Ein zweites, breiteres, gebogenes verläuft von Auge zu Auge und setzt sich dahinter in Richtung auf den Mundwinkel fort, ohne diesen jedoch zu erreichen. Der Hinterkopf wird von einem V-förmigen Zeichen geziert, dessen Spitze zwischen den Augen und dessen Schenkel im Nacken liegen. Jeder Schenkel ist dabei gespalten, wobei der jeweils untere am Mundwinkel und die oberen im Nacken enden.

Wie bei *E. mandarina* und im Gegensatz zu vielen anderen Arten bleibt die deutliche Zeichnung bei den Alttieren erhalten (das

Elaphe perlacea, Chinesische Perlennatter

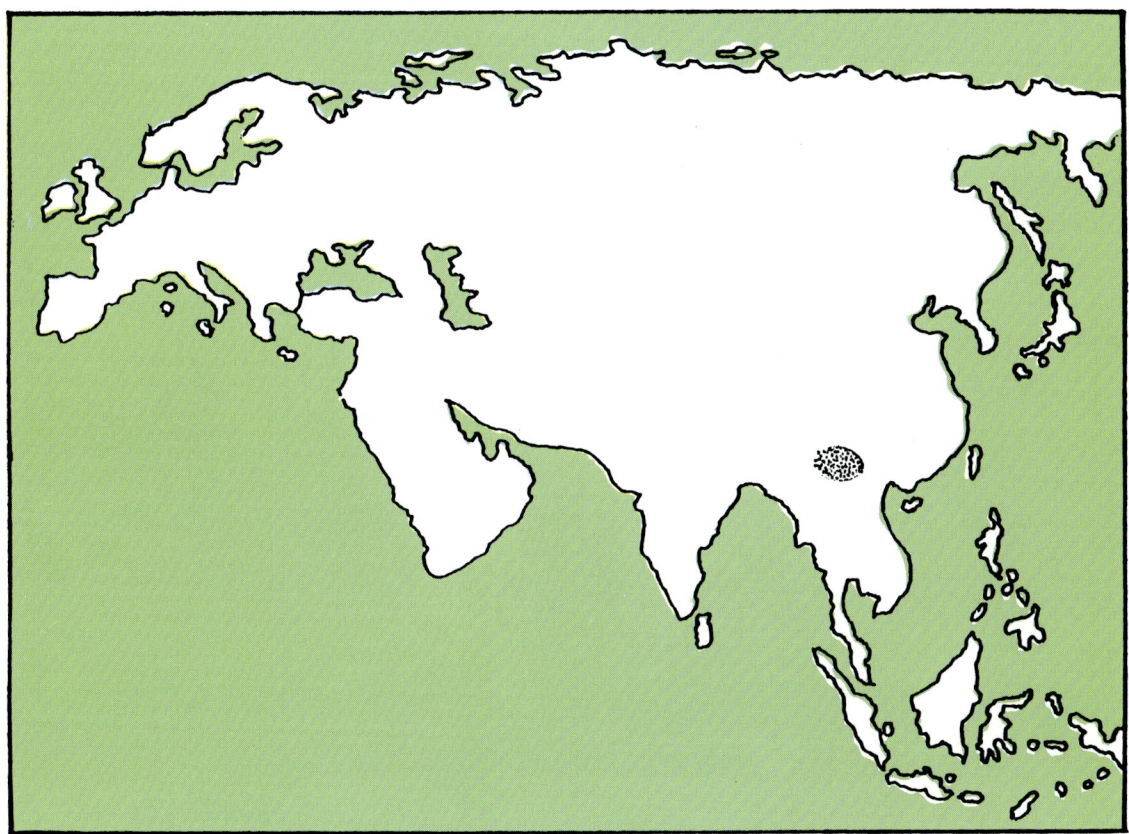

Gesamtverbreitung von Elaphe perlacea

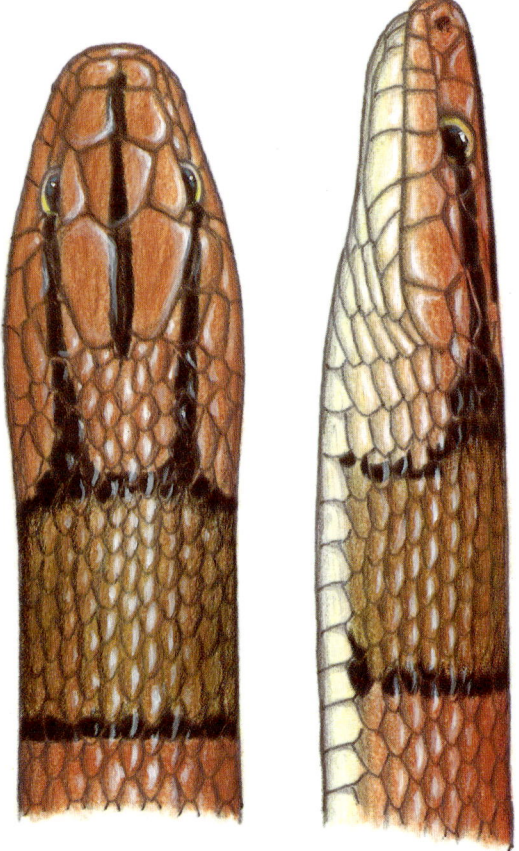

Elaphe porphyracea, Porphyrnatter

Typusexemplar war ein erwachsenes Männchen von etwa 1150 mm Länge). Das der Beschreibung zugrundeliegende Tier hatte 7 Supralabialia, 19 Dorsaliareihen, wovon 13 gekielt sind, 229 schwach abgewinkelte Ventralia und ein geteiltes Analschild.

Elaphe porphyracea
Porphyrnatter (Rote Bambusnatter)

Die Kletternatter mit der auffälligsten Farbgebung hat gleichzeitig die weiteste Verbreitung; sie kommt von Sumatra und Singapur fast in ganz Südostasien bis nach Südchina und Taiwan und im Westen bis in die Täler und Hügellandschaft von Assam in Nordindien vor. Dabei ist das Vorkommen jedoch häufig nur punktartig und möglicherweise auf die kühleren Bergregionen beschränkt. Hinsichtlich Färbung und Zeichnungsdetails ist sie recht variabel, allerdings nicht in einem Ausmaß, daß ihre Bestimmung schwierig würde. Es werden bis zu fünf Unterarten unterschieden.

Die Porphyrnatter ist eine jener Arten, bei denen der Kopf nicht deutlich vom Hals abgesetzt ist und die glatte Schuppen mit irisierendem Glanz besitzen. Die allgemeine Körpergrundfarbe ist rostrot bis bronzebraun, heller auf den unteren Seiten und weiß oder hell gelblich auf dem Bauch und grau unter dem Schwanz. Den Rücken zieren 9 bis 16 Paare schmaler schwarzer Binden, die hellere oder dunklere, rötliche bis olivbraune Bänder von wenig-

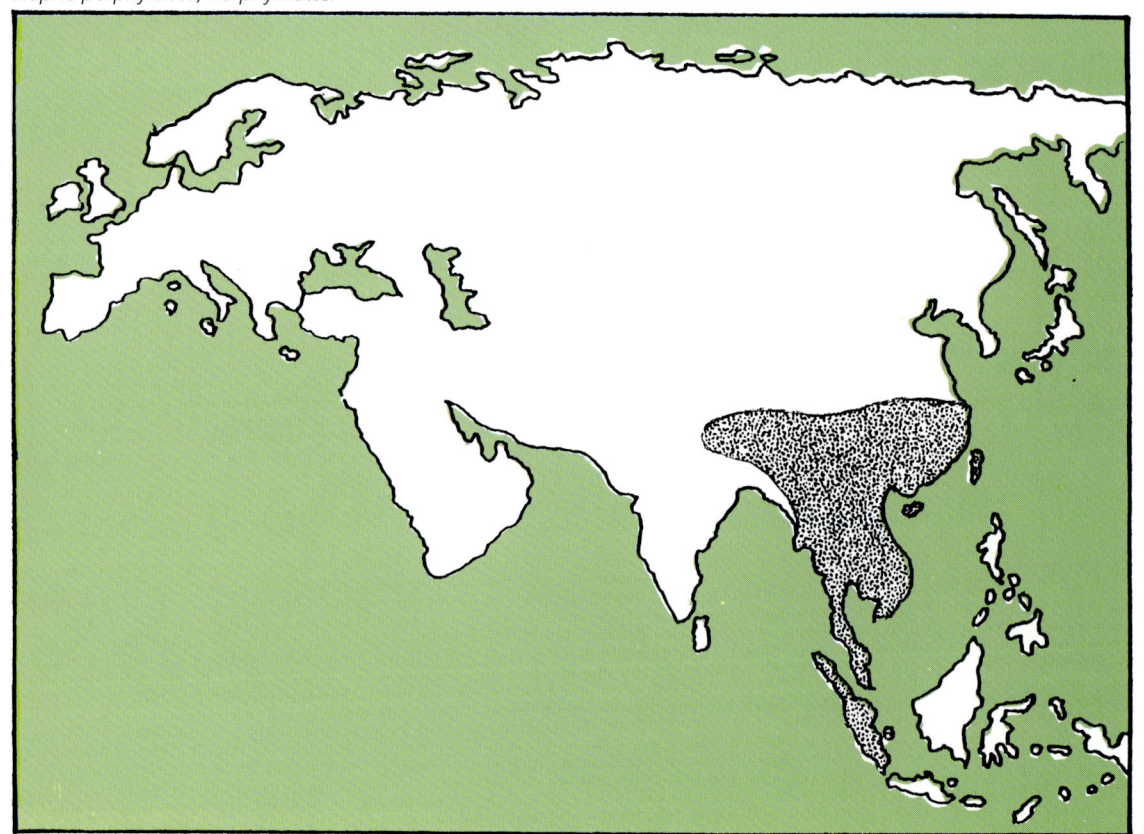

Gesamtverbreitung von Elaphe porphyracea

stens drei oder vier Dorsalialängen einrahmen und die selbst eine schmale orangefarbene Begrenzung haben. Hierdurch entsteht eine Ringelzeichnung, bei der schwarz eingefaßte, heller oder dunkler braune Ringe sich abwechseln. Die breiteren Ringe variieren dabei von gedämpft olivbraun bis kräftig rotbraun. Auf dem Kopf finden sich drei schmale schwarze Streifen, wovon einer auf der Mittellinie des Kopfes von der Schnauze bis zum Ende der Naht zwischen den Parietalschildern verläuft. Hinter jedem Auge zieht sich ein gerader schwarzer Strich bis zum ersten dorsalen Band im Nackenbereich und verbindet sich dort mit der schwarzen Einfassung. Der Kopf ist ansonsten einfarbig hellbraun oder rotbraun. Ein besonders variables Zeichnungsmerkmal ist das Vorhandensein von zwei dünnen schwarzen Linien, die 3 bis 5 Dorsalia voneinander entfernt, parallel zur Vertebrallinie verlaufen. Diese Linien sind allgemein im hinteren Körperbereich am deutlichsten, setzen sich jedoch bei Jungtieren und der Unterart nigrofasciata aus Hong Kong und Südchina bis zum ersten Körperring fort. Im Normalfall sind diese schwarzen Streifen unterbrochen und häufig undeutlich.

Jungtiere haben allgemein ein kontrastreicheres Farbkleid, wobei die Körperfarbe kräftig rosa bis rot und die Ringe häufig dunkelbraun oder sogar schwarz sind. Die dünnen schwarzen Begrenzungsbinden haben oftmals noch keinen orangefarbenen

Saum wie bei den adulten Exemplaren, während die schmalen schwarzen Linien noch vollständig und deutlich sein können.

Die glatten Dorsalia liegen in 19 Reihen über der Rumpfmitte; es gibt 190 bis 218 Ventralia und 47 bis 76 Subcaudalia. Das Analschild ist geteilt. Das Loreale ist klein, so daß das Präfrontale weit nach unten reicht.

Wenngleich die Art häufig und ansprechend ist, taucht sie nicht besonders häufig im Handel auf und wird selten nachgezogen. Es handelt sich um einen friedfertigen Mäusefresser, der auch Vögel nicht verschmäht. Nestjunge Mäuse als Hauptfutter stellen somit kein Problem dar. Die Haltungstemperaturen sollten niedriger als üblich sein und sich vielleicht eher an der Blumennatter orientieren.

Elaphe prasina
Smaragdkletternatter (Grüne Strauchnatter)

Die prachtvolle und seltene Kletternatter verdient tatsächlich das "Grün" in ihrem Trivialnamen. Im Grunde ist es ein sattgrüner Baumbewohner ohne Kopfzeichnung und einer Körperzeichnung, die nur aus einem schwachen Netz besteht, welches durch die schwarze und weiße Unterhaut zwischen den Schuppen hervorgerufen wird. Bei Jungtieren können die Schuppenränder dunkel sein und vage V-förmige Bänder produzieren. Die Kiele an den

Ebenso wie einige andere häufige, farbenprächtige und weit verbreitete, asiatische Kletternattern ist die Porphyrnatter trotzdem nur selten im Angebot. Sie scheint relativ einfach zu pflegen zu sein, jedoch gibt es wenige Nachweise, daß sie im Terrarium gezüchtet wurde, und sie ist gegenwärtig schwer erhältlich. Foto: R.E. Kuntz

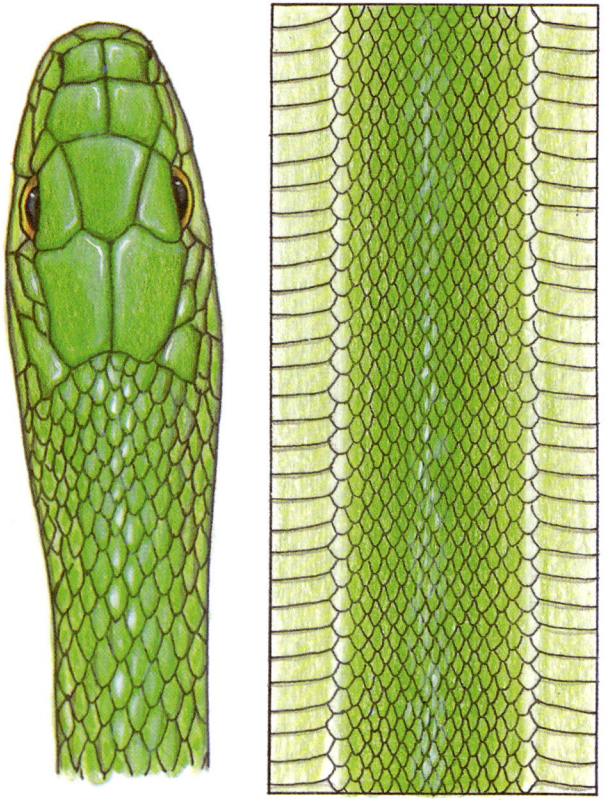

Elaphe prasina, Smaragdkletternatter

äußeren Ventraliarändern sind weiß und setzen sich vom weißlichen Hellgrün der Ventralia ab. Die anderen grünen Kletternattern *Elaphe frenata* und *Gonyosoma oxycephala* besitzen ein schwarzes Band, das die Augen verbindet.

Die Art besitzt über die Körpermitte 19 Reihen gekielter Dorsalia, die bei Jungtieren noch glatt sind, weiterhin 191 bis 209 stark gekielte Ventralia, 91 -111 Subcaudalia und ein Analschild, welches sowohl geteilt als auch ungeteilt sein kann. Mit ungefähr 1300 mm Gesamtlänge ist es eine mäßig große Schlange.

Der kryptische (getarnt, schwer zu entdecken) Baumbewohner lebt in den kühlen Bergwäldern der östlichen Himalaya-Ausläufer zwischen Assam in Nordindien bis Nordburma und Südwestchina. Isolierte Populationen sind aus weiter südlich gelegenen Gebieten auf der Malayischen Halbinsel und sogar von den Andamanen bekannt. Grundsätzlich ist es eine seltene, schwer aufzuspürende Art, deren Verbreitungsgebiet nicht gerade zu den einfach zugänglichen Gegenden gehört. Über ihre nachtaktive Lebensweise ist so gut wie nichts bekannt. Sollten trotzdem einmal Exemplare in ein Terrarium gelangen, würden sie eine vergleichsweise kühle Umgebung mit dichtem Klettergezweig benöti-

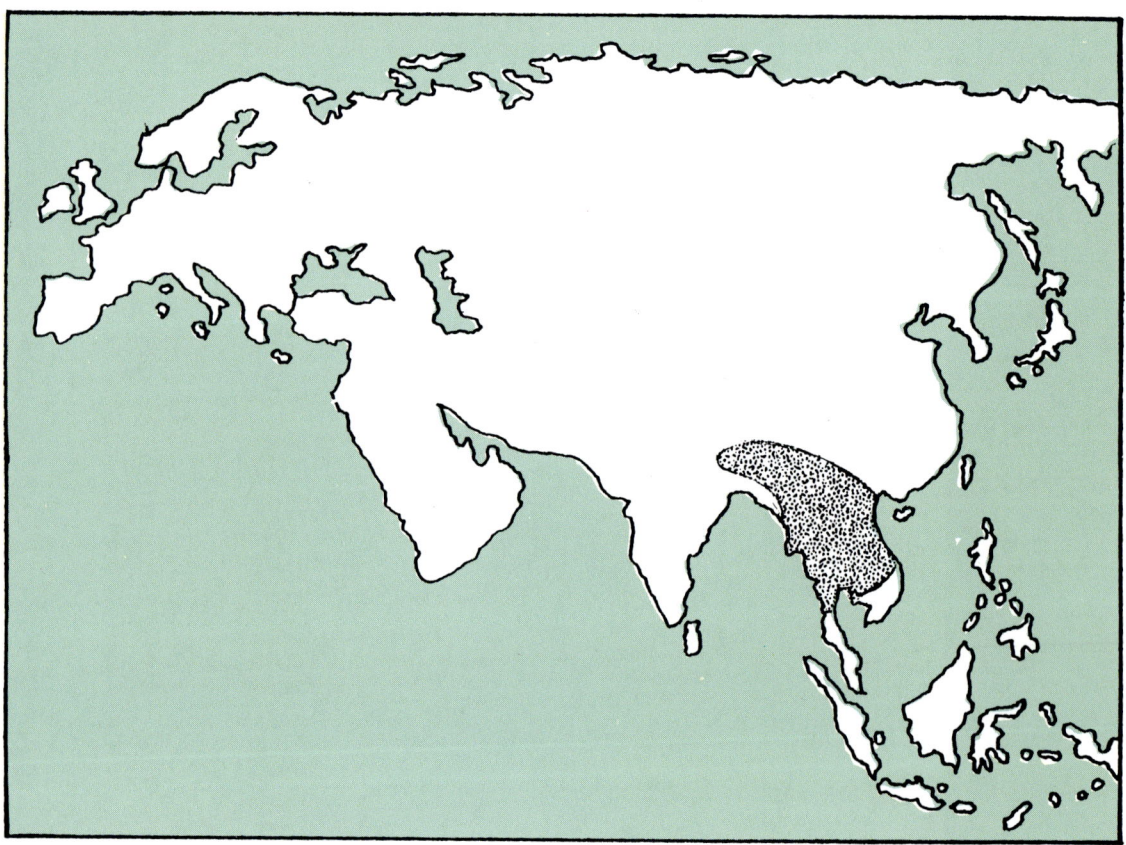

Gesamtverbreitung von Elaphe prasina

gen. Als Bewohner hoher Berglagen ist der Wasserbedarf vermutlich hoch; ebenso erscheint eine höhere Luftfeuchtigkeit als gewöhnlich angebracht. Möglicherweise werden Vögel Mäusen als Futter vorgezogen. Die Eier sollten eine kurze Entwicklungszeit haben.

Elaphe quadrivirgata
Japanische Vierstreifennatter

   Diese aus Japan stammende Art ist hinsichtlich ihrer Färbung recht variabel und häufig nicht einfach von den anderen Japanern *E. climacophora*, *conspicillata* und *japonica* zu unterscheiden. Gelegentlich sind Exemplare fast völlig schwarz mit gelben Lippenschildern und gelber Kehle. Häufiger sind allerdings solche mit grauoliver oder hellbrauner Grundfarbe und vier Streifen auf dem Rücken, wovon zwei auf der Schwanzwurzel enden. Die Unterseiten können schmutzig gelb, olivgrau oder schwarz sein. Ein schwarzer Streifen vom Auge zum Mundwinkel kann vorhanden sein. Einige Jungtiere haben die Streifenzeichnung erwachsener Tiere, andere zeigen jedoch dunkle Balken und eine Zickzackzeichnung auf dem Rücken. Ein geschwungener Streifen kann sich über die Schnauze ziehen, und ein M-förmiges Zeichen kann

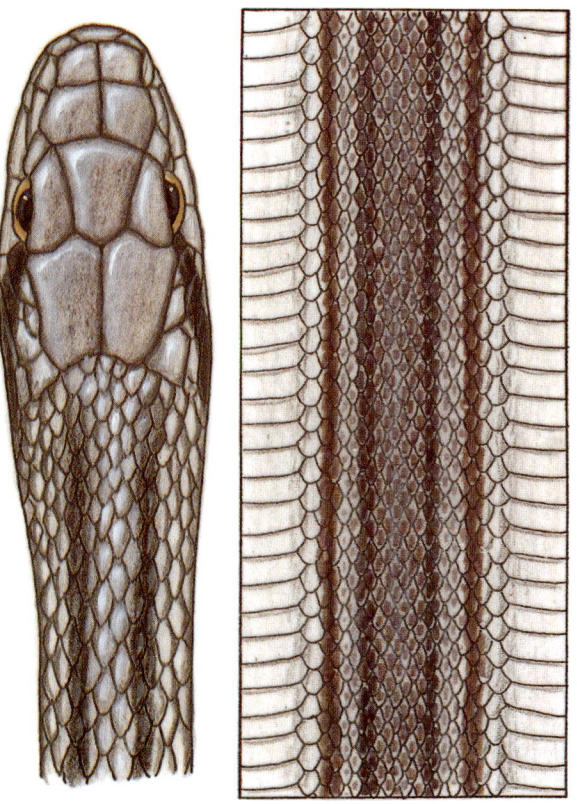

Elaphe quadrivirgata, Japanische Vierstreifennatter

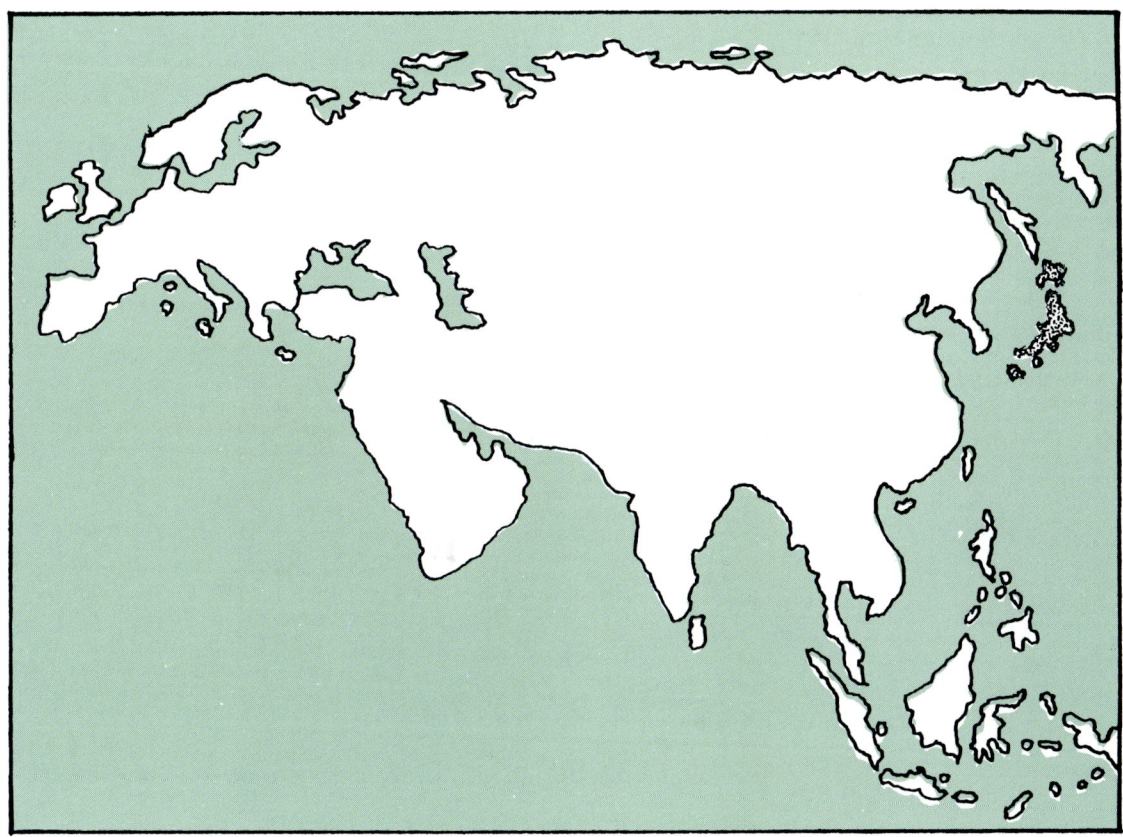

Gesamtverbreitung von Elaphe quadrivirgata

den Hinterkopf zieren. All diese Merkmale verlieren sich beim Heranwachsen.

Aufgrund der Variabilität der Zeichnungsmerkmale werden Beschuppungskriterien für eine sichere Bestimmung von zweifelhaften Exemplaren benötigt. Von den 8 Supralabialia berühren das vierte und fünfte das ungewöhnlich große Auge. Die Dorsalia liegen in 19 Reihen, wovon die vertebralen Schuppen bei Adulti schwach gekielt und bei Jungtieren glatt sind. Die Ventralia sind abgewinkelt und zählen 193 bis 210; 70 bis 96 Subcaudalia. Das Anale ist gewöhnlich geteilt. Eine Gesamtlänge von 1030 mm wurde dokumentiert. Die Art besiedelt die südlichen Inseln Japans einschließlich des Ryukyu-Archipels. Sie gelangt gar nicht so selten in die Terrarien und kann wie *Elaphe climacophora* gepflegt werden. Einzelne Exemplare können stark auf Frösche als Futter fixiert sein. In der Regel werden aber Mäuse im Terrarium angenommen. Die Nachzucht ist wiederholt gelungen.

Elaphe radiata
Strahlennatter

Hierbei haben wir es mit einer großen, farbigen, widerstandsfähigen Schlange mit einer schönen Zeichnung und weiten Verbreitung zu tun, die trotzdem nur selten im Handel in Erscheinung tritt. Vielleicht wird sie als zu aggressiv betrachtet, vielleicht ist aber mit ihr auch mehr Geld im lokalen Delikatessen- und Lederhan-

Clifford H. Pope (1899 - 1974) ist am besten für sein Monumentalwerk "The Reptiles of China" bekannt. Sein dauerhaftester Einfluß wird jedoch durch sein Kinderbuch "Snakes Alive and How They Live" verkörpert, welches eine starke Zunahme des allgemeinen Interesses an der Herpetologie zur Folge hatte.

Eine Japanische Vierstreifennatter (E. quadrivirgata) ohne Zuhilfenahme von Schuppenwerten zu bestimmen, scheint nahezu unmöglich. Viele Exemplare haben leuchtend orangefarbene Augen, die ihr auch den Namen Rotaugennatter eingebracht haben.
Foto: S. Kochetov

del zu machen. Wie auch immer, begegnet man ihr in einem Ver-
kaufsterrarium, hat man es schwer, daran vorbeizugehen,

Die dominante Farbe ist ein kräftiges Braun, das häufig einen
starken Rotanteil auf dem Kopf aufweist und für die gleichfalls
gebrauchte Bezeichnung "Kupferkopfnatter" verantwortlich ist.
Den Rücken zieren vier schwärzliche Streifen, die häufig jedoch
nur auf die vordere Körperhälfte beschränkt sind. Das Streifenpaar
rechts und links der Vertebrallinie ist breit und schwarzbraun und
auch bei vielen adulten Tieren zumindest im ersten Körperviertel
bis -hälfte noch ziemlich vollständig obwohl sie sich posterior ver-
schmälern. Es rahmt einen kräftig rotbraunen Vertebralstreifen ein.
Das untere Paar Streifen, einer auf jeder Flankenseite, entsteht durch
das teilweise Zusammenfließen einer Reihe dunkler Flecken oberhalb der Ventralia. Die Haut unter den Schuppen ist häufig weiß
und tritt auffällig in Erscheinung, wenn die Schlange ihr Aggres-
sionsverhalten zeigt. Im Normalfall ist die gesamte hintere Körperhälfte der Strahlennatter nahezu einfarbig rotbraun mit Spuren dunklerer Streifen. Die Ventralseite kann gelb oder gräulich
sein, mit oder ohne dunklere Flecken. Einige Exemplare sind relativ düster bräunlich, andere grünlich und wieder andere erscheinen auf den ersten Blick leuchtend rotbraun.

Elaphe radiata, Strahlennatter

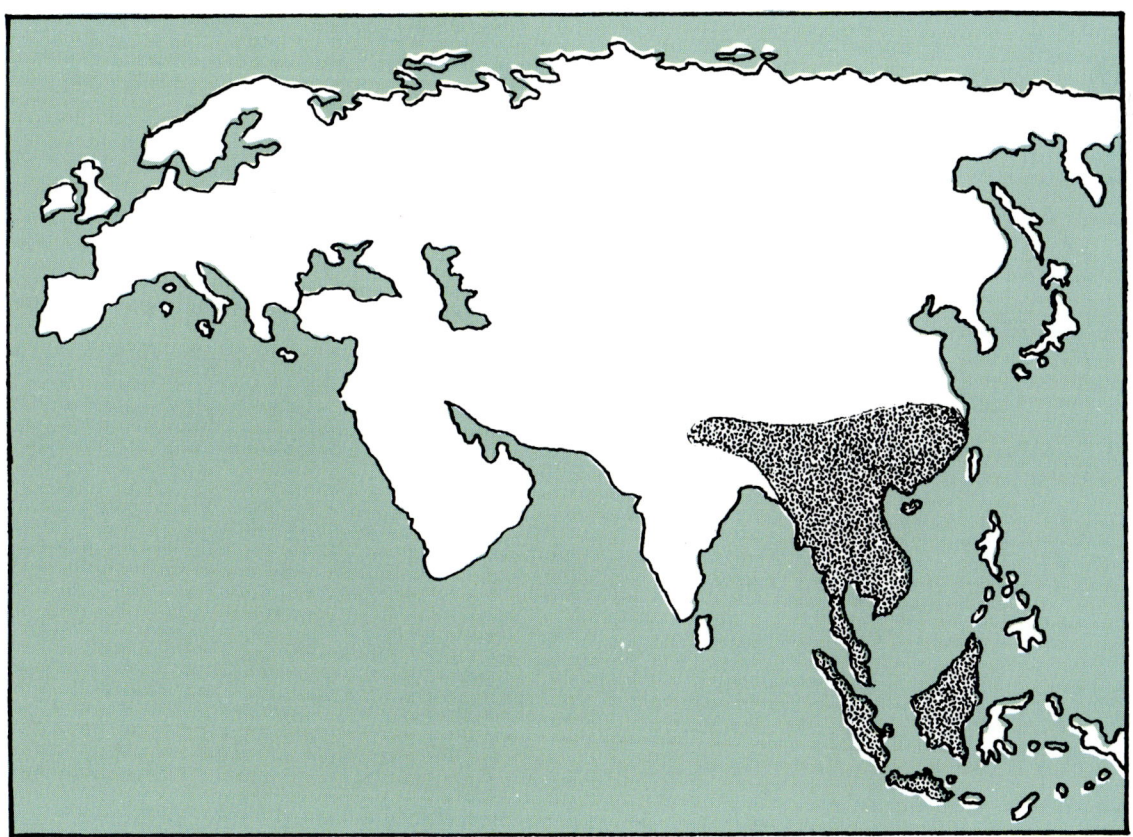

Gesamtverbreitung von Elaphe radiata

Wegen der einzigartigen Struktur der Hemipene, die etwas an jene von Senticolis erinnert, wurde verschiedentlich angeregt, E. radiata nebst einigen anderen schmalköpfigen Kletternattern in eine eigene Gattung zu überstellen.
Foto: P. Freed

Wenngleich E. helena und anderen "Schmucknattern" ähnlich, unterscheidet sich die Strahlennatter (E. radiata) doch deutlich durch ihre Kopfzeichnung. Foto: R.D. Bartlett

Die Kopfzeichnung ist deutlich. Auf einem kupferrot-bräunlichen Untergrund befinden sich drei, ziemlich dünne, schwarze Linien in strahlenförmiger Anordnung - daher der wissenschaftliche Name - um das Auge. Eine liegt unterhalb des Auges und setzt sich bis auf die Infralabialia fort. Eine weitere verläuft vom Hinterrand des Auges bis in die Nähe des Mundwinkels. Die dritte Linie beginnt am oberen Augenhinterrand und läuft schräg über den Rand des Parietalschildes bis in den Nacken. Ein dünner schwarzer Ring umläuft den Nacken und vereinigt sich mit den von den Augen kommenden, schrägen Streifen zu einem charakteristischen Zeichen und setzt sich nach hinten weiter bis auf die Seiten der Ventralia fort.

Die Dorsalschuppen sind mäßig stark gekielt, haben auf dem Schwanz aber eine kräftigere Kielung; sie liegen in 19 Reihen über die Rumpfmitte. Die 222 bis 250 Ventralia sind stark abgeknickt. Es gibt 82 bis 108 Subcaudalia. Das Anale ist ungeteilt. Das Lorealschild ist ungefähr genauso hoch wie lang.

Mit oftmals mehr als 1500 mm Länge und einer Maximalgröße von 2000 mm ist es eine große Schlange, die den Ruf hat, sich bei Belästigung sehr wehrhaft zu zeigen. Sie richtet den Vorderkörper auf und spreizt den Hals, so daß die weiße Unterhaut zwischen den Schuppen zum Vorschein kommt. Auch zögert sie nicht, zu beißen. Die Art kommt auch in dicht besiedelten Gegenden Südostasiens vor, wo sie als Nahrungsmittel und für medizinische Zwecke gejagt wird. Die Haut großer Exemplare wird in der Lederindustrie zu Brieftaschen und allerlei Zierrat verarbeitet. Als typische Tieflandbewohnerin findet man sie in kühleren Berglagen nicht.

Obwohl diese Schlange von Indonesien einschließlich Borneo über Malaysia bis Nepal und weite Gebiete in Südchina im Norden, also große Teile Südostasiens verbreitet ist, weiß man relativ wenig über sie. Während die Jungtiere hauptsächlich nachtaktiv sind, und es heißt, sie würden Frösche fressen, sind die adulten Tiere tagaktiv und ernähren sich von Kleinsäugern und Vögeln.

Man benötigt ein warmes Terrarium mit halbtägiger Beleuchtung, Kletteräste und einen Wärmeplatz. Obwohl eine Winterruhe für diese Art als überflüssig gelten kann, schaden zwei Monate bei 15°C vermutlich nicht. Die Nachzuchterfolge in Gefangenschaft halten sich in Grenzen. Anscheinend werden Gelege von 10 bis 12 Eiern im frühen Sommer abgesetzt, die ungefähr 60 Tage später schlüpfen. Alttiere fressen in der Regel im Terrarium gut, können bei Erhalt jedoch stark von Parasiten befallen sein und tierärztlicher Behandlung bedürfen.

Seit kurzem tauchen einige Terrariennachzuchten der Strahlennatter (E. radiata) auf dem Markt auf, doch ist diese Schlange immer noch eine Rarität in den Privatanlagen.
Foto: R.D. Bartlett

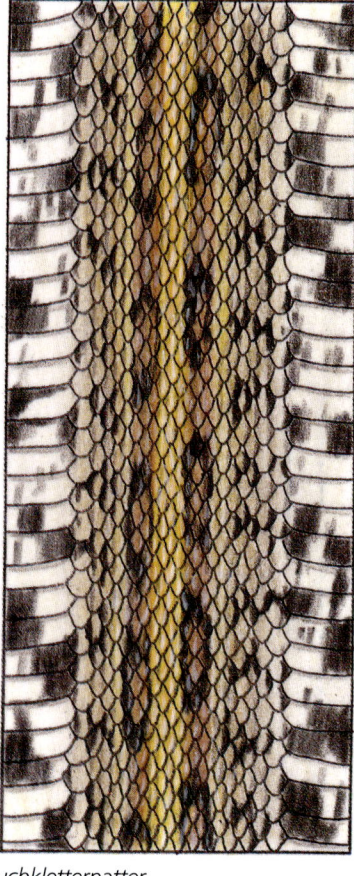

"Elaphe" rufodorsata, Rotbauchkletternatter

"Elaphe" rufodorsata
Rotbauchkletternatter

Es kann wenig Zweifel daran geben, daß dies keine Kletter-natter ist wenngleich sie gegenwärtig der Gattung *Elaphe* zuge-ordnet wird. Die Situation hier ist die, daß die auf morphologi-schen Merkmalen beruhende, systematische Namenskombinati-on mit den Erkenntnissen über die Biologie einer Tierart nicht Schritt gehalten hat.

Die Rotbauchkletternatter ist mit 770 mm eine kleine, farblich ansprechende Art mit glatten, glänzenden Dorsalia in nur 21 Rei-hen über die Rumpfmitte. Die Rückenmitte wird von einem gera-de gerandeten, goldorangen Streifen geziert, welcher auf fast der gesamten Länge deutlich hervortritt. Zu beiden Seiten liegt dane-ben jeweils eine Reihe olivfarbener Flecken mit schwarzen Rän-dern, die manchmal zu Streifen verbunden sein können und hel-lere Flecken beinhalten. Die Kopfoberseite weist ein komplexes Muster auf, das aus einer geschlossenen, vorwärts gerichteten, bis zwischen die Augen reichenden "Speerspitze" und Flecken auf den Parietalschildern besteht. Dunkle Bänder und Streifen ver-laufen über die Schnauze und durch die Augen zu den Mund-

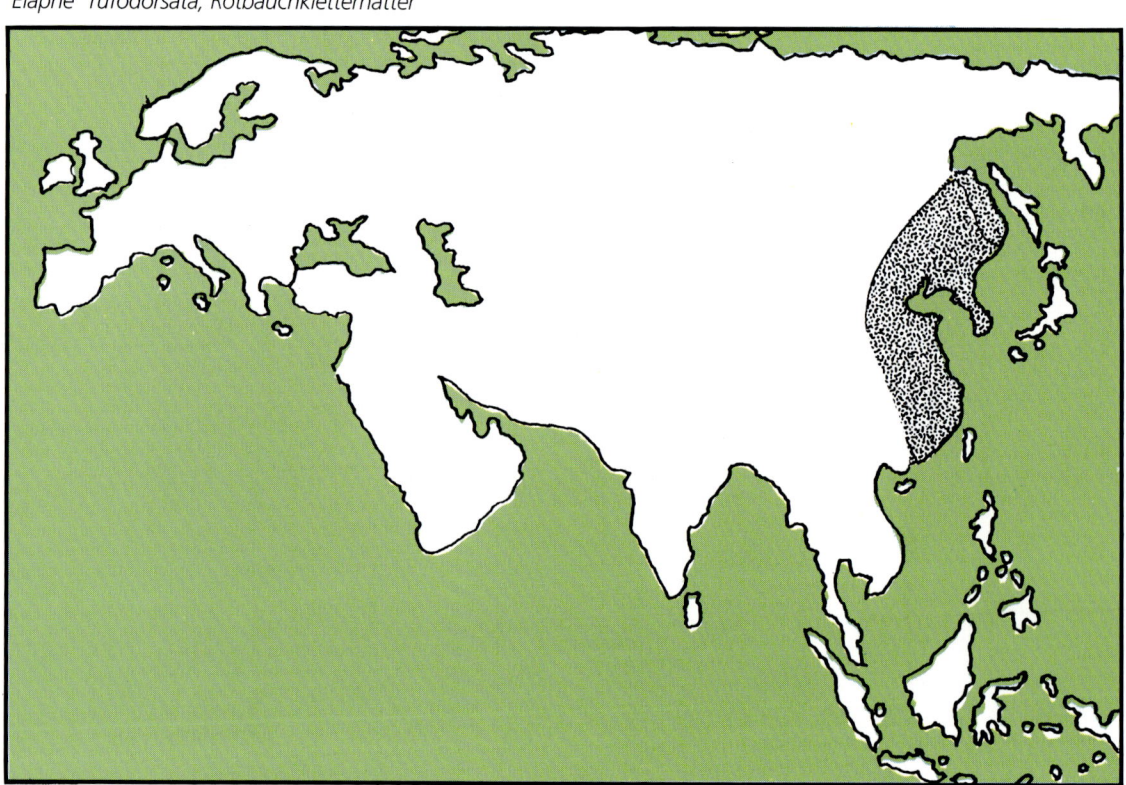

Gesamtverbreitung von "Elaphe" rufodorsata

winkeln. Der gelbe oder orangefarbene Bauch ist von unregelmäßigen dunklen Flecken durchsetzt; die Schwanzunterseite kann vier oder fünf dunkle Striche haben.

Wie erwähnt, sind die Dorsalia sehr glatt und in 21 Reihen angeordnet. Man zählt 154 bis190 Ventralia und 46 bis 69 Subcaudalia; das Analschild ist geteilt.

Von der oberflächlich betrachtet ähnlichen *Elaphe bimaculata*, unter deren Name die Schlange wegen ihrer vergleichbaren Zeichnung oft in den Handel gelangt, unterscheidet sie sich durch die in jeder Hinsicht niedrigeren Schuppenwerte, d.h. 21 Dorsaliareihen bei rufodorsata, 23 oder mehr bei bimaculata, 154 bis190 Ventralia gegenüber 188 bis 207 und 46 bis 69 gegenüber 67 bis 73 Subcaudalia. Darüberhinaus hat rufodorsata eine sehr kurze Schnauze, die sich überaus deutlich von der von bimaculata unterscheidet.

Es ist dies eine Art kühler Klimate mit einer Verbreitung in großen Teilen Ostchinas bis zur Nordwestgrenze zu Rußland und im gesamten Korea. Mitte bis Ende April erscheinen die Tiere wieder aus der Winterruhe, die sie offenbar im Boden vergraben verbringen und sind bis Anfang November aktiv. Aus diesem Grunde ist eine

Winterruhe auch im Terrarium wichtig. Die aquatische, tagaktive Art ernährt sich nahezu ausschließlich von Fröschen und Fischen, die im Flachwasser von Reisfeldern, Bächen und Teichen erbeutet werden. Man begegnet ihr häufig nachts, wenn sie in mit dichtem Gras durchsetzten Seitenarmen von fließenden Wasserläufen auf Jagd ist. Während des Tages sonnt sie sich ausgiebig und häufig völlig ungedeckt. Der Kletterdrang ist offenbar wenig entwickelt. Sie ist ein guter Schwimmer und sollte ähnlich wie die nordamerikanischen Strumpfbandnattern (*Thamnophis*) gehalten werden.

Die Paarung findet kurz nach dem Erwachen aus der Winterruhe im späten April oder Anfang Mai statt. Im September bringen die Weibchen dann 8 bis 20, sehr dünne, lebende Junge (keine Eier!) von etwa 200 mm Länge zur Welt, was wiederum den Strumpfbandnattern sehr ähnlich ist. Bei der Geburt sind diese noch von einer durchsichtigen Membrane umgeben, die sie umgehend durchbrechen. Sie sind sofort selbständig. Als Futter kann man Grillen versuchen, auch kleine Fische wie Guppys sind geeignet. Es gibt jedoch auch Exemplare, die im Terrarium halbwüchsige Mäuse fressen und sogar Fisch ablehnen.

Die kurze Schnauze und niedrigere Schuppenwerte unterscheiden "E." rufodorsata von ähnlichen Arten - und natürlich ihre Fortpflanzungsbiologie.
Fotos: R.D. Bartlett(oben) und P. Freed (unten)

Ist es angebracht, eine lebendgebärende, Frösche und Fische fressende, gestreifte Schlange als Kletternatter zu betrachten? Es erscheint doch angebrachter, sie eher als Chinesische Strumpfbandnatter zu bezeichnen und den potentiellen Pfleger darauf hinzuweisen, daß nackte Mäuse kein geeignetes Futter darstellen.

Elaphe schrencki
Amurnatter

Seit langem, insbesondere in Europa, gehört diese farbenprächtige und beliebte Kletternatter zum Angebot des Reptilienhandels. Dabei kommt sie doch aus einer recht abgelegenen Ecke der Welt, nämlich aus dem Südosten Sibiriens, der Mandschurei, Korea und dem Nordosten Chinas. Dieses Gebiet hat lange, häufig sehr kalte Winter und kurze, unberechenbare Sommer. Zeitweilig wurde die russische Nominatform in solchen Mengen exportiert, daß mit einer Artgefährdung zu rechnen war.

Die Amurnatter erreicht 1800 mm Länge, ist kräftig gebaut, hat einen undeutlich abgesetzten Kopf, schwarz und gelb oder weiß

gestreifte Lippenschilder und eine Körperzeichnung aus großen, rundlichen, schwarzen Sattelflecken, die voneinander durch schmale, gelbe oder weiße, schräge Balken getrennt sind und einen leichten Ketteneffekt verursachen. 20 bis 30 solcher Sattelflecken sind vorhanden. Die Dorsalia sind gekielt. Der Kopf der Kletternatter ist tiefschwarz. Diese Beschreibung bezieht sich auf die Nominatform E. s. schrencki aus Sibirien, der Mandschurei und Nord- und Ostkorea. Darüberhinaus hat diese Form einen deutlichen braunen, schwarzen eingefaßten Balken hinter dem Auge, der nicht in der dunklen Grundfarbe untergeht, sowie graue oder schwarze Flecken auf der weißlichen Ventralseite.

Weiter im Südwesten der Gesamtverbreitung, von Westkorea bis Nordostchina, fehlt den Alttieren dieser Schlange die gelbe Kettenzeichnung. Sie ist oberseits fast einfarbig dunkelbraun ohne einen deutlichen Streifen hinter dem Auge und einem nahezu fleckenlosen gelblichen Bauch. Das ist E. s. anomala, die seltener im Terrarium zu sehen ist.

Jungtiere haben einen deutlichen Balken hinter dem Auge, große dunkelbraune Sattelflecken mit schwarzer Einfassung und lohbraunen bis schmutzig weißen Zwischenräumen, sowie eine gefleckte Unterseite. Die Veränderungen in der Zeichnung beginnen bereits in einem frühen Alter.

Die Dorsalschuppen liegen in 21 oder 23 Reihen über die Rumpfmitte und sind deutlich gekielt, zumindest im direkten Rückenbereich. Man ermittelt 208 bis 230 Ventralia und 61 bis 76 Subcaudalia. Ein kleines Präsuboculare ist bei einigen Exemplaren zwischen dem Augenvorderrand und den Supralabialia eingekeilt.

Die Art besiedelt bewaldete Hügellandschaften und landwirtschaftlich genutzte Flächen. Im Terrarium zeigt sie sich als gewandter Kletterer und benötigt daher reichlich Astwerk. Eine wenigstens zwölfstündige Beleuchtung ist notwendig, jedoch muß die Temperatur mit etwa 25°C relativ niedrig gehalten werden und nachts deutlich absinken. Eine Wärmequelle von oben ist ebenfalls erforderlich. Die Vermehrung bereitet keine Schwierigkeiten, jedoch ist eine vier- bis fünfmonatige Winterruhe bei 10°C oder darunter unumgänglich. Die Art produziert große Gelege von gewöhnlich 10 bis 30 Eiern, die im Sommer gelegt werden und nach ca. acht Wochen schlupfreif sind. Die Amurnatter frißt kleine Säugetiere und Vögel, stellt also in dieser Beziehung kein Problem dar.

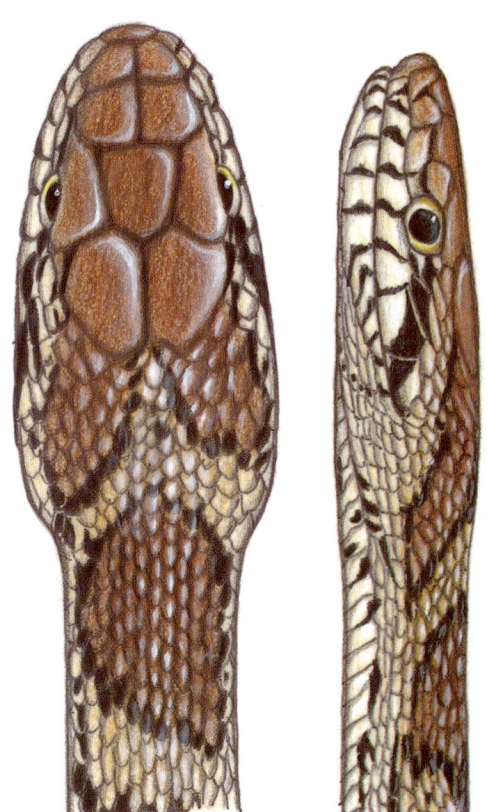

Elaphe schrencki (anomala), Amurnatter

Erwachsenes Exemplar der Amurnatter (E. schrencki schrencki)
Foto:S. Kochetov

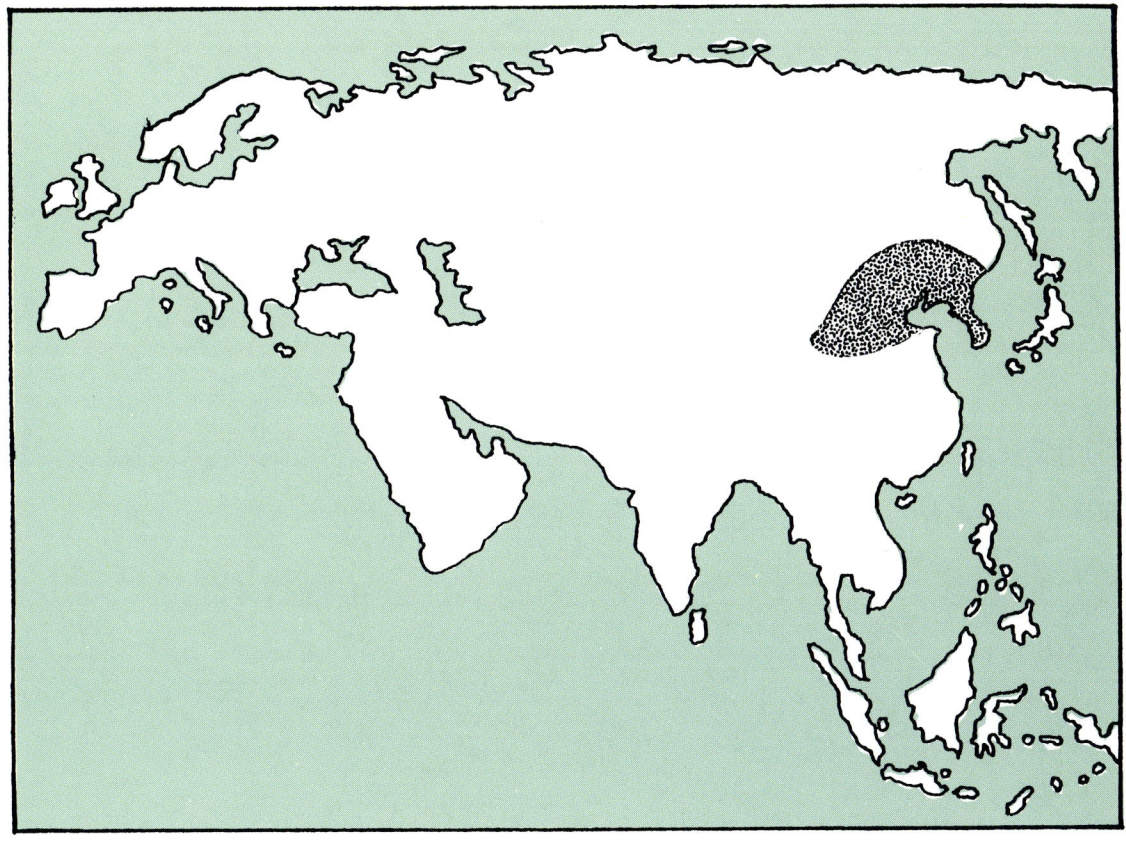

Gesamtverbreitung von Elaphe schrencki

Junge Amurnattern (E. schrencki) sind fast unmöglich bis auf Unterartniveau zu bestimmen. Das Tier oben soll eine Nominatform der Amurnatter (E. schrencki schrencki) sein und scheint deutlicher abgegrenzte helle Dorsalbänder, weniger und dafür breitere Sattelflecken, ein breiteres, dunkleres Augenband und eine deutlichere Lippenzeichnung zu besitzen. Das Jungtier unten soll eine Südliche Amurnatter (E. schrencki anomala) sein, und die Zeichnung sieht unregelmäßiger und undeutlicher aus. Inwiefern variiert das aber mit dem Individuum und dem Alter?
Fotos: R.D. Bartlett

Elaphe subradiata
Sundakletternatter (Timorkletternatter)

Diese Art kommt aus einer Gegend, aus der selten Terrarientiere exportiert werden und ist daher terraristisch kaum bekannt. Ihre Heimat sind die Inseln östlich von Bali, d.h. Timor, Komodo, Lombok, Wetar, Flores usw., die den Ostteil Indonesiens ausmachen. In mancherlei Hinsicht ähnelt sie *Elaphe radiata*, z.B. besitzt auch sie eine Rückenzeichnung aus zwei schwarzen Streifen im vorderen Teil des Körpers. Andererseits ist die Kopfzeichnung mehr reduziert und ähnelt eher *E. taeniura* und deren Verwandten. Die anterioren Streifen können sowohl zu Flecken aufgelöst als auch ununterbrochen sein und einen deutlichen hellbraunen Vertebralstreifen abgrenzen. Die hintere Hälfte des Körpers kann einheitlich rotbraun sein. Der Kopf ist braun und mit Ausnahme eines schwarzen Streifens hinter dem Auge ungezeichnet. Die gelbe Ventralseite hat gewöhnlich keine schwarzen Markierungen. Die Form von der Insel Engano neigt zu Kleinwüchsigkeit, hat eine leicht abweichende Beschuppung und ist etwas anders gefärbt. Sie wurde ursprünglich als *Elaphe enganensis* beschrieben und gilt heute als Unterart von *E. subradita*.

Elaphe subradiata, Sundakletternatter

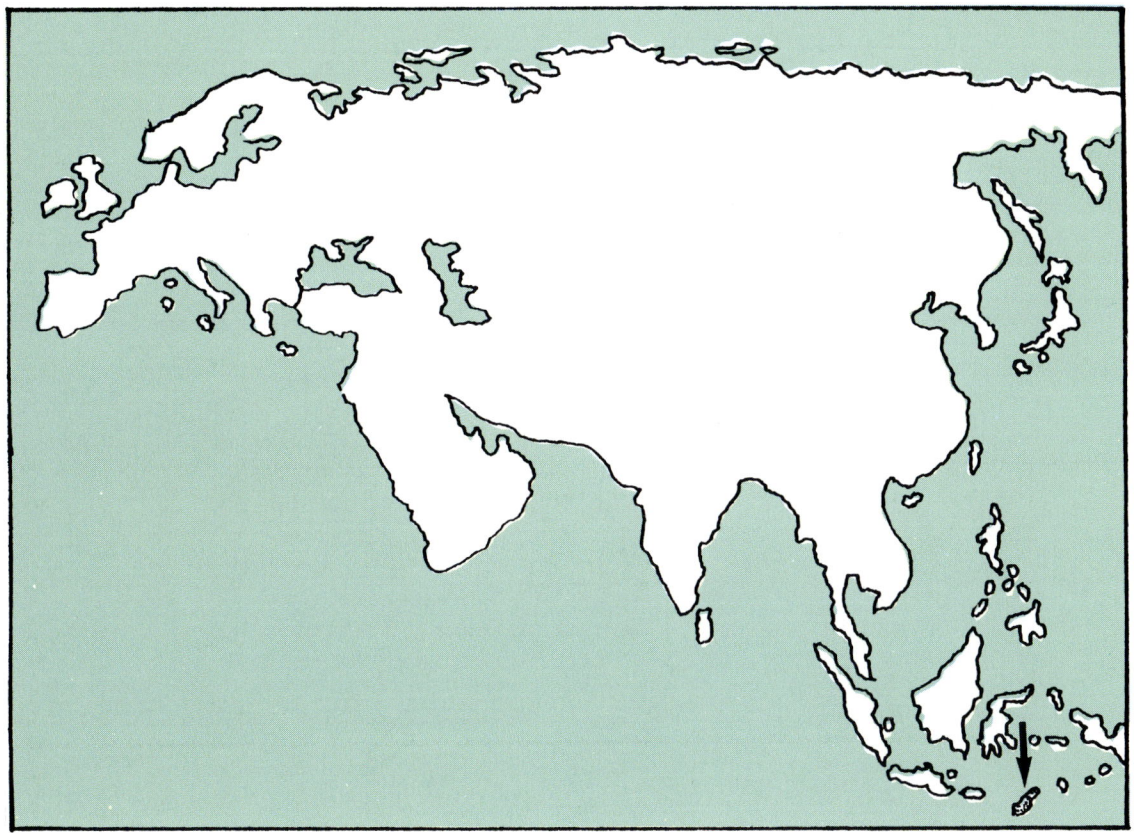

Gesamtverbreitung von Elaphe subradiata

In Gegensatz zu den 19 Dorsaliareihen bei *E. radiata* besitzt diese Art derer 23 oder 25. Die Ventralia zählen 228 bis 242, die Subcaudalia 80 bis 100; das Analschild ist ungeteilt. Gewöhnlich erreicht sie Längen um 1250 mm, jedoch sind Exemplare mit mehr als 2 Metern bekannt.

Vermutlich entspricht die Haltung der Sundakletternatter weitgehend der von *E. radiata*, *E. taeniura* und ähnlichen Arten.

Elaphe taeniura
Streifenkletternatter

In den letzten Jahren war im Handel eine stete Zunahme von asiatischen Terrarientieren zu beobachten, die auch einige spektakuläre Kletternattern zutage förderte. Eine der beeindruckensten Arten ist dabei die Streifennatter, eine große, aktive, manchmal aggressive Art mit hochgradig variabler Zeichnung. Sie hat eine sehr weite Verbreitung, die von China im Norden, Assam und Nord-Burma im Westen und Borneo und Sumatra im Süden sehr weite Teile Südostasiens einnimmt. In vielen Gebieten ist sie häufig und wird wegen ihres Leders - für Brieftaschen, Gürtel und Schuhe - sowie als Lieferant für Fleisch und als Grundstoff (Gallenblase) für den "medizinischen" Gebrauch gejagt.

Beschuppung, Färbung und Zeichnung unterliegen einer hohen Schwankungsbreite, und demzufolge stehen eine ganze Reihe von verfügbaren Namen für denjenigen zur Verfügung, der Unterarten dieser Schlange anerkennen will. Die Anzahl der Dorsaliareihen (gewöhnlich schwach gekielt bis glatt) reicht von 25 im Norden bis 27 im Süden, die der Ventralia von 230 bis 260 von Thailand nordwärts und 275 bis 290 südlich davon. Zwei unabhängige Populationen, eine in Thailand, die andere auf Borneo, scheinen sich an ein Leben in und in der Nähe von Höhlen angepaßt zu haben und haben in der Folge die dunkle Rückenfleckung etwas zurückentwickelt. Aus diesem Grunde unterliegt die Fleckenzeichnung im vorderen Körperviertel und die Farbintensität des hinteren Körperbereiches einer enormen Variabilität.

Eine typische Streifennatter hat eine ungewöhnliche Kombination von Zeichnungscharakteren, ähnlich *E. radiata*, *flavolineata*

Elaphe taeniura friesei ist die Taiwanesische Streifennatter. Seit kurzem werden Streifennattern in kleinen Stückzahlen sowohl importiert als auch nachgezogen. Sie sind sehr gefragt. Foto: P.H. Briggs, dank Lloyd Lemke

und anderen "Schmuckkletternattern". Der Kopf ist olivfarben bis gelblich lohbraun oberseits, ungezeichnet mit Ausnahme eines breiten schwarzen Streifens, der das Auge und die hinteren Supralabialia verbindet. Die Lippenschilder sind weiß und kontrastieren gewöhnlich mit der Kopffärbung; die Kehle ist ebenfalls weiß. Die vorherrschende Farbe des Körpers ist gelblich lohbraun und schwankt zwischen heller und dunkler mit dem Individuum und seiner Herkunft. Die vordere Hälfte des Körpers oder etwas mehr ist von vier Reihen großer schwarzer Flecken von ziemlich unregelmäßiger Form bedeckt, wobei die Flecken der oberen beiden Reihen in der Regel in den gelblichen Vertebralstreifen hineinragen oder sogar miteinander verbunden sind. Die lateralen Schuppen besitzen häufig deutliche Anteile von Weiß, so daß ein Eindruck von unregelmäßigen schwarzen Flecken auf einem weiß und lohbraun marmorierten Untergrund entsteht. Die Fleckenreihen sind oftmals noch durch einen gelben Streifen getrennt. Bei vielen Exemplaren kommt es durch die Verbindung der dorsalen Flecken über die Rückenmitte zu einem "Strickleiter"-Effekt.

Etwa ab der Körpermitte fließen die dunklen lateralen Fleckenreihen zusammen und bewirken insbesondere im hintersten Körperdrittel auf dem Schwanz das Entstehen von zwei breiten, schwärzlichen Streifen, die einen sauber abgegrenzten goldfar-

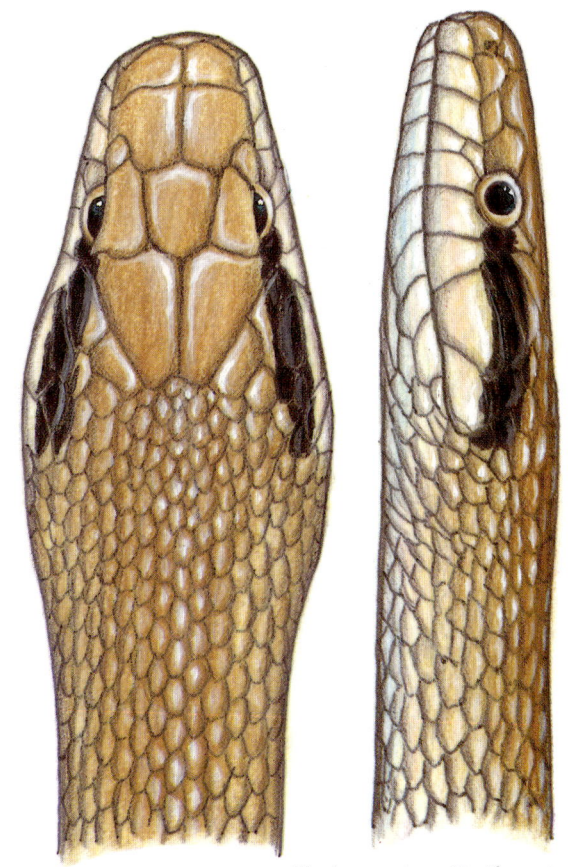

Elaphe taeniura, Streifennatter

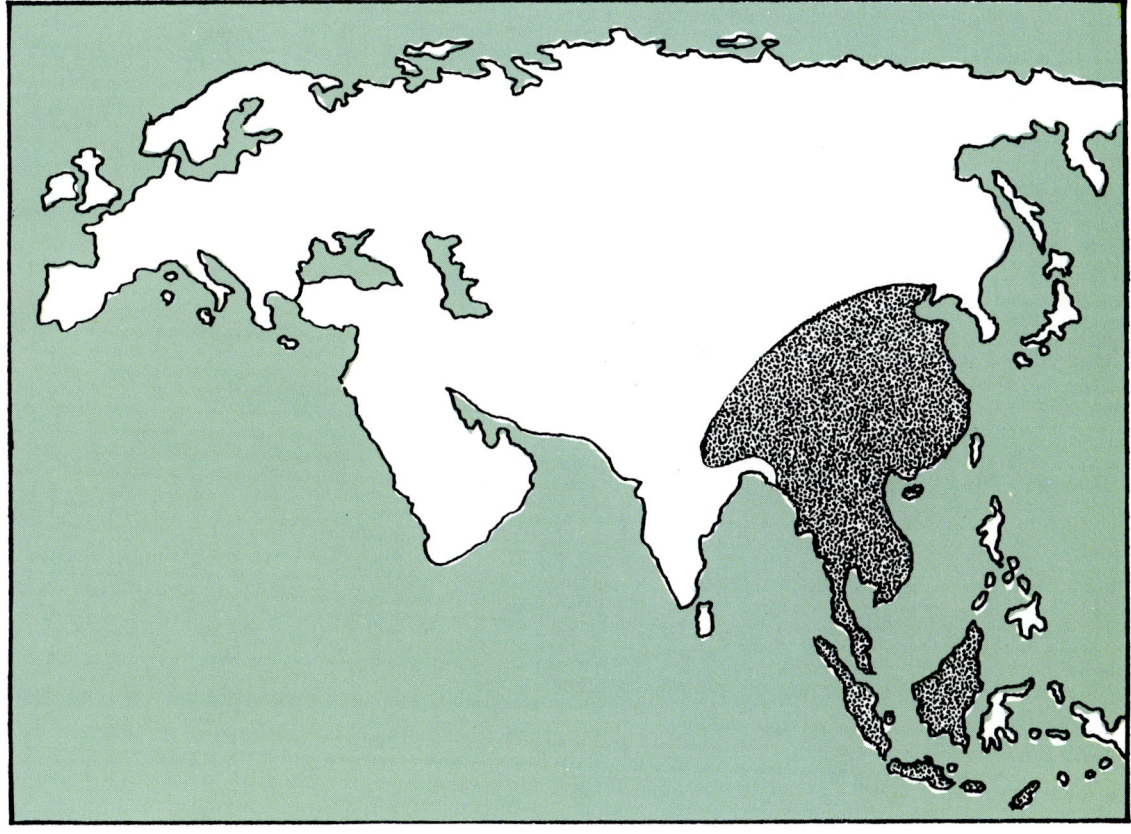

*Gesamtverbreitung
von Elaphe taeniura*

Streifennattern. Aufgrund der ungesicherten Erkenntnisse über die Gültigkeit der Unterarten wurden hier die Bezeichnungen der Bildautoren eher unkritisch übernommen. Unten: E. taeniura taeniura; (vermutlich aber E.t.frisei) Links: E. taeniura yunnanensis (= vaillanti).
Fotos: R.D. Bartlett

benen bis lohbraunen Vertebralstreifen einfassen. Diese Zeichnung setzt sich dann bis fast zur Schwanzspitze fort. Unterhalb der schwarzen Lateralstreifen liegt noch je ein schmaler gelber, der bis an die Ventralia und Subcaudalia heranreicht. Die schwarzen Streifen können aber auch durch gelbe Balken in quadratische Blöcke unterteilt werden. Die Bauchseite ist im vorderen Bereich gelblich und geht im weiteren Verlauf in einen Grauton über.

Die Beschuppung ist, wie bereits erwähnt, sehr variabel. Die Dorsalia sind im Durchschnitt schwach gekielt und in 25 Reihen über der Rumpfmitte angeordnet. Die Anzahl der Ventralia schwankt zwischen 230 und 290; sie sind seitlich stark abgewinkelt. Mit 89 bis 112 unterliegen die Subcaudalia einer geringeren Schwankungsbreite als die Bauchschuppen. Das Analschild ist geteilt. Mittelgroße Tiere sind zwischen einem und zwei Metern lang; das dokumentierte Maximum liegt bei 2365 mm.

Die Variationsbreite ist komplex, und es sind diverse Unterartnamen in Gebrauch, deren Definition zum Teil jedoch vage ist und die bestimmt nicht konsequent angewandt werden. Der Terrarianer ist gut beraten, diese mit Vorsicht zu verwenden. Die folgenden Taxa sind derzeit in Gebrauch:

1.) *E. t. taeniura*: Südostchina bis weite Teile von Burma und Thailand; 230 bis 250 Ventralia.

2.) *E. t. vaillanti*: Nördliches Vietnam und angrenzendes China; 230 bis 260 Ventralia (deutlich niedrigere Werte wurden schon verzeichnet).

3.) *E. t. friesi*: Taiwan; 240 bis 260 Ventralia.

4.) *E. t. grabowskyi*: Borneo, Sumatra, angrenzendes Malaysia; 275 bis 285 Ventralia; anterior keine Fleckung; höhlenbewohnend.

5.) *E. t. ridleyi*: Thailand bis Sumatra; 280 bis 295 Ventralia; anterior keine Fleckung; Vertebralstreifen zumindest im hinteren Bereich perlweiß; höhlenbewohnend.

6.) *E. t. schmackeri*: Ryukyu-Inseln, Süd-Japan; 250 bis 260 Ventralia.

Der subspezifische Name yunnanensis bezieht sich auf Exemplare aus Yunnan (China), sollte aber als Synonym dem älteren Namen *vaillanti* zugeordnet werden.

Alle Unterarten sind hinsichtlich ihrer Färbung und Zeich-

Ridleys Streifennatter (E. taeniura ridleyi) kann sowohl sehr hell als auch fast ebenso dunkel wie eine gewöhnliche Streifennatter sein. Foto R.D. Bartlett

Elaphe taeniura vaillanti. Fotos: J. Merli (oben) und P.H. Briggs, dank Lloyd Lemke (unten)

nungsdetails variabel, und es wäre äußerst schwierig, einzelne Exemplare verläßlich zuzuordnen. Weiterhin muß man auf Übergangsformen gefaßt sein; detaillierte geographische Untersuchungen sind selten. Unter normalen Umständen sollte sich der Terrarianer um die Unterartzuordnung seiner Exemplare keine Sorgen machen.

Die anpassungsfähige Schlange bewohnt die verschiedensten Biotope vom dichten Regenwald bis zu bebauten Feldern. Sie kann ausgezeichnet klettern und wird oft in niedrigen Büschen gefunden. Als typische Kletternatter frißt sie hauptsächlich Nagetiere, so daß die Futterfrage im Terrarium kein Problem ist. Obwohl große Wildfangtiere kräftig beißen können und einen guten Kampf nicht scheuen, passen sie sich gut an das Leben im Terrarium an und werden zu friedfertigen, widerstandsfähigen Pfleglingen. Die Haltung entspricht der der meisten anderen asiatischen Kletternattern mit Temperaturen zwischen 25 und 30°C, nächtlicher Abkühlung, wenigstens zwölfstündiger Beleuchtung und einem Wärmeplatz. Kletteräste sind erforderlich. In jüngster Zeit sind vermehrt Nachzuchterfolge bekannt geworden. Die große Anzahl derzeit angebotener Tiere wird Terrariennachzuchten einfacher erhältlich machen.

Gonyosoma oxycephala
Spitzkopfnatter

Die Spitzkopfnatter ist eine weit verbreitete Schlange, die von Burma im tropischen Südostasien über die Inseln Indonesiens bis zu den Philippinen vorkommt. Typische Exemplare sind kräftig grün auf der Oberseite und heller gelblich oder grünlich unterseits und haben dunkle Schuppenränder. Die Kopfseite wird von einem geraden schwarzen Streifen über den Lippenschildern geziert, der vor dem Auge beginnt, dieses durchquert und sich dahinter bis oberhalb des letzten Supralabiale fortsetzt. Bei den meisten Tieren ist der Schwanz scharf abgegrenzt rötlich und hat auf Höhe der Kloake häufig eine schmale gelbliche Binde, die die Grenze zum grün gefärbten Körper anzeigt. Das Rot kann ziemlich kräftig sein, eher hell rotbraun oder düster braun ausfallen oder ganz einfach völlig fehlen. Einzelne Exemplare können anstatt grün, völlig hellbraun gefärbt sein. Jungtiere weisen eine hellbraune oder grünliche Färbung mit helleren Querbalken im hinteren Körperbereich auf.

Der Status der als G. janseni bezeichneten Tiere ist unklar. Vermutlich auf Celebes beschränkt, ist diese Schlange G. oxycephala ähnlich, hat jedoch eine bräunlich-grüne Farbe mit einem schwarzen Streifen entlang der unteren Flanke. Im hinteren Bereich fließen die Streifen zusammen und ergeben einen schwarzen

Schwanz. Seit kurzen werden sehr merkwürdig gefärbte „G. oxycephala" von Celebes und einigen ost-indonesischen Inseln in die USA importiert, die unter anderem lohbraun oder grau gefärbt sind und gelbe oder grüne Flecken haben.

Es handelt sich um eine sehr langschnäuzige Schlange mit einem langgestreckten Loreale. Die kräftig gekielten Dorsalia sind in 23 oder 25 Reihen über die Rumpfmitte angeordnet. Die Ventralschilder sind stark abgeknickt und zählen 230 bis 262; die Subcaudalia 130 bis 149; das Anale ist geteilt. Wie bereits in der Gattungsdefinition hervorgehoben wurde, hat diese Schlange eine Reihe ungewöhnlicher Merkmale, die ihre Ausgliederung aus der Gattung Elaphe rechtfertigen. Auffällig ist, daß bei vielen Exemplaren die Vertebralschuppen, insbesondere im hinteren Bereich, sichtlich vergrößert sind.

Wenngleich häufig angeboten, hat diese Art einen schlechten Ruf. Importtiere sind oft Todeskandidaten. Sie kann bis 2300 mm lang werden, wobei die "normale" Länge allerdings eher bei 1500

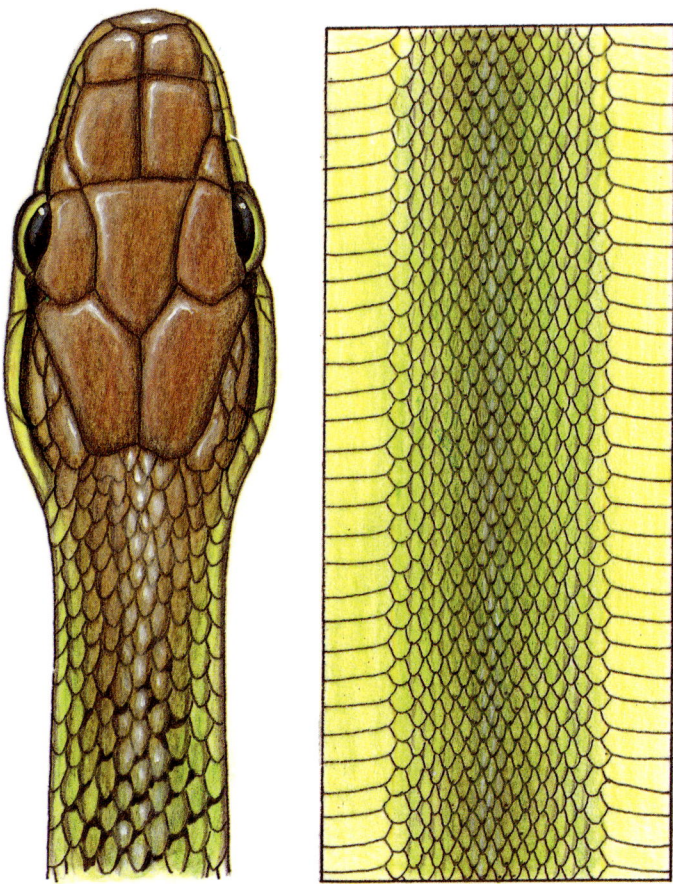

Gonyosoma oxycephala, Spitzkopfnatter

mm liegt. Viele Exemplare gewöhnen sich nie ein und beißen bei jeder Annäherung. Die ausgeprägt arborikole Art benötigt höhere Temperaturen und eine hohe Luftfeuchte. In der Natur frißt sie hauptsächlich Vögel und deren Eier; Jungtiere nehmen darüberhinaus vielleicht auch Frösche und Echsen. Im Terrarium werden Mäuse und nestjunge Ratten angenommen.

Gelegentliche Nachzuchterfolge deuten an, daß die Inkubation der Eier 45 bis 60 Tage dauert. Nachzuchttiere sind erheblich ausdauernder, so daß eine Terrarienhaltung auch über Generationen möglich ist.

Eine ziemlich typische Spitzkopfnatter (Gonyosoma oxycephala). Einige Exemplare sind erheblich kräftiger grün gefärbt. Foto: B. Kahl

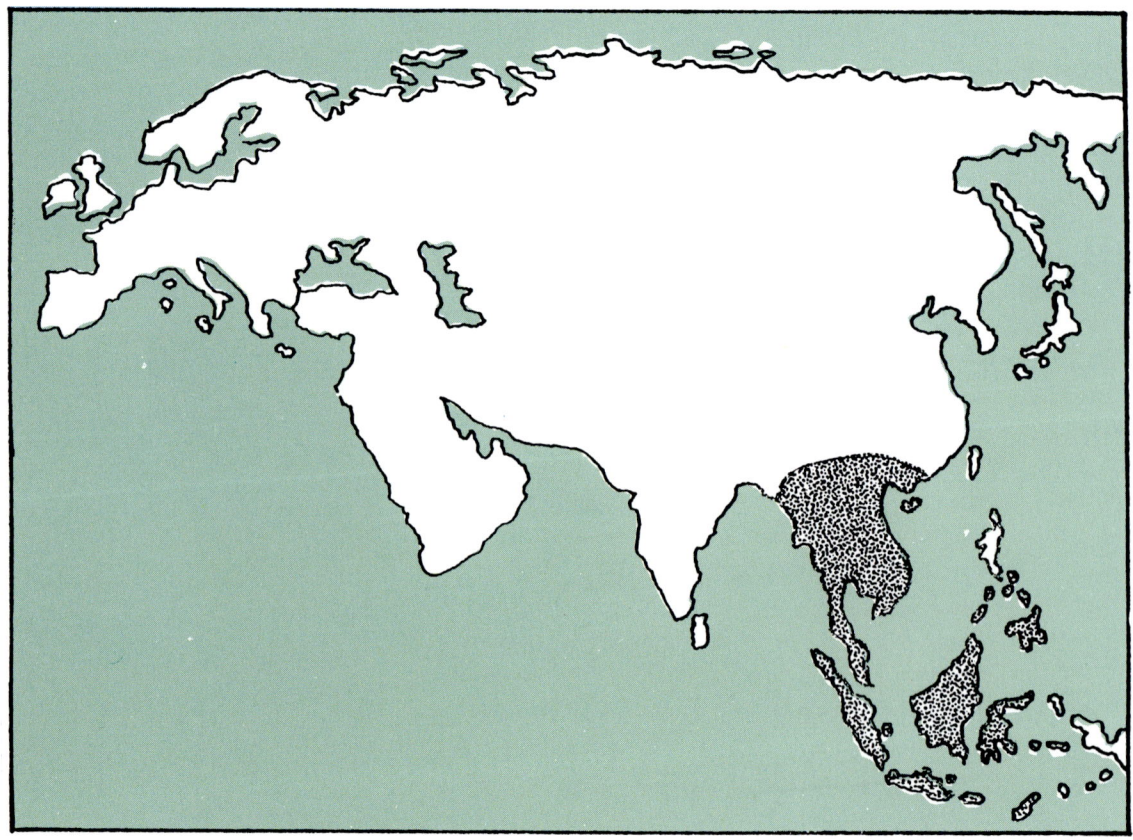

Gesamtverbreitung von Gonyosoma oxycephala

Zusammenfassung von Schuppenwerten bei Kletternattern:

bairdi
27 bis 29 Dorsaliareihen; 237 bis 263 Ventralia; 85 bis 104 Subcaudalia; Anale geteilt

bimaculata
23 bis 25 Dorsaliareihen; 188 bis 207 Ventralia; 67 bis 73 Subcaudalia; Anale geteilt

cantoris
21 Dorsaliareihen; 213 bis 232 Ventralia; 65 bis 88 Subcaudalia; Anale ungeteilt

carinata
23 Dorsaliareihen; 209 bis 223 Ventralia; 80 bis 97 Subcaudalia; Anale geteilt

climacophora
23 Dorsaliareihen; 224 bis 244 Ventralia; 97 bis 123 Subcaudalia; Anale geteilt

conspicillata
23 Dorsaliareihen; 220 bis 224 Ventralia; 60 bis 76 Subcaudalia; Anale geteilt

davidi
23 Dorsaliareihen; 173 Ventralia; 70 Subcaudalia; Anale geteilt

dione
23 bis 25 Dorsaliareihen; 171 bis 214 Ventralia; 51 bis 78 Subcaudalia; Anale geteilt oder ungeteilt

erythrura
21 Dorsaliareihen; 210 bis 242 Ventralia; 87 bis 115 Subcaudalia; Anale ungeteilt

flavirufa
29 bis 33 Dorsaliareihen; 245 bis 269 Ventralia; 96 bis 112 Subcaudalia; Anale geteilt

flavolineata
19 Dorsaliareihen; 193 bis 234 Ventralia; 89 bis 115 Subcaudalia; Anale ungeteilt

frenata
19 Dorsaliareihen; 201 bis 235 Ventralia; 120 bis 145 Subcaudalia; Anale geteilt

guttata
27 bis 29 Dorsaliareihen; 207 bis 245 Ventralia; 60 bis 97 Subcaudalia; Anale geteilt

helena
25 bis 29 Dorsaliareihen; 217 bis 265 Ventralia; 73 bis 100 Subcaudalia; Anale ungeteilt

hodgsoni
23 Dorsaliareihen; 229 bis 247 Ventralia; 79 bis 92 Subcaudalia; Anale geteilt

hohenackeri
21 bis 25 Dorsaliareihen; 195 bis 226 Ventralia; 57 bis 74 Subcaudalia; Anale geteilt

japonica
21 Dorsaliareihen; 205 bis 221 Ventralia; 66 bis 74 Subcaudalia; Anale geteilt

leonardi
19 Dorsaliareihen; 201 bis 226 Ventralia; 53 bis 60 Subcaudalia; Anale geteilt

longissima
23 Dorsaliareihen; 210 bis 248 Ventralia; 60 bis 91 Subcaudalia; Anale geteilt

mandarina
21 bis 23 Dorsaliareihen; 210 bis 240 Ventralia; 62 bis 80 Subcaudalia; Anale geteilt

moellendorffi
27 bis 31 Dorsaliareihen; 268 bis 274 Ventralia; 97 bis 99 Subcaudalia; Anale geteilt

obsoleta
25 bis 27 Dorsaliareihen; 221 bis 258 Ventralia; 67 bis103 Subcaudalia; Anale geteilt

oxycephala
23 bis 25 Dorsaliareihen; 230 bis 262 Ventralia; 130 bis 149 Subcaudalia; Anale geteilt

perlacea
19 Dorsaliareihen; 229 Ventralia; 69 Subcaudalia; Anale geteilt

porphyracea
19 Dorsaliareihen; 190 bis 218 Ventralia; 47 bis 76 Subcaudalia; Anale geteilt

prasina
19 Dorsaliareihen; 191 bis 209 Ventralia; 91 bis 111 Subcaudalia; Anale geteilt oder ungeteilt

quadrivirgata
19 Dorsaliareihen; 193 bis 210 Ventralia; 70 bis 96 Subcaudalia; Anale geteilt

radiata
19 Dorsaliareihen; 222 bis 250 Ventralia; 82 bis 108 Subcaudalia; Anale ungeteilt

rosaliae
31 bis 35 Dorsaliareihen; 276 bis 287 Ventralia; 83 bis 89 Subcaudalia; Anale geteilt

rufodorsata
21 Dorsaliareihen; 154 bis 190 Ventralia; 46 bis 69 Subcaudalia; Anale geteilt

scalaris

27 Dorsaliareihen; 201 bis 220 Ventralia; 46 bis 68 Subcaudalia; Anale geteilt oder ungeteilt

schrencki

21 bis 23 Dorsaliareihen; 208 bis 230 Ventralia; 61 bis 76 Subcaudalia; Anale geteilt

situla

27 Dorsaliareihen; 220 bis 260 Ventralia; 68 bis 89 Subcaudalia; Anale geteilt

subocularis

31 bis 36 Dorsaliareihen; 260 bis 282 Ventralia; 65 bis 81 Subcaudalia; Anale geteilt

subradiata

23 bis 25 Dorsaliareihen; 228 bis 242 Ventralia; 80 bis 100 Subcaudalia; Anale ungeteilt

taeniura

25 bis 27 Dorsaliareihen; 230 bis 295 Ventralia; 89 bis 112 Subcaudalia; Anale geteilt

triaspis

31 bis 39 Dorsaliareihen; 241 bis 282 Ventralia; 87 bis 12 Subcaudalia; Anale geteilt

vulpina

23 bis 27 Dorsaliareihen; 192 bis 216 Ventralia; 53 bis 69 Subcaudalia; Anale geteilt

Literaturverzeichnis

Ausgewählte Literatur

Insbesondere hinsichtlich der amerikanischen und europäischen Kletternattern existiert eine Vielzahl von Büchern, terraristischen und wissenschaftlichen Aufsätzen, die sich mit den verschiedensten Aspekten ihrer Taxonomie, Biologie und Terrarienhaltung beschäftigen. Einige davon sind sicher gehaltvoller als andere. Nachfolgend aufgelistet sind nur die hauptsächlich verwendeten Quellen, die für den einzelnen von Interesse sind. Beginnt man mit der Literatursuche anhand der hier aufgeführten Quellen, sollte man sich den Großteil der existierenden Literatur über große öffentliche Bibliotheken beschaffen können.

ARNOLD, E.N. & J.A. BURTON (1978): A Field Guide to the Reptiles and Amphibians of Britain and Europe - London (Collins)

BANNIKOV, A.G. (1971): Amphibians and Reptiles of the Soviet Union - Moskau (in russisch)

BARTZ, H. & V. SCHEIDT (1989): Care and Breeding of the Chinese Twin- spotted Ratsnake, Elaphe bimaculata - The Vivarium, 2 (2): 8 - 10

BEHLER, J.L. &F.W. KING (1979): The Audubon Society Field Guide to North American Reptiles and Amphibians - New York (A.A. Knopf)

BOULENGER, G.A. (1893): Catalogue of Snakes in the British Museum (Natural History). Vol. II. Containing the Conclusion of Colubridae and Aglyphae - London (Taylor & Francis)

BRADY, M.K. (1933): The third Specimen of Elaphe rosacea (Cope) - Proc. Biol. Soc. Washington, 46: 153 - 154

CONANT, R. & J.T. COLLINS (1991): A Field Guide to Reptiles and Amphibians of Eastern and Central North America - Boston (Houghton & Mifflin Co.)

CRANSTON, T. (1989): Natural History and Captive Husbandry of the Western Green Rat Snake - The Vivarium, 2 (1): 8 - 11, 29

DEORAS, P.J. (undat.): Snakes of India - New Dehli (National Book Trust)

DITMARS, R. (1949): The Reptiles of North America - New York (Doubleday & Co.) (etliche frühere Aufl.)

DOWLING, H.G. (1951): A taxonomic Study of the Ratsnakes, Genus Elaphe Fitzinger. I. The Status of the Name Scotophis laetus Baird and Girard (1853) - Copeia, 1951 (1): 39 - 44

DOWLING, H.G. (1952): A taxonomic Study of the Ratsnakes, Genus Elaphe Fitzinger. II. The Subspecies of Elaphe flavirufa (Cope) - Occ. Pap. Mus. Zool. Univ. Michigan, 540: 1 - 14

DOWLING, H.G. (1952): A taxonomic Study of the Ratsnakes, Genus Elaphe Fitzinger. IV. A Check list of the American Forms - Occ. Pap. Mus. Zool. Univ. Michigan, 541: 1 - 12

DOWLING, H.G. (1957): A taxonomic Study of the Ratsnakes, Genus Elaphe Fitzinger. V. The rosaliae Section - Occ. Pap. Mus. Zool. Univ. Michigan, 583: 1 - 22

DOWLING, H.G. (1958): A taxonomic Study of the Ratsnakes, Genus Elaphe Fitzinger. VI. Validation of the Genera Gonyosoma Wagler and Elaphe Fitzinger - Copeia, 1958 (1): 29 - 40

DOWLING, H.G. (1960): A taxonomic Study of the Ratsnakes, Genus Elaphe Fitzinger. VII. The triaspis Section - Zoologica, 45: 53 - 80

FRYE, F.L. (1991): Reptile Care. An Atlas of Diseases and Treatments - Neptune, N.J. (T.F.H.)

FUKADA, H. (1978): Growth and Maturity of the Japanese Rat Snake, Elaphe climacophora (Reptilia, Serpentes, Colubridae) - J.

Herp., 12 (3): 269 - 274

GANS, C. & M. OSHIMA (1952): Adaptations for Egg eating in the Snake Elaphe climacophora (BOIE) - Amer. Mus. Novit., 1571: 1 - 16

JIROUSEK, V. (1990): Znate uzovky Elaphe taeniura? - Akvarium Terrarium, 33 (11): 25 - 27

KEOGH, J.S. (1992): The Fox Snake (Elaphe vulpina): The "other" Ratsnake - The Vivarium, 4 (2): 23 - 24 KUNTZ, R.E. (1963): The Snakes of Taiwan - Quart. Jour. taiwan Mus., 16 (1/2)

LAWSON, R. & C.S. LIEB (1990): Variation and Hybridization in Elaphe bairdi (Serpentes: Colubridae) - J. Herp., 24 (3): 280 - 292

LEMKE, L. & D. ROOT (1993): The Kunasir Island Rat Snake (Elaphe climacophora ssp.). History and Captive Propagation - Captive Breeding, 1 (2): 4 - 7, 10 - 13

LEVITON, A. (1977): Contributions to a Review of the Philippine Snakes. XIII The Species of the Genus Elaphe - Philippine J. Sci., 106 (3/4): 99 - 127

McEACHERN, M.J. (1991): Keeping and Breeding Corn Snakes - Lakeside (Advanced Vivarium Systems)

McEACHERN, M.J. (1991): A Color Guide to Corn Snakes Captive-Bred in the United States - Lakeside (Advanced Vivarium Systems)

MEHRTENS, J.M. (1987): Living Snakes of the World in Color - New York (Sterling Publ.)

NAULLEAU, G. (1984): Les serpents de France - Rev. Franc. d'Aquariol. Herpetol., 11 (3/4)

OBST, F.J., K. RICHTER & U. JACOB (1988): The Completely Illustrated Atlas of Reptiles and Amphibians for the Terrarium - Neptune N.J. (T.F.H.)

OTTLEY, J.R. & E.E. JACOBSON (1983): Pattern and Coloration of juvenile Elaphe rosaliae with Notes on Natural History - J. Herp., 17 (2): 189 - 191

PETERS, J.A. et al. (1970): Catalogue of Neotropical Squamata, Part One. Snakes - Bull. Smithsonian Inst., 297

POPE, C.H. (1935): The Reptiles of China - New York (Amer. Mus. Nat. Hist.)

RAYMOND, L.R. & L.M. HARDY (1983): Taxonomic Status of the Corn Snake, Elaphe guttata (Linnaeus) (Colubridae) in Louisiana and eastern Texas - Southwest. Nat., 28 (1): 105 - 107

SCHEIDT, V. (1988): Celebration of the American Corn Snake - The Vivarium, 1 (2): 27 - 30

SCHULZ, K.-D. & V.N. SCHEIDT (1992): An Introduction to the Indonesian Rat Snakes of the Genus Elaphe - The Vivarium, 4 (2): 13 - 17

SHANNON, F.A. (1956): The Reptiles and Amphibians of Korea - Herptologica, 12: 22 - 49

SMITH, H.M. (1941): Notes on Mexican Snakes of the Genus Elaphe - Copeia, 1941 (3): 132 - 136

SMITH, H.M. & E.H. TAYLOR (1945): An Annotated Checklist and Key to the Snakes of Mexico - Bull. Smithsonian Inst., 187

SMITH, H.M. & E.H. TAYLOR (1966): Herpetology of Mexico - Ashton (E. Lundberg)

SMITH, H.M. & K.L. WILLIAMS (1966): The Ratsnake of the Bay Islands, Honduras - Nat. Hist. Misc., Chicago Acad. Sci., 185:1 - 2

SMITH, M.A. (1943): The Fauna of British India. Reptilia and Amphibia, Vol. III. Serpentes - London (Taylor & Francis)

STEBBINS, R.C. (1954): Amphibians and Reptiles of Western North America - New York (McGraw-Hill)

STEJNEGER, L. (1907): Herpetology of Japan and adjacent Territory - Bull. Smithsonian Inst. 58

STEJNEGER, L. (1929): A new Snake from China - Proc. Biol. Soc. Washington, 42: 129 - 130

TAYLOR, E.H. (1922): Snakes of the Philippine Islands - Manila (Bureau of Printing)

TAYLOR, E.H. (1965): The Serpents of Thailand and adjacent Waters - Univ. Kansas Sci. Bull., 45 (9): 609 - 1096

TRUTNAU, L. (1981): Schlangen - Stuttgart (E. Ulmer Verlag)

VOGEL, Z. (1963): Reptiles and Amphibians, Their Care and Behavior - London (Studio Vista)

WEBB, R.G. (1990): Description of a new Subspecies of Bogertophis subocularis (Brown) from northern Mexico (Serpentes: Colubridae) - Texas J. Sci., 42 (3): 227 - 243

WEBB, R.G. & G.M. FERGUSON (1986): Morphological Variation in the Trans-Pecos Rat Snake (Elaphe subocularis) - Southwest. Nat., 31 (1): 118 - 121

WEBB, R.G., J.K. JONES jnr. & G.W. BYERS (1962): Some Reptiles and Amphibians from Korea - Publ. Mus. Nat. Hist. Univ. Kansas, 15 (2): 149 - 173

WELCH, K.R.G. (1983): Herpetology of Europe and Southwest Asia - Malabar (R.E. Krieger Publ.)

WELCH, K.R.G. (1988): Snakes of the Orient. A Checklist - Malabar (R.E. Krieger Publ.)

WHITAKER, R. (1978): Common Indian Snakes. A Field Guide - New Dehli (Macmillan India Ltd.)

WILSON, L.D. & J.R. MEYER (1985): The Snakes of Honduras - Milwaukee (Milwaukee Publ. Mus.)

WOODBURY, A.M. & D.M. WOODBURY (1942): Studies of the Rat snake, Elaphe laeta, with Description of a new Subspecies - Proc. Biol. Soc. Washington, 55: 133 - 142

WRIGHT, A.H. & A.A. WRIGHT (1957): Handbook of Snakes. Vol. I - Ithaca (Comstock Publ.): 209 - 271

Index